Romanistische
Arbeitshefte   48

Herausgegeben von
Volker Noll und Georgia Veldre

Reinhard Kiesler

Einführung in die Problematik des Vulgärlateins

Max Niemeyer Verlag
Tübingen 2006

Bibliografische Information der Deutschen Bibliothek

Die Deutsche Bibliothek verzeichnet diese Publikation in der Deutschen Nationalbibliografie; detaillierte
bibliografische Daten sind im Internet über *http://dnb.ddb.de* abrufbar.

ISBN-13: 978-3-484-54048-4   ISSN 0344-676X
ISBN-10: 3-484-54048-6

© Max Niemeyer Verlag, Tübingen 2006
Ein Unternehmen der K. G. Saur Verlag GmbH, München
http://www.niemeyer.de
Gedruckt auf alterungsbeständigem Papier.
Druck: Laupp & Göbel GmbH, Nehren
Buchbinder: Nädele Verlags- und Industriebuchbinderei, Nehren

Vorwort

Das vorliegende Arbeitsheft ist die erste deutschsprachige Einführung ins Vulgärlatein seit 40 Jahren. Die bislang letzte Einführung ist Hermans zuerst 1967 erschienenes *Le latin vulgaire*; die heute maßgeblichen Handbücher von Herman (1997) und Väänänen (1985) sind aktualisierte spanische Übersetzungen französischer Originale. Die vorliegende Einführung soll nicht die existierenden Handbücher ersetzen, sie möchte vielmehr ergänzend die Aufmerksamkeit wieder auf ein grundlegendes, lange Zeit vernachlässigtes Gebiet lenken. Dabei verdienen drei Neuerungen Erwähnung: die Einbeziehung der neuesten Forschungsergebnisse, die Übersetzung aller angeführten Beispiele und die systematische Berücksichtigung aller sprachlichen Ebenen. Für linguistische Fachtermini, die hier nicht eigens definiert sind, sei auf die sprachwissenschaftlichen Wörterbücher wie Bußmann (2002) und Glück (2000) verwiesen.

Das Buch möchte eine verständliche Einführung in Geschichte und Strukturen des Vulgärlateins auf dem aktuellen Forschungsstand geben. Das Vulgärlatein wird dabei als Grundlage der romanischen Sprachen verstanden, entsprechend werden Beispiele der Entwicklung besonders aus dem Französischen, Italienischen und Spanischen, nur gelegentlich aus anderen romanischen Sprachen gegeben. Der Schwerpunkt der Darstellung liegt auf den innerlateinischen Veränderungen. Die Zielsetzung ist dabei eine zweifache: einerseits die Darstellung der grundlegenden Strukturen des Vulgärlateins und ihrer Entstehung und Entwicklung, andererseits die Aufdeckung der Probleme bei der Erforschung und Beschreibung dieser Strukturen. Der Titel des Arbeitsheftes wurde bewußt gewählt, um auf die nach wie vor zahlreichen Probleme des Vulgärlateins hinzuweisen.

Die Geschichte des Vulgärlateins als der Grundlage der romanischen Sprachen bildet einen integrierenden Bestandteil der europäischen Kulturgeschichte. Unsere christlich-abendländische Kultur ist wesentlich durch das Lateinische und das Griechische geprägt, und zwar viel mehr, als man gemeinhin annimmt. Wer weiß etwa, daß spanisch *almuerzo* ›Frühstück‹, französisch *profond sommeil* ›tiefer Schlaf‹ und italienisch *riportare la vittoria* ›den Sieg davontragen‹ auf lateinischen Lehnübersetzungen nach griechischen Vorbildern beruhen? Auch auf solcherlei Fakten möchte die vorliegende Arbeit wieder aufmerksam machen.

Den Herausgebern Volker Noll und Georgia Veldre danke ich für die Aufnahme der Arbeit in die Reihe der *Romanistischen Arbeitshefte* und für wertvolle Anregungen. Frau Andrea Bußmann und dem Rheinischen Landesmuseum in Bonn gilt mein Dank für die Reproduktionsgenehmigung von Karten des römischen Reichs (Abb. 5, 7, 8, 9 in Kap. 3), Frau Simone Kress und dem Bibliographischen Institut in Mannheim für die Genehmigung des Abdrucks einer Karte der Römerstraßen (Abb. 6). Für Anregungen und Hilfestellung bei technischen Problemen danke ich Sandra Ellena, Michael Engelhardt und Andrea A. Landvogt.

Würzburg, im Herbst 2005   Reinhard Kiesler

Inhalt

Abkürzungen und Zeichen

Die Abkürzungen bibliographischer Angaben wie LRL = *Lexikon der Romanistischen Linguistik* sind im Literaturverzeichnis aufgelöst.

~	variiert mit		/ /	Phonem
×	Kreuzung, Kontamination		‹ ›	Graphem
>	wird zu (Erbwort, Lehnwort)		*	nicht belegt, rekonstruiert
<	entsteht aus (Erbwort, Lehnwort)		∅	Null; Schwund
→	wird zu (Wortbildung); wird ersetzt durch		›‹	Bedeutungsangaben
←	entsteht aus (Wortbildung)		»«	Zitate; wörtliche Übersetzungen
[ ]	phonetische Umschrift; semantisches Merkmal		=	ist gleich
			≠	ist nicht gleich
			KAPITÄLCHEN	Etyma von Erbwörtern

Abb.	Abbildung		Ind.	Indikativ
Abl.	Ablativ		Inf.	Infinitiv
AcI	Accusativus cum infinitivo		it., ital.	italienisch
Adj.	Adjektiv		Jh.	Jahrhundert
afr.	altfranzösisch		kalabr.	kalabrisch
ait.	altitalienisch		Kap.	Kapitel
Anh.	Anhang		kat., kt.	katalanisch
Anm.	Anmerkung		klt.,	
aokz.	altokzitanisch		klass.-lat.	klassisch-lateinisch
ap.	apud, zitiert bei		Konj.	Konjunktiv
apg.	altportugiesisch		l.	lies
asp.	altspanisch		langob.	langobardisch
Aufl.	Auflage		lat.	lateinisch
bearb.	bearbeitet		Lit.	Literatur
Bsp.	Beispiel		logud.	logudoresisch (sardische
bzw.	beziehungsweise			Mundart)
cf.	confer, vergleiche		m., mask.	maskulin(um)
Dat.	Dativ		mfr.	mittelfranzösisch
Det	Determinans, Bestimmungswort		mlat.	mittellateinisch
d.h.	das heißt		Ms.	Manuskript
dt.	deutsch		n., neutr.	Neutrum
eng.	engadinisch		N	Nomen, Substantiv
evtl.	eventuell		Nachdr.	Nachdruck
f., fem.	feminin(um)		nfr.	neufranzösisch
fr., franz.	französisch		Nom.	Nominativ
fränk.	fränkisch		NP	Nominalphrase
Fut.	Futur		O	Objekt
Gen.	Genitiv		okz.	okzitanisch
Ger.	Gerundium		P.	Person
got.	gotisch		pass.	passim, an verschiedenen Stellen
gr., griech.	griechisch		Part.	Partizip
ib., ibid.	ibidem, ebenda		Perf.	Perfekt
id.	derselbe; dasselbe; bei Bedeu-		pg., port.	portugiesisch
	tungsangaben bezieht sich ›id.‹		Pl., Plur.	Plural
	jeweils auf die unmittelbar vorher		PP	Präpositionalphrase
	angegebene Bedeutung		Präp.	Präposition
Imp.	Imperativ		Präs.	Präsens
Imperf.	Imperfekt		Pron.	Pronomen

X

Rez.	Rezension		sp., span.	spanisch
röm.	römisch		u.a.	unter anderem
roman.	romanisch		u.ä.	und ähnliches
rum., rm.	rumänisch		Übers.	Übersetzung
s.	siehe		umg.	umgangssprachlich
S	Subjekt		urrom.	urromanisch
sard., sd.	sardisch		V	Verb
sc.	scilicet, nämlich		Var.	Variante
Sg., Sing.	Singular		vlt.,	
sic	tatsächlich so		vulgärlat.	vulgärlateinisch
siz.	sizilianisch		Vok.	Vokativ
slav.	slavisch		vs.	versus, gegenüber
sog.	sogenannt		z.B.	zum Beispiel

Phonetische Umschrift

In italienischen Wörtern werden Akzente gewöhnlich nur auf betonte Auslautvokale gesetzt. In diesem Arbeitsheft dienen Akzente bei italienischen Formen zur Markierung der Betonung (ital. *Romània* ›Romania‹) und der Vokalqualität (der Akut steht für geschlossene Vokale: ital. *métto* ›ich stelle‹, der Gravis steht für offene Vokale: ital. *èrba* ›Kraut‹).

● Silbenstruktur

]	=	geschlossene Silbe, z.B.
		lat. MĬT]TO > vlt. *mẹtto* ›ich stelle‹
[	=	offene Silbe, z.B.
		lat. PĔ[DE(M) > vlt. *pẹde* ›Fuß‹
k^{e, i} =		ke-, ki-, d.h. [k] vor [e] oder [i]
k- =		Anlaut
-k- =		Inlaut
-k =		Auslaut

● Vokale

ā, ē, ī usw.	= Langvokal
ă, ĕ, ĭ usw.	= Kurzvokal
ẹ, ọ, ị usw.	= geschlossener Vokal
ę, ǫ, į usw.	= offener Vokal
ɛ̃	= halboffener Nasal in fr. *main* ›Hand‹
œ	= offener gerundeter Palatalvokal in fr. *preuve* [pʀœv] ›Beweis‹
ə	= Mittelzungenvokal, Schwa
y	= geschlossener gerundeter Palatalvokal

● Konsonanten

j	=	palataler Halbkonsonant, Jot
w	=	bilabial-velarer Halbkonsonant
ɥ	=	gerundeter palataler Halbkonsonant
β	=	stimmhafter bilabialer Frikativ
φ	=	stimmloser bilabialer Frikativ
v	=	stimmhafter labiodentaler Frikativ
δ	=	stimmhafter interdentaler Frikativ
θ	=	stimmloser interdentaler Frikativ
γ	=	stimmhafter velarer Frikativ
x	=	stimmloser velarer Frikativ in dt. *ach*
ç	=	stimmloser palataler Frikativ in dt. *ich*
ʒ	=	stimmhafter präpalataler Frikativ
ʃ	=	stimmloser präpalataler Frikativ
ʁ	=	stimmhafter uvularer Frikativ
h	=	stimmloser glottaler Frikativ
ɲ	=	palataler Nasal
ʎ	=	palataler Lateral
ts	=	stimmlose dentale Affrikate
dz	=	stimmhafte dentale Affrikate
tʃ	=	stimmlose alveolar-palatale Affrikate
dʒ	=	stimmhafte alveolar-palatale Affrikate
č	=	stimmlose präpalatale Affrikate (s. Lausberg 1969, § 78)

Transliteration des Griechischen

α	=	a		ν	=	n
β	=	b		ξ	=	x
γ	=	g; n (vor γ, κ, ξ, χ)		ο	=	o
δ	=	d		π	=	p
ε	=	e		ρ	=	r
ζ	=	z		σ, ς	=	s
η	=	ē		τ	=	t
θ	=	th		υ	=	y
ι	=	i, ī		φ	=	ph
κ	=	k		χ	=	ch
λ	=	l		ψ	=	ps
μ	=	m		ω	=	ō, ô

Verzeichnis der Abbildungen

Einleitung

Das Lateinische (lat. *lingua Latina*) gehört mit dem Oskisch-Umbrischen zum italischen Zweig des Indogermanischen. Es wurde ursprünglich nur in Latium gesprochen, d.h. in dem Gebiet zwischen dem Tiber und den pontinischen Sümpfen. Mit der römischen Expansion – etwa seit dem 3. Jh. v. Chr. – verbreitet sich das Lateinische zunächst in Italien, später im römischen Weltreich von der Iberischen Halbinsel bis auf den Balkan und nach Nord-Afrika. In der Osthälfte des Imperiums konnte es sich gegen das dort vorherrschende Griechische nicht durchsetzen; im Westen und auf dem Balkan enstanden aus der lateinischen Alltagssprache, dem sogenannten Vulgärlatein, die verschiedenen romanischen Sprachen, die somit den latino-faliskischen Zweig des Italischen fortsetzen.

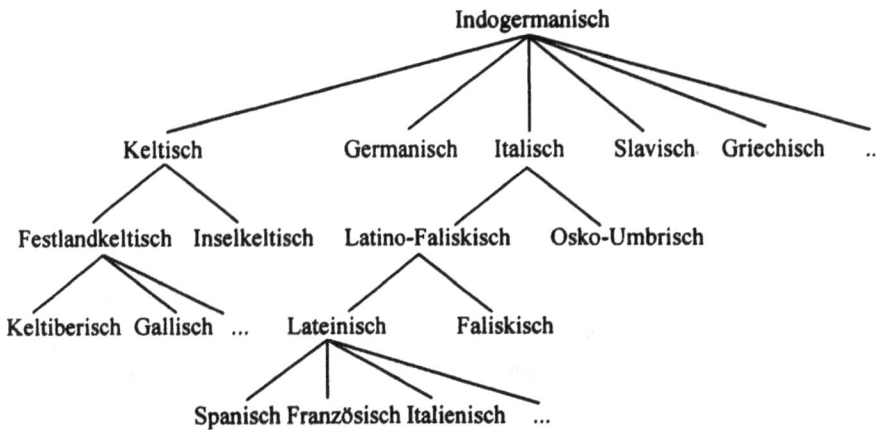

Abb. 1: Vom Indogermanischen zu den romanischen Sprachen.

Man unterscheidet heute zehn bis 18 romanische Sprachen mit zahlreichen Dialekten. Neben den großen Schriftsprachen Portugiesisch, Spanisch, Französisch, Italienisch und Rumänisch sind die wichtigsten das Katalanische, das Okzitanische (früher: Provenzalisch), das Rätoromanische, das Sardische und das ausgestorbene Dalmatische.[1] Die romanischen Sprachen nun bilden ein faszinierendes und absolut einmaliges Forschungsgebiet, da sie das einzige Beispiel einer Sprachfamilie darstellen, deren gemeinsame Ursprungssprache uns

---

[1] Diese zehn Sprachen nennt Lausberg (1969, § 6). Tagliavini (1998, 279) zählt elf romanische Sprachen (+ Frankoprovenzalisch); Metzeltin (1998) zählt 15 (er behandelt nicht das Dalmatische und das Frankoprovenzalische; dazu kommen hier: Friaulisch, Dolomitenladinisch, Korsisch, Galegisch [= Galicisch], Asturianisch und Aragonesisch); Geckeler/Dietrich (2003, 18) haben – mit Dalmatisch und Frankoprovenzalisch – 17 romanische Sprachen, wenn man das ausgestorbene Mozarabische mitrechnet, kommt man auf insgesamt 18 romanische Sprachen.

erhalten ist. Zusammen mit dem Lateinischen ist ihre Geschichte über nahezu 2500 Jahre in schriftlichen Zeugnissen belegt. Damit sind die romanischen Sprachen ein Idealfall für die historische Linguistik.

Die gemeinsame Ursprungssprache ist nun aber nicht das klassische Latein (der *sermo urbanus*), wie es in den Schulen gepflegt wurde und u.a. aus den Werken von Caesar (100–44 v. Chr.), Cicero (106–43 v. Chr.), Horaz (65–8 v. Chr.) und Vergil (70–19 v. Chr.) bekannt ist. So leben z.B. die klassisch-lateinischen Wörter *ignis* ›Feuer‹ und *pulcher* ›schön‹ in keiner romanischen Sprache fort. Die entsprechenden romanischen Formen gehen auf an-dere Wörter zurück: sp. *fuego*, fr. *feu*, it. *fuoco* stammen aus lat. FŎCU(M) ›Feuer‹ < ›Herd‹; sp. *hermoso* ›schön‹ kommt von lat. FŎRMŎSU(M) ›id.‹ (von FŎRMA ›Schönheit‹), fr. *beau* und it. *bello* < lat. BĚLLUS, -U(M) ›hübsch, niedlich‹ (die romanischen Wörter gehen gewöhnlich auf lateinische Akkusativ-Formen zurück, s. S. 51). Lat. BĚLLUS ›schön‹, FŎRMŎSUS ›id.‹ und FŎCUS ›Feuer‹ sind Wörter der Umgangssprache (des *sermo vulgaris*), die eben in diesen Bedeutungen fortgesetzt wurden.

Die Romanistik ist als historisch-vergleichende Wissenschaft entstanden, und die Entstehung der romanischen Sprachen und Dialekte aus dem Vulgärlatein ist insofern ihr traditionelles Hauptgebiet: »Die *romanische* Sprachwissenschaft hat die romanischen Sprachen im Hinblick auf die ihnen gemeinsame Romanität zum Gegenstand« (Lausberg 1969, § 4). Der sprachliche Ausdruck der Romanität schließt das Vulgärlatein ein; er zeigt sich in den zahlreichen Gemeinsamkeiten der romanischen Sprachen (Metzeltin 1998, 1078–1084); das vielleicht deutlichste Anzeichen ist, daß die italienischen Formen oft mit den vulgärlateinischen identisch sind: STÉLLA ›Stern‹, CALDO ›warm‹, BÉVO ›ich trinke‹, BÈNE ›gut‹ (cf. S. 43). Die Entstehung der romanischen Sprachen und Dialekte ist ein zentrales Problem der Romanistik neben der synchronischen Beschreibung der Einzelsprachen, welche die Basis ihrer vergleichenden Betrachtung bildet; diese wiederum ist unabdingbare Voraussetzung der Rekonstruktion der nicht belegten Elemente und Regeln des Vulgärlateins. Die Notwendigkeit der Rekonstruktion ergibt sich aus der nach wie vor unzureichenden Quellenlage (S. 93, 104) – trotz der Bemühungen von seiten der Latinisten und Romanisten. Man kann sich die Situation der lateinischen Umgangssprache anhand der modernen romanischen Sprachen verdeutlichen, deren umgangssprachliche Varietäten grammatisch und lexikographisch auch heute immer noch unzureichend beschrieben sind.

Das Vulgärlatein ist ein interdisziplinäres Forschungsgebiet: in seiner Erforschung und Beschreibung müssen sich Indogermanistik bzw. Latinistik und Romanistik, lateinische Texte und Rekonstruktion aus den romanischen Sprachen ergänzen. Die Beschreibung des Vulgärlateins als der Grundlage der romanischen Sprachen erfordert die angemessene Darstellung seiner Strukturen in allen – zentralen und peripheren – Teilsystemen, also in Phonologie, Morphologie, Syntax, Lexikon, Wortbildung und Phraseologie.

1. Zur Forschungslage

»Der Ursprung der romanischen Sprachen ist schon in früheren Jahrhunderten Gegenstand vieler, mitunter gelehrter und geschickter, oft aber auch langweiliger und unfruchtbarer Untersuchungen gewesen« (Diez 1876, 4 Anm.). Wir beschränken uns hier auf einen knappen Überblick über die moderne Forschung zum Vulgärlatein; für die älteren Arbeiten sei auf den Forschungsüberblick von v. Ettmayer (1916) verwiesen. Weitere *Forschungsberichte* sind Herman (1995; 2003); B. Löfstedt (1970; 1983); Sofer (1963); Tovar (1964); Väänänen (1983); auch die Bibliographie bei Tagliavini (1998, 445–448) kann als kurzer Forschungsbericht gelesen werden. Eine eigene Bibliographie zum Vulgärlatein existiert nicht; ausführliche Bibliographien sind jedoch in den wichtigsten Handbüchern enthalten, s. besonders Herman (1997, 149–164) und Väänänen (1985, 17–15) sowie die sonstigen Handbücher, z.B. Kramer (1976, 8–13), und die *Romanische Bibliographie* (zuletzt Holtus 2003).

Die moderne Forschung zum Vulgärlatein setzt im 19. Jh. ein, zunächst von latinistischer Seite. Ein erster Forschungsstrang ist der lateinischen Umgangssprache gewidmet. Er läßt sich von Winkelmann (1833a) über Rebling (1873), Marx (1909), Hofmann (1926), Schrijnen (1939) und Happ (1967) bis zu Hofmann (^{4}1978 = ^{3}1951, ^{1}1926) verfolgen. Ein zweiter Forschungsstrang untersucht die Umgangssprache unter der Bezeichnung *Vulgärlatein*. Hier ist als erste große Arbeit Schuchardts Untersuchung zum *Vokalismus des Vulgärlateins* (1866–1868) zu nennen, ein Werk, das auch heute als »immer noch grundlegend« bezeichnet wird (Tagliavini 1998, 446).

Eine neue Epoche in der Forschung hat E. Löfstedt mit seinem 1911 erschienenen Kommentar zum *Itinerarium Egeriae* eingeleitet, den Herman als »beinahe legendär« bezeichnet (2003, 5); es folgen mehrere Untersuchungen zur historischen Syntax des Lateinischen: Löfstedt (1936; 1956; 1959); hinzu kommen Arbeiten seiner Schüler wie Svennung (1935). In diesen und anderen latinistischen Arbeiten der Zeit spielt die romanische Sprachentwicklung eine untergeordnete Rolle; es wird zwar darauf verwiesen, allerdings nicht systematisch: »La linguistique romane est, essentiellement, en dehors du champ d'intérêt des auteurs« (Herman 2003, 5), ›die romanische Sprachwissenschaft liegt im wesentlichen außerhalb des Interessenbereichs der Autoren‹.

Umgekehrt greift die frühe Romanistik des 19. Jh. – repräsentiert durch die *Grammatik der Romanischen Sprachen* ihres Begründers Diez (^{4}1876, ^{1}1836–1843) und »die letzte großangelegte Darstellung der romanischen Sprachwissenschaft«[1] von Meyer-Lübke (1890–1902), die 1972 nachgedruckt wurde – nur wenig auf die lateinische Dokumentation zurück; Romanisten und Latinisten bzw. Indogermanisten arbeiteten also lange Zeit großenteils voneinander getrennt an der Untersuchung desselben Prozesses, der Entwicklung des späten Vulgärlateins zu den romanischen Sprachen (Herman 2003, 6).

---

[1] Lausberg (1969, 7). – Zu der Grammatik der Romanischen Sprachen von Meyer-Lübke s. Gauger et al. (1981, 107–111).

4

Die Entstehung der romanischen Sprachen und die Geschichte des Lateins, insbesondere seine Spätgeschichte, bilden in Wirklichkeit ein und denselben hochkomplexen realen historischen Vorgang, der die Geschichte des Lateins in seiner geschriebenen und sogar literarischen Varietät ebenso einschließt wie die örtlich divergierenden Veränderungen seiner gesprochenen Verwendung (Herman 2003, 8; Übers. R. K.).

Die Überwindung dieser Trennung ist wesentlich dem finnischen Sprachforscher V. Väänänen zu verdanken, der mit seiner Dissertation über das Vulgärlatein der pompejanischen Inschriften (1937) und der Einführung ins Vulgärlatein (1963) allgemein »als der führende Kenner auf diesem Gebiet gilt« (Löfstedt 1990, 448). Seine Dissertation erlebte drei Auflagen ([2]1958, [3]1966!), ein Erfolg, der im wesentlichen seinem neuen linguistischen Ansatz zu verdanken war, welcher eben in der Verbindung der latinistischen und der romanistischen Perspektive bestand (Herman 2003, 7). Seine in mehrere Sprachen übersetzte *Introduction au latin vulgaire* ist das Handbuch zum Vulgärlatein schlechthin.

Wir schließen hier gleich die wichtigsten Handbücher und Einführungen zum Vulgärlatein an, von denen die meisten um die Mitte des 20. Jh. erschienen sind. Sie decken in chronologischer Reihenfolge 100 Jahre vulgärlateinischer Forschung ab; mehrere wurden erneut aufgelegt, nachgedruckt und übersetzt, s. die ausführlichen Angaben in der Bibliographie.

1866–1868 H. Schuchardt, *Der Vokalismus des Vulgärlateins*.
1907   Ch. H. Grandgent, *An Introduction to Vulgar Latin*. Nachdr. 1962;
        sp. Übers. 1928; it. Übers. 1914.
1926   J. B. Hofmann, *Lateinische Umgangssprache*. [3]1951 = [4]1978;
        sp. Übers. 1958; it. Übers. 1980, [2]1985.
1929   H. F. Muller, *A Chronology of Vulgar Latin*.
1949   C. Battisti, *Avviamento allo studio del latino volgare*.
1951   G. Rohlfs, *Sermo vulgaris latinus*. [3]1969.
1953   K. Voßler, *Einführung ins Vulgärlatein*.
1954   E. Coseriu, *El llamado ›latín vulgar‹ y las primeras diferenciaciones romances*;
        dt. Teilübers. 1978.
1959   E. Löfstedt, *Late Latin*.
1959   Th. H. Maurer, *Gramática do latim vulgar*.
1963   V. Väänänen, *Introduction au latin vulgaire*. [3]1981;
        sp. Übers. 1968, [2]1985; it. Übers. 1971, [3]1982.
1963   J. Sofer, *Zur Problematik des Vulgärlateins*.
1965   G. Reichenkron, *Historische latein-altromanische Grammatik*.
1967   J. Herman, *Le latin vulgaire*. [2]1970, [3]1975; sp. Übers. 1997.

Seit 1967 ist zwar eine Fülle neuer Untersuchungen, aber keine neue Einführung und auch kein neues Handbuch zum Vulgärlatein erschienen (cf. Herman 2003, 13); dafür wurden die Übersetzungen aktualisiert, so daß die wichtigsten Handbücher heute diejenigen von Herman (1997) und Väänänen (1985) sind.

Daneben sind besonders für den Anfänger die entsprechenden Kapitel in den romanistischen und latinistischen Handbüchern wichtig, die auf mehr oder weniger knappem Raum eine gute erste Orientierung vermitteln. Bezüglich der romanistischen Handbücher ist u.a. auf Bourciez (1967) zu verweisen, dessen Kapitel »Le latin« und »Phase romane primitive«

(25–130, 131–284) als vollgültige Einführung ins Vulgärlatein dienen können.[2] Die Einführung von Renzi hat ebenso ein Kapitel zum Lateinischen (1980, 68–87) wie diejenige von Tagliavini (1998, 158–207 und 445–448). Besonders sei auf den Artikel von Vincent (1988) zum Lateinischen verwiesen. Das *Lexikon der Romanistischen Linguistik* (LRL) enthält im Band II, 1 wichtige Überblicksartikel zu »Expansion und Rückzug des Lateins« (Raupach 1996), zu Substraten und Adstraten (Knobloch 1996a; 1996b) und zu den Varietäten des Lateinischen (Herman 1996), zur Abgrenzung des Lateinischen und Romanischen (Meier 1996), zur Ausgliederung der romanischen Sprachen (Stefenelli 1996) und zum Gemein- und Protoromanischen (Dardel 1996). Diese Arbeiten werden ergänzt durch diejenigen des ganz neuen, im Erscheinen begriffenen *Handbuchs zur Geschichte der romanischen Sprachen* von Ernst et al. (2003):[3] zur lateinischen Sprachgeschichte (Steinbauer 2003), zu den Varietäten des Lateins (Seidl 2003), zur »lateinischen Basis der romanischen Sprachen« (Stefenelli 2003) und zur Abgrenzung Lateinisch – Romanisch (Banniard 2003). Schließlich ist auf die grundlegende *Romanische Sprachwissenschaft* von Lausberg (1967–1972) zu verweisen.

Unter den Handbüchern der Latinistik sei zunächst der *Neue Pauly* (= DNP) genannt, der u.a. den knappen Überblick von Stefenelli (2002) enthält und natürlich – ebenso wie z.B. das Lexikon zur Antike von Brodersen/Zimmermann (2000) – auch wichtige Informationen zu den verschiedensten Aspekten des Lateinischen, seinen Benutzern und seiner Verbreitung und Entwicklung. Die große Grammatik von Hofmann behandelt im »allgemeinen Teil« die »Grundschichten der lateinischen Sprache«, nämlich Schriftsprache, Umgangssprache und Vulgärsprache (Hofmann 1965, 46*–49*, mit Literatur), weiteres ist im Sachverzeichnis s.vv. *Umgangssprache (Alltagsrede, Alltagssprache)* und *Volkssprache (Vulgarismen)* zu finden. Die lateinische Sprachgeschichte von Stolz/Debrunner hat ein Kapitel zum »volkstümlichen Latein (Vulgärlatein)« (1966, 109–124) und eines über »das Verhältnis der romanischen Sprachen zum Lateinischen« (124–131). Auch die Sprachgeschichte von Devoto (1968) behandelt an verschiedenen Stellen das Vulgärlatein und seine Beziehungen zu den romanischen Sprachen, z.B. in dem Abschnitt zu »Pompeji und der Bedeutung der pompejanischen Inschriften für das vorromanische Latein« (177–183), in demjenigen zur Umgangssprache bei Petronius (217–224) oder in dem Kapitel zum »Lateinischen nach dem Untergang des Römerreiches« (288–309). Das Handbuch von Palmer enthält ein nützliches Kapitel zum Vulgärlatein (2000, 170–204), ebenso Stotz' *Handbuch zur lateinischen Sprache des Mittelalters* (2002, 62–76).

Seit der zweiten Hälfte des 20. Jh. hat die Forschung zum Vulgärlatein einen bemerkenswerten Aufschwung genommen, nach Herman (2003, 10) seit etwa 1960–65. Das Interesse zeigt heute »eine fast überraschende Vitalität« (ib. 11). In jüngster Zeit ist eine Reihe von Sammelwerken erschienen, von denen exemplarisch die Bände 29, 1–2 des großangelegten Werks *Aufstieg und Niedergang der Römischen Welt* (Haase 1983 = ANRW), die Akten des ersten Romanistischen Kolloquiums (Dahmen et al. 1987), Herman (1990; 1998)

---

[2] Voßler (1953, 209); das eine oder andere ist heute überholt, s. unten S. 78 zu *bien que, benchè.*
[3] S. die ausführliche Besprechung von Pfister (2004).

und Herman/Marinetti (2000) angeführt seien. Seit 1985 finden im Dreijahresrhythmus regelmäßige Kolloquien zum Vulgär- und Spätlatein statt. Von den jeweiligen Akten sind bisher sechs Bände erschienen: Herman (1987); Calboli (1990); Iliescu/Marxgut (1992); Callebat (1995); Petersmann/Kettemann (1999); und Solin et al. (2003). Die jeweiligen Beiträge behandeln die verschiedensten Aspekte des Vulgär- und Spätlateins; s. auch die entsprechenden Rezensionen, u.a. von Selig (1988) zum ersten Band; Lüdtke (1991), Blasco Ferrer (1992) und die ausführliche Besprechung von Kramer (1991) zum zweiten Band; Lüdtke (1996a), Liver (1994), Calzolari (1995) zum dritten und B. Löfstedt (1997) zum vierten Band.

Als teilweise neue Forschungsrichtungen auf dem Gebiet des Vulgärlateins nennt Herman einerseits den Einsatz statistischer Methoden, andererseits die Untersuchungen von Fragen außersprachlicher Natur, wie sie u.a. in Sozio- und Psycholinguistik entwickelt wurden (Herman 2003, 13–15).

Der heutige Stand der Forschungen zum Vulgärlatein kann – trotz zahlreicher Forschungslücken und Probleme (s. Kap. 11) – als sehr weit fortgeschritten bezeichnet werden: Nach Herman (2003, 13) erscheint eine neue Gesamtschau zum Spät- und Vulgärlatein immer notwendiger, aber auch möglich. Dabei stellt sich freilich das Problem der Masse an Literatur, die systematisch zu erfassen wäre, was geraume Zeit beanspruchen dürfte. Immerhin gibt es heute »über zweihundert Zeitschriften, in denen ein Aufsatz zum Vulgärlateinischen stehen könnte [!]« (Kramer 1991, 663).

Hilfreich wäre u.a. eine Bibliographie, welche systematisch die bisherigen Arbeiten zu den unterschiedlichen sprachlichen Ebenen berücksichtigt, also zur Aussprache, zur Grammatik, zur Wortbildung, zum Wortschatz und zur Phraseologie, und zwar jeweils auch mit Bezug auf verschiedene Methoden – etwa statistische und soziolinguistische –, dann aber ebenso die Arbeiten zu einzelnen Autoren, Texten, Epochen usw. Auf dem Weg zur notwendigen neuen Synthese der Forschung möchte die vorliegende Einführung wenigstens ein paar Bausteine liefern.

Arbeitsaufgaben

1. Verschaffen Sie sich einen Überblick über das Vulgärlatein, indem Sie das entsprechende Kapitel in einem der Handbücher lesen, z.B. von Renzi (1980), Tagliavini (1998) oder Palmer (2000).
2. Machen Sie sich anhand des Abschnitts zum Vulgärlatein mit der Gliederung der *Romanischen Bibliographie* vertraut.
3. Suchen und lesen Sie Rezensionen zu den neuesten Kongreßakten zum Vulgär- und Spätlatein von Petersmann/Kettemann (1999) und Solin et al. (2003).

2. Benennung und Definition

2.1. Benennung

Die Herkunft des Terminus *Vulgärlatein*, der letztlich nach lat. *vulgaris sermo* ›gewöhnliche, alltägliche Rede‹ gebildet wurde, ist nicht genau geklärt. Nach Cano Aguilar (1988, 33) wurde der Ausdruck von F. Diez gebildet[1] und ist seit H. Schuchardt (1866) verbreitet. Nach Geckeler/Dietrich (2003, 157) war der Ausdruck dagegen zuerst in der französischen Romanistik des 19. Jh. als *latin vulgaire* eingeführt und wurde dann auch in Deutschland verwendet. Dt. *Vulgärlatein* wäre in diesem Fall Lehnübersetzung nach französischem Vorbild. Paul (1992, s.v. *vulgär*) belegt dt. *Vulgärlatein* 1887 bei Herder; dabei wurde nicht nur Schuchardt (1866) übersehen, sondern auch das bei Schuchardt und Sofer (1963, 5) erwähnte »Preisausschreiben für die beste Darstellung des Vulgärlateins« der Akademie der Wissenschaften in Wien von 1860, bei dem übrigens kein Preis verliehen wurde. Der *Trésor de la langue française* belegt dagegen fr. *vulgaire latin* schon 1524 (TLF, s.v. *vulgaire*), was deutlich für die Ansicht von Geckeler/Dietrich spricht, wonach der Terminus zuerst im Französischen und erst später im Deutschen verwendet wurde.[2]

Besonders wegen des Elements *Vulgär-* wurde der Terminus häufig kritisiert (Lloyd 1979; Vincent 1988, 27). Dies ist freilich ein Problem, welches viele linguistische und andere Fachtermini betrifft. So wurden denn neben der vorsichtigeren Bezeichnung »sogenanntes Vulgärlatein« andere Bezeichnungen vorgeschlagen, darunter *gesprochenes Latein*, *Verkehrs-* bzw. *Umgangslatein* (Reichenkron) und *Sprechlatein* bzw. *Spontansprache* (Lüdtke) sowie *bürgerliches Latein* (*latino borghese*: Durante; s. unten). Dagegen hat sich u.a. Leumann gewandt, der sich für die Beibehaltung der Termini *Vulgärlatein* zur Bezeichnung belegter und *Urromanisch* zur Bezeichnung rekonstruierter Spracherscheinungen ausspricht. Die durch diese Erscheinungen charakterisierte Sprache ist die »Mutter« der romanischen Sprachen: diese »gehen auf ein vom klassischen Latein vielfach abweichendes, in manchen Einzelheiten erfaßbares volkstümliches Latein zurück« (Leumann 1960 ap. Sofer 1963, 39).

An älteren alternativen Bezeichnungen für das ›Vulgärlatein‹ und das ›klassische Latein‹ finden sich z.B. die analog zu *Plattdeutsch – Hochdeutsch* gebildeten Ausdrücke *Plattlatein – Hochlatein* (Pott 1852) oder *Latein des Alltags – Latein der Literatur* (Skutsch 1907, 452). Bei Hofmann (1978, IX) hat das Vulgärlatein »als Affektsprache niedrigen

---

[1] Diez spricht allerdings von *Volkslatein* (1876, 6: »daß das Romanische dem Volkslatein sein Dasein danke«).

[2] Cf. v. Ettmayer (1916, 231): »Unseres Wissens wurde zuerst 1435 der Begriff des Vulgärlateins in Florenz in klarer Weise formuliert [...]. Eingehender befaßten sich indessen erst die großen holländischen Humanisten des 16. Jahrhunderts mit der Frage, der sie insbesondere bei der Erörterung der richtigen Aussprache des Latein [sic] näherrückten.« – Demnach wäre bezüglich des Terminus evtl. von einer Filiation Italienisch – Französisch – Deutsch auszugehen (it. *volgare* ›Volkssprache (im Gegensatz zur lateinischen Literatursprache)‹ ist seit dem 13. Jh. belegt: DELI, s.v. *volgo*); die Frage bleibt zu untersuchen.

8

Stils in der lateinischen Umgangssprache seinen Platz«, er verwendet also ›Umgangssprache‹ als übergeordneten Begriff. Insgesamt haben sich solche alternativen Bezeichnungen indessen nicht durchgesetzt, und der Terminus *Vulgärlatein* ist nach wie vor – trotz unterschiedlicher Verwendungsweisen – der geläufigste Name der damit bezeichneten Varietäten des Lateinischen. In der Tat ist letztendlich die Frage der Benennung sekundär gegenüber derjenigen der Begriffsbestimmung, welcher wir uns im nächsten Abschnitt zuwenden.

2.2. Definition

Der Terminus *Vulgärlatein* ist nicht nur wegen des Bestimmungswortes *vulgär* kritisiert worden, sondern ebenso wegen seiner »Vagheit« bzw. der Vielzahl seiner Verwendungsweisen.[3] Bis 1937 gab es bereits 19 Definitionen des ›Vulgärlateins‹ (Reichenkron 1965, 5). Im folgenden werden zunächst einige der wichtigsten Definitionen in chronologischer Reihenfolge angeführt; anschließend werden wir auf einige der sich dabei ergebenden Probleme eingehen.

1. Unter den Begriff des Vulgärlatein [sic] fallen diejenigen lateinischen Sprachformen, die im täglichen und unmittelbaren, also vorzugsweise mündlichen Verkehr geläufig waren: Formen eines Denkens, das literarisch noch nicht geschult oder aus solcher Schulung wieder entlassen und entspannt war. Es kommt also nicht so sehr auf die Bildungsstufe der Lateinsprechenden an und noch weniger auf ihre gesellschaftliche Stellung oder Schichtung, sondern wesentlich auf ihre gelegentliche *Einstellung*. (Voßler 1922, 170).

2. la lingua normalmente parlata nel mondo latino dalla maggioranza della classe media nei due ultimi secoli della repubblica e nell'impero (Battisti 1949, 23) – ›das von den mittleren Schichten in den letzten beiden Jahrhunderten der Republik und in der Kaiserzeit [sc. ca. von 200 v. Chr. bis 476 n. Chr.] gesprochene Latein‹.

3. Das Vulgärlatein ist das gesprochene Latein. Es könnte auch Romanisch heißen. Die einzelnen rom. Sprachen sind nicht die Töchter des Vlt., sondern selbst Vlt., d.h. seine Spielart[en]. Sie sind das Latein von heute. (Voßler 1953, 48).

4. die Umgangssprache des gemeinen Mannes, das sog. *Vulgärlatein* (*sermo vulgaris, plebeius, quotidianus, rusticus*): die Sprache des Bauern, des Soldaten, des Händlers, des Sklaven. Auch

---

[3] Cf. Lüdtke (1996a, 210); weiter Lloyd (1979), der 13 Verwendungsweisen auflistet und sich entschieden dafür ausspricht, den Terminus gänzlich aufzugeben – meines Erachtens zu Unrecht. Gauger et al. (1981, 105–108) teilen die Behandlung des Vulgärlateins in der Forschung in sechs Thesen auf, nämlich (1) Einheitlichkeit des Vulgärlateins (u.a. F. Marx und C. Battisti); (2) es gab immer ein Vulgärlatein (u.a. Ch. H. Grandgent und P. Savj-Lopez); (3) es gab überhaupt kein Vulgärlatein (M. Křepinský); (4) Vulgärlatein als zeitliche Fortsetzung des klassischen Lateins (u.a. H. F. Muller und M. A. Pei); (5) Vulgärlatein als »außerhalb von Zeit und Raum rekonstruierbare Sprache« (u.a. R. A. Hall Jr. und G. L. Trager); (6) die romanischen Sprachen stammen »direkt vom klassischen Latein ab« (W. Mańczak). – Die Begriffsgeschichte des ›Vulgärlateins‹ ist noch zu schreiben.

die tägliche Umgangssprache der Gebildeten selbst stand nicht auf dem grammatisch-rhetorischen Niveau der Schriftsprache. So gibt es unterhalb der Schriftsprache eine ganze Skala mündlicher, mehr oder minder vulgärer Umgangssprachen, die nur selten (z.B. Plautus um 200 v. Chr.; Petron und Wandinschriften in Pompeji 1. Jh. n. Chr.; Grammatikerzeugnisse der Kaiserzeit, besonders: *Appendix Probi* 3. Jh. n. Chr.; Consentius 5. Jh.) in schriftlicher Fixierung bezeugt sind. (Lausberg 1969, 67).

5. In Wirklichkeit aber ist das Vulgärlatein [...] keineswegs von jeher dagewesen: es handelt sich eigentlich um das gesprochene Latein einer bestimmten Epoche, das auf einmal mit ungewöhnlich beschleunigtem Rhythmus von seiner Tradition abweicht. Und gerade durch diesen ungewöhnlich beschleunigten Rhythmus seiner Entwicklung stellt das Vulgärlatein ein ganz besonderes historisches Problem dar. (Coseriu 1971, 138).

6. Col nome di latino volgare ci si riferisce a quegli aspetti linguistici di testi antichi o medievali che risultano difformi dalla norma classica e generalmente precorrono caratteristiche delle lingue romanze. (Durante 1981, 21) – Mit der Bezeichnung Vulgärlatein bedeutet man [sic] jene sprachlichen Aspekte antiker oder mittelalterlicher Texte, die sich von der klassischen Norm unterscheiden und ihrer Charakteristik nach allgemein als Vorläufer der romanischen Sprachen gelten [sic, l.: und allgemein Eigenheiten der romanischen Sprachen vorwegnehmen]. (Durante 1993, 27).

7. El latín vulgar [...], tal como lo concebimos, comprende los estados sucesivos desde la fijación del latín común, al terminar el período arcaico, hasta la víspera de la consignación por escrito de textos en lengua romance; no se excluyen, pues, ni las variaciones sociales ni aun las regionales. (Väänänen 1985, § 5) – ›Das Vulgärlatein – so wie wir es verstehen – umfaßt die aufeinanderfolgenden Stadien von der Fixierung des Gemeinlateinischen am Ende der archaischen Periode [ca. 100 v. Chr.] bis zum »Vorabend« der ersten geschriebenen Texte in romanischer Sprache; es werden also weder die sozialen noch die regionalen Abwandlungen ausgeschlossen‹.

8. nosotros llamamos latín vulgar [...] al conjunto de innovaciones y tendencias evolutivas aparecidas en el uso – sobre todo oral – de las capas latinofónas [sic, l.: latinófonas] no influidas o poco influidas por la enseñanza escolar y los modelos literarios. (Herman 1997, 14). – ›wir nennen die Gesamtheit der Neuerungen und Entwicklungstendenzen, die sich im vornehmlich mündlichen Gebrauch der nicht oder wenig durch Schulbildung und literarische Modelle beeinflußten lateinsprechenden Schichten zeigen, Vulgärlatein‹.

Herman ergänzt seine Definition durch drei Spezifizierungen (ib. 14–16): erstens versteht er sie ohne zeitliche Einschränkung, das heißt, das Vulgärlatein erstreckt sich für ihn etwa vom 3. Jh. v. Chr. bis zu den romanischen Sprachen; zweitens könne es, da das Vulgärlatein vornehmlich gesprochen wurde, grundsätzlich keine vulgärlateinischen Texte geben, und »vulgärlateinischer Text« sei zu verstehen als »stark vom alltäglichen Sprachgebrauch beeinflußter Text«. Drittens verweist er schließlich auf die diachronische, diatopische und diaphasische Variation innerhalb des Vulgärlateins.

9. Der nach lat. *vulgaris sermo* gebildete t.t. ›V[ulgärlatein].‹ ist in seiner Definition und Berechtigung nicht unumstritten, dient aber im allg. als Bezeichnung für die von der Norm der klassischlat. Schriftsprache abweichenden Formen der primär mündlich konzipierten Spontansprache, also der lat. Sprechsprache und deren Widerspiegelung in bestimmten schriftlichen Dokumenten. In diesem Sinne entspricht ›V.‹ als Sammelbegriff verschiedenen v.a. soziokulturell, regional und diachronisch differenzierten Sprachvarietäten. (Stefenelli 2002, 347–348).

Drei Unterschiede zwischen den verschiedenen Definitionen verdienen Erwähnung: die
Gleichsetzung von ›gesprochenem Latein‹ und ›Vulgärlatein‹, die Einschränkung auf bestimmte soziokulturelle Schichten und die zeitliche Begrenzung des Vulgärlateins.

(1) Wir haben bereits oben die synonyme Verwendung der Ausdrücke *gesprochenes Latein* und *Vulgärlatein* gesehen, und alle zitierten Definitionen – außer denen von Väänänen
und Durante – stimmen darin überein, daß das Vulgärlatein hauptsächlich gesprochen wurde. Die absolute Gleichsetzung von ›Vulgärlatein‹ und ›gesprochenem Latein‹ ist jedoch
zurückzuweisen. Bezeichnenderweise haben gerade die Forscher, die sich mit dem Vulgärlatein bzw. mit der lateinischen Umgangssprache befassen, davor gewarnt, die Unterscheidung von ›gesprochener Sprache‹ und ›geschriebener Sprache‹ überzubewerten (Kiesler
1995, 391). Nach Hofmann kann das Medium der Mitteilung nie Haupteinteilungsgrund
sein, da niedere und höhere Sprache stets sui generis ist, unabhängig davon, ob sie gesprochen oder geschrieben wird:

> wenn z.B. ein Wiener Schuster eine Rechnung schreibt *ein Doppler 4 S.*, so ist das, ob geschrie-
> ben oder gesprochen, niedere Sprache dem Subjekt und Objekt nach (höhersprachlich wäre *ein
> Paar Schuhe gedoppelt*, gemeinsprachlich *ein Paar Schuhe besohlt*); oder wenn Ulrich von Liech-
> tenstein ein Lied dichtete, so war das höhere Sprache dem Subjekt und Objekt nach, aber keine
> Schreibe, denn er konnte nicht schreiben (Hofmann 1978, 186).

Im gleichen Sinne sprechen sich Durante (1981, 23) und Väänänen (1985, 32) gegen die
Auffassung der innerlateinischen Differenzierung als Antithese von Schriftlichkeit und
Mündlichkeit aus; Väänänen verweist dazu auf die zahlreichen Berührungspunkte zwischen
Volks- und Dichtersprache. Die gleiche Auffassung findet sich übrigens schon im 16. Jh.
bei Benedetto Varchi:

> Lo scrivere non è della sostanza delle lingue, ma cosa accidentale, perché la propria, e vera natura
> delle lingue è, che si favellino, e non che si scrivono, e qualunche [sic] lingua si favellasse, anco-
> rachè non si scrivesse, sarebbe lingua a ogni modo (Varchi 1570, 203) – ›das Schreiben ist nicht
> wesentlich für die Sprachen, sondern akzidentell, denn das wahre und eigentliche Wesen der
> Sprachen ist, daß sie gesprochen werden, und nicht, daß sie geschrieben werden, und jegliche
> Sprache, die gesprochen wird, auch wenn sie nicht geschrieben würde, wäre doch jedenfalls eine
> Sprache‹.

Wie in anderen hochentwickelten Kulturen gab es auch im römischen Reich eine gesprochene Form der Hochsprache, die ebenso wie das Vulgärlatein bzw. die Umgangssprache
unter den Begriff des ›gesprochenen Lateins‹ fällt; somit dürfte klar sein, daß die synonyme
Verwendung von *Vulgärlatein* und *gesprochenem Latein* nicht zu einer Klärung der dahin-
terstehenden Begriffe beiträgt, sondern im Gegenteil verwirrend ist. Sinnvoller erscheint es,
das Vulgärlatein als diaphasisch, d.h. durch den Formalitätsgrad der Situation bestimmte
Varietät des Lateinischen zu betrachten, somit als Umgangssprache, die ja ebenso überwiegend gesprochen, aber auch geschrieben wird; als altes Standardbeispiel für geschriebene

Umgangssprache kann man den Privatbrief anführen.[4] Umgangssprache läßt sich wie folgt definieren:

> Die *Umgangssprache* ist das ›diaphasisch teils unmarkierte (*neutrale*), teils niedrig markierte (*familiäre = informelle*), diatopisch und diastratisch variable Register einer historischen Sprache‹ (Kiesler 1999, 19; ähnlich 1995, 400).

Mit dieser Einschränkung können wir uns den Definitionen von Voßler (1922), Durante, Herman und Väänänen anschließen. Hingewiesen sei noch auf die von Voßler und Herman erwähnte literarische Bildung, die für die Hochsprache tatsächlich eine wichtige Rolle spielt, in der Umgangssprache dagegen grundsätzlich eher zurücktritt.

(2) Ebenso wie die Gleichsetzung von Vulgärlatein und ›gesprochenem Latein‹ ist die Einschränkung des Vulgärlateins auf bestimmte soziokulturelle Schichten (Battisti, Lausberg, Hofmann) zurückzuweisen, die im Widerspruch zu der von Väänänen explizit genannten sozialen Variabilität steht. Man denkt bei solchen Einschränkungen insbesondere an die unteren soziokulturellen Schichten, wogegen sich Durante und Tagliavini ausdrücklich verwehren: das Vulgärlatein kann »nicht als das Latein der unteren Volksschichten gelten« (Durante 1993, 66; cf. Tagliavini 1998, 161; cf. unten S. 106). Durante weist zu recht darauf hin, daß wir nicht wissen, wie Bauern, Sklaven und Gladiatoren tatsächlich gesprochen haben und hebt als entscheidend hervor, daß die unteren Schichten in der Antike keine alternative Sprachnorm verbreiten konnten. Angesichts der überlieferten Texte von Geschäftsleuten wie Trimalchio (s. unten S. 35), von Soldaten, Ärzten, Tierärzten, Landvermessern und Geistlichen, die im sozialen Kontext eine wichtige Rolle spielten, schlägt er als alternative Bezeichnung den Ausdruck »bürgerliches Latein« vor (1993, 67). So sprechen nicht nur die Belege – eben die Dokumente von Soldaten, Tierärzten usw. (s. Kap. 4) – gegen eine Begrenzung des Begriffs ›Vulgärlatein‹ auf die unteren Schichten, sondern ebenso theoretische Überlegungen. Es ist klar, daß die Umgangssprache gemeinsamer – wenn auch variabler – Besitz *aller* soziokulturellen Schichten sein muß, da alle Mitglieder einer Sprachgemeinschaft an ihr teilhaben. Unter Annahme dieser Voraussetzung ist auch die Einschränkung des Begriffs ›Umgangssprache‹ auf die »lebendige und mündliche Rede der Gebildeten« bei Hofmann (1978, V) als zu starke Verengung zurückzuweisen (cf. Kiesler 1995, 381).

(3) Bezüglich der diachronischen Dimension gehen manche Forscher (Battisti, Coseriu) von einer zeitlichen Begrenzung des Vulgärlateins aus, während andere (Herman, Väänänen) explizit eine weite Auffassung vertreten. Wir können hier in Anlehnung an Geckeler/Dietrich (2003, 160–162) grosso modo drei Positionen unterscheiden.

(a) Eine maximalistische Auffassung, nach welcher das Vulgärlatein als Umgangssprache zu allen Zeiten der Latinität existierte, vertreten u.a. Herman und Väänänen. Nach dieser Auffassung wurde das Vulgärlatein vom Ende der archaischen Periode, also um 200 v. Chr., bis zu den ersten geschriebenen Texten in romanischen Sprachen (9. Jh. n. Chr.)

---

[4] Cf. die vielzitierte Cicero-Stelle »epistulas vero cottidianis verbis texere solemus« (*ad fam.* 9, 21, 1) ›Briefe verfassen wir jedoch gewöhnlich in der Alltagssprache‹ (Bourciez 1967, 31; Kiesler 1995, 390 Anm. 34; Väänänen 1985, 32).

gesprochen. Abb. 2 verdeutlicht diese Auffassung, ja sie geht sogar noch darüber hinaus, insofern das hier »Sprechlatein« genannte Vulgärlatein als auch schon in archaischer Zeit von der Hochsprache unterschieden – wenn auch nur geringfügig – dargestellt wird.

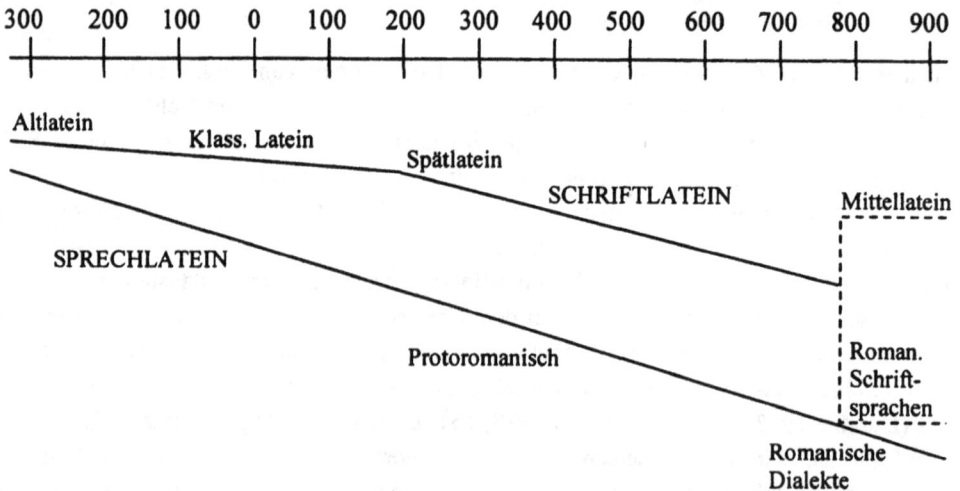

Abb. 2: »Entwicklung der Beziehung von lateinischer Hochsprache (Schriftlatein) und Vulgärlatein (Sprechlatein) in Gallien« (adaptiert nach Berschin et al. 1978, 62).

Das Schriftlatein wird hier ab etwa 200 n. Chr. als »Spätlatein« bezeichnet, während gleichzeitig das »Sprechlatein« ins »Protoromanische« übergeht. Ganz deutlich ist die maximalistische Position bei Löfstedt (1983, 453 Anm. 1) formuliert: »Vulgärlatein gab es, solange Latein gesprochen wurde; innerhalb der Latinität kennt das Vulgärlatein keine chronologischen Grenzen.«

(b) Für eine mittlere Position treten u.a. Battisti und Coseriu ein; sie begrenzen das Vulgärlatein auf den Zeitraum zwischen etwa 200 v. Chr. und 600 n. Chr.

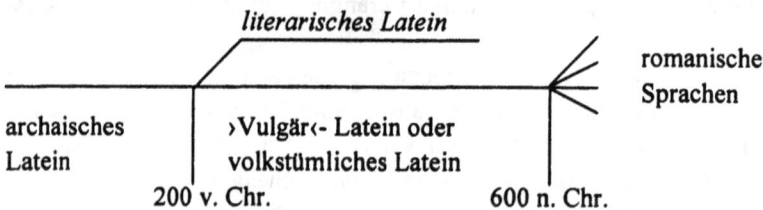

Abb. 3: Die mittlere Auffassung des Vulgärlateins (nach Coseriu 1978, 268 = 1954, 29).

Abb. 3 zeigt Coserius Darstellung der Auffassung Grandgents, nach welcher das Vulgärlatein das archaische Latein fortsetzt und um etwa 600 n. Chr. mit der Entstehung der romanischen Sprachen endet. Das archaische Latein ist dasjenige der vorliterarischen Zeit. Das Datum 200 v. Chr. ist natürlich wie jede derartige Begrenzung willkürlich gesetzt. Im allgemeinen wird der Beginn der römischen Literatur in der Mitte des 3. Jh. v. Chr. angesetzt; der Grieche Livius Andronicus (gestorben vor 200 v. Chr.) gilt als Begründer der dramatischen Poesie, der gräzisierte Messapier Quintus Ennius (239–169 v. Chr.) als Begründer der epischen Poesie der Römer (Stolz/Debrunner 1966, 75–76).

(c) Eine minimalistische Auffassung vertritt – nach Geckeler/Dietrich (2003, 161) – Coseriu (1978, 264, 276), der hier das Vulgärlatein auf drei Jahrhunderte, nämlich zwischen etwa 100 n. Chr. und 400 n. Chr. beschränkt und danach eine vorromanische Phase von etwa 400 bis 700 n. Chr. ansetzt. Coseriu unterscheidet im 3.–4. Jh. n. Chr. das »literarische, geschriebene oder kultivierte Latein« vom umgangssprachlichen, gesprochenen Latein (1978, 264); letzteres sei bis zum Beginn des 6. Jh. so einheitlich gewesen, daß es noch als »eine einzige Sprache« angesehen werden könne (ib.). Im 6. und 7. Jh. n. Chr. könne man dagegen schon von »romanischen Sprachen« sprechen, da die differenzierenden Merkmale in diesem Zeitraum wichtiger als die gemeinsamen seien (ib. 264–265; ähnlich ib. 276).

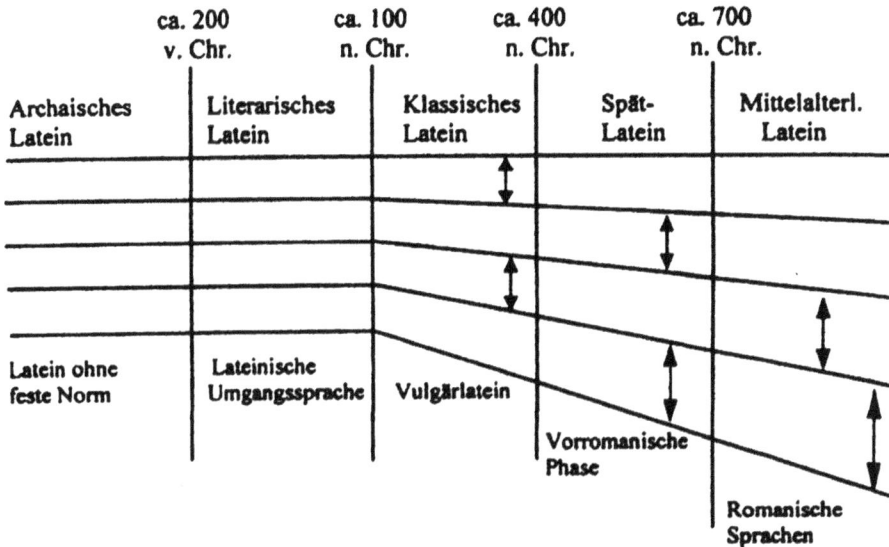

Abb. 4: Die minimalistische Auffassung des Vulgärlateins (Geckeler/Dietrich 2003, 161).

Abgesehen davon, daß diese diachronische Eingrenzung des Vulgärlateins zu stark erscheint, ist insbesondere die zeitliche Trennung von ›lateinischer Umgangssprache‹ und ›Vulgärlatein‹, wie sie in Abb. 4 zum Ausdruck kommt, als nicht sehr sinnvoll zurück-zu-weisen. Die horizontalen Linien können als konkurrierende Formen gedeutet werden, z.B. für *pulcher ~ bellus* ›schön‹, *villa patris mei ~ villa de meo patre* ›das Landhaus meines Vaters‹ oder für *dico me illum cognoscere ~ dico quod illum cognosco* ›ich sage, daß ich ihn kenne, je dis que je le connais‹ (Geckeler/Dietrich 2003, 161).

Wir schließen uns demgegenüber der weiten Auffassung an und betrachten das Vulgärlatein als zu allen Zeiten der Latinität existierende, diastratisch und diatopisch variable Umgangssprache aller Mitglieder der lateinischen Sprachgemeinschaft.

Arbeitsaufgaben

1. Vergleichen Sie die bei Llyod (1979) angeführten Definitionen des Vulgärlateins mit den oben zitierten.
2. Stellen Sie Belege für die in Anm. 3 genannten sechs Thesen zum Vulgärlatein zusammen.
3. Vertiefen Sie Ihre Kenntnisse der soziokulturellen Schichten anhand des Kapitels zur spätrömischen Gesellschaft in Alföldy (1984, 154–179).
4. Vergleichen Sie die Abbildungen 2 bis 4 mit der entsprechenden Abbildung in Gauger et al. (1981, 108); diskutieren Sie die Unterschiede.

3.   Externe Sprachgeschichte

Bei der Darstellung der Sprachgeschichte ergibt sich als erstes Problem die Unterscheidung verschiedener Etappen. Die Periodisierung stellt ein grundsätzliches Problem dar, da sie zumeist nach externen, nicht nach eigentlich sprachlichen Kriterien vorgenommen wird. So wird bisweilen der Beginn der lateinischen Literatur im Jahr 240 v. Chr. mit Livius Andronicus als Abgrenzung des Frühlateins vom Altlatein genannt; der Tod des Augustus im Jahr 14 n. Chr. gilt allgemein als Endpunkt des klassischen Lateins. Zudem gibt es gewöhnlich mehrere Möglichkeiten der Einteilung. Väänänen (1985, § 15) weist darauf hin, daß seine Einteilung nur eine unter vielen möglichen darstellt. Er unterscheidet fünf Epochen (ib. §§ 16–20): das archaische Latein von den Anfängen bis zum Ende des 2. Jh. v. Chr., das vorklassische Latein vom Ende des 2. Jh. v. Chr. bis zur Mitte des 1. Jh. v. Chr., das klassische Latein von der Mitte des 1. Jh. v. Chr. bis 14 n. Chr., das nachklassische Latein von 14 n. Chr. bis etwa 200 n. Chr. und das Spätlatein von etwa 200 n. Chr. bis zum Beginn der romanischen Sprachen.[1] Da für die Romanisten die Frühgeschichte des Lateinischen von geringerem Interesse ist, begnügen wir uns mit einer vereinfachten Einteilung und unterscheiden vier Phasen:

(1) Anfänge – etwa 100 v. Chr.	archaisches Latein
(2) etwa 100 v. Chr. – 14 n. Chr.	klassisches Latein = goldene Latinität
(3) 14 n. Chr. – etwa 200 n. Chr.	nachklassisches Latein = silberne Latinität
(4) etwa 200 n. Chr. – romanische Sprachen	Spätlatein

Für die nachfolgende Darstellung der Etappen der lateinischen Sprachgeschichte empfiehlt sich dagegen aus romanistischer Sicht eine andere Einteilung; wir unterscheiden 1. die Entstehung des Imperium Romanum, 2. Romanisierung und Latinisierung und 3. den Untergang des Imperium Romanum.

3.1.   Die Entstehung des Imperium Romanum

Das Lateinische war zunächst lediglich der Dialekt von Rom und wurde nur am unteren Tiber gesprochen. Der Name *Rom* selbst ist vermutlich nicht einmal indogermanisch (Tagliavini 1998, 63). Zu Beginn des 5. Jh. v. Chr. umfaßte das lateinische Sprachgebiet nur das Latium, d.h. eine Fläche von etwa 2500 km^2, wovon noch das volskische Sprachgebiet abzuziehen ist. Am Ende des Altertums, also etwa um 500 n. Chr., hatte das mehr oder weniger tiefgreifend latinisierte Gebiet eine Ausdehnung von ungefähr drei Millionen km^2 er-

---

[1] In der spanischen Ausgabe (Väänänen 1985) sind das archaische und das vorklassische Latein zusammengefaßt, so daß sich lediglich vier Epochen ergeben, das Spätlatein ist aber als »5.« gezählt; diese fünf Epochen finden sich entsprechend in der französischen Ausgabe (Väänänen 1967, §§ 16–20).

reicht, vom heutigen Portugal bis zum Rhein und auf den Balkan sowie in Nordwest-Afrika (Seidl 2003, 521–522; cf. Abb. 5). Die Entstehung des Imperium Romanum zog sich über ein halbes Jahrtausend hin (Herman 1997, 17), vom 3. vorchristlichen Jahrhundert bis zum 2. Jh. n. Chr.[2] Dabei kann man grosso modo zwei Etappen unterscheiden. Eine erste reicht bis ins Jahr 133 v. Chr. bzw. etwa bis zum Ende des dritten Punischen Krieges (146 v. Chr.); an ihrem Ende beherrscht Rom das westliche und mittlere Mittelmeer. Die zweite E-tappe reicht etwa von dieser Zeit bis ins 2. Jh. n. Chr., als das römische Reich seine größte Ausdehnung erlangt.

Die Ausbreitung Roms beginnt mit der Konsolidierung seiner Herrschaft in Mittelitalien im 3. Jh. v. Chr. in Kriegen gegen Etrusker, Kelten, Latiner und Samniten.[3] Die Gründung von Kolonien, Bündnisse und der Straßenbau dienten der Sicherung der römischen Macht. Der Krieg mit dem griechischen Tarent (282–272 v. Chr.) führte nach der Niederlage des Pyrrhus bei Beneventum 275 v. Chr. zur Ausweitung der römischen Herrschaft über Unter-italien. Der Beginn des Imperium Romanum ist durch die Errichtung der ersten römischen Provinz Sizilien – mit Ausnahme des griechischen Syrakus – am Ende des ersten Punischen Krieges (264–241 v. Chr.) markiert. Als nächste folgen die Provinzen Sardinien und Kor-sika (238 v. Chr.). Die illyrische Küste gelangte 219 v. Chr. unter römische Herrschaft; die Provinz Illyricum wurde allerdings erst im Jahr 9 n. Chr. endgültig eingerichtet. Im zweiten Punischen Krieg (218–201 v. Chr.) begann die Eroberung der Iberischen Halbinsel; 209 v. Chr. wurde Carthago Nova eingenommen, 206 v. Chr. Gades. Abgeschlossen wurde die Eroberung hier allerdings erst 133 v. Chr. mit der Zerstörung von Numantia bzw. 19 v. Chr. mit der Unterwerfung der Asturer und Kantabrer. Im Keltenkrieg von 200 bis 190 v. Chr. wurde das heutige Oberitalien, die *Gallia cisalpina* erobert, 187–180 Ligurien; im Jahr 187 v. Chr. wurde die Via Aemilia als Fortführung der Via Flaminia nach Placentia erbaut. Im Osten wurden 148–146 v. Chr. Makedonien und Griechenland zu römischen Provinzen. Nach der Zerstörung Karthagos im dritten Punischen Krieg (149–146 v. Chr.) wird die Pro-vinz Africa eingerichtet. Mit der Zerstörung von Numantia in Hispanien und der Errichtung der Provinz Asia im Jahr 133 v. Chr. beherrscht Rom den gesamten Mittelmeerraum.

125–121 v. Chr. folgte die Eroberung Südgalliens, wo 118 v. Chr. die Kolonie Narbo (heute Narbonne), später Hauptstadt der Provinz Gallia Narbonensis, gegründet wurde. Im 1. Jh. v. Chr. eroberte Caesar Gallien (58–51 v. Chr.); dazu kommen die Alpengebiete, Sy-rien und Ägypten (30 v. Chr. Provinz) unter römische Herrschaft. Im ersten nachchristli-

---

[2] Lit. zur externen Sprachgeschichte: Devoto (1968); Herman (1997, 17–24); Kinder/Hilgemann (1986, 72–107); Putzger (2001, 36–43); Raupach (1996); Rohlfs (1968, 17–22); Stolz/Debrunner (1966); Väänänen (1985, §§ 6–14); Voßler (1953, 15–47).

[3] Der Name »Italien« (lat. *Italia* < gr. *Italía*) bezeichnete ursprünglich nur die Südhälfte von Kala-brien an der Meerenge von Messina, im 3. Jh. v. Chr. Italien »von der Südspitze bis zur Arnomün-dung und bis über Ancona hinaus«. Dieser Begriff von Italien galt bis zur Zeit Caesars (Klingner 1941a, 16). Erst zwischen dem ersten und dem zweiten Punischen Krieg – also zwischen 241 und 218 v. Chr. – entstand der geographische Begriff von *Italien* als ›von den Alpen begrenztem Land‹ (ib. 17).

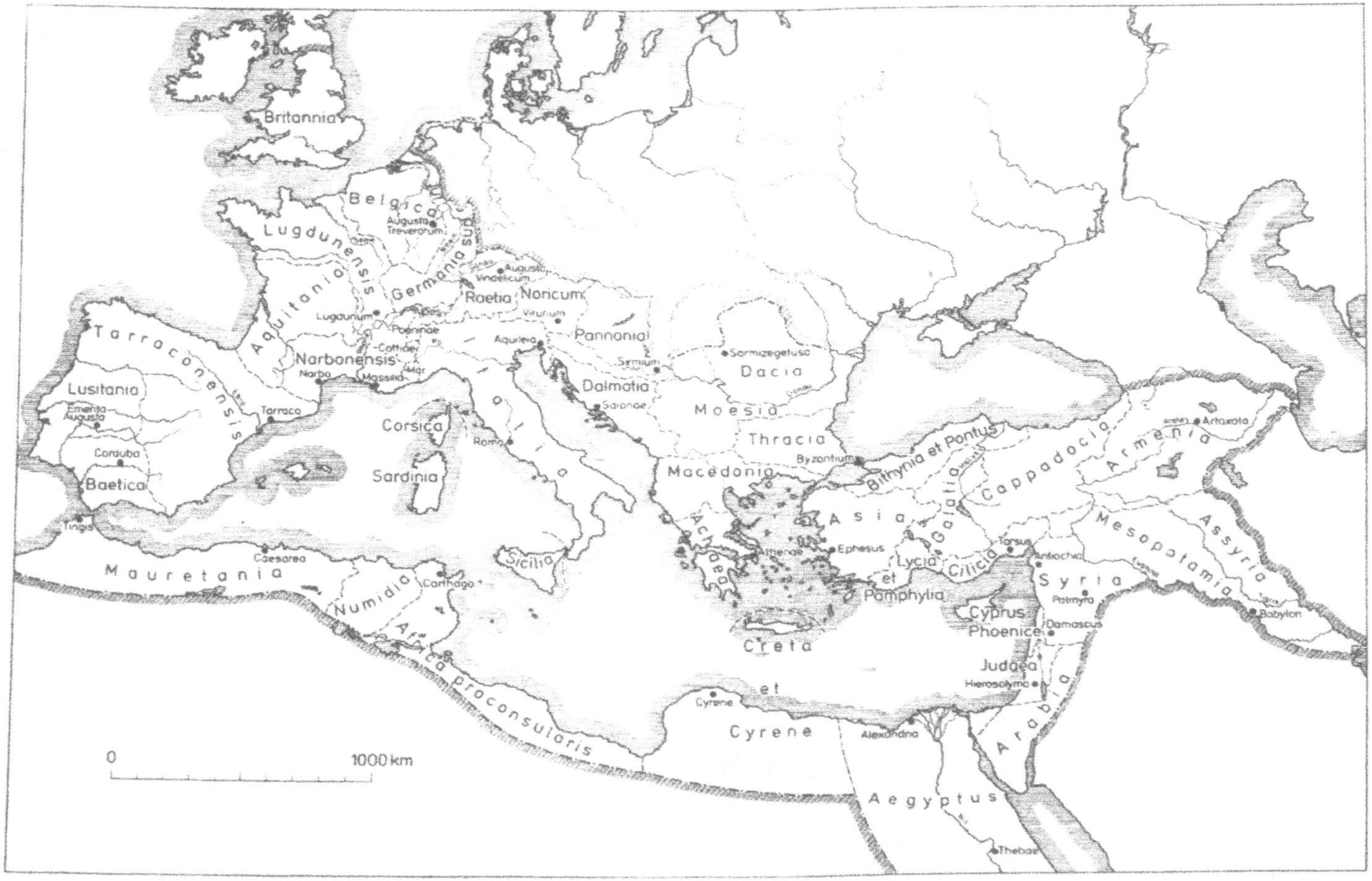

Abb. 5: Das römische Reich (aus: Neumann/Untermann 1980, 367; mit freundlicher Genehmigung durch: Landschaftsverband Rheinland / Rheinisches Landesmuseum Bonn).

chen Jahrhundert erfolgte die Ausdehnung des römischen Reichs in Nordafrika (Maureta-
nien wird 40 n. Chr. Provinz, die Cyrenaica 74 n. Chr.), im Osten nach Pannonien, Thra-
kien, Pontus und Judäa und im Norden nach Germanien und Britannien. Im 2. Jh. n. Chr.
erreichte das Imperium unter Trajan (98–117) mit der Errichtung der Provinzen Dakien
(105), Arabien, Armenien, Assyrien und Mesopotamien seine größte Ausdehnung (s. Abb.
5).[4] Es umschließt im 2. Jh. das gesamte Mittelmeer in mehr als zwei Dutzend Ländern, die
in 45 Provinzen gegliedert sind (s. Schumacher 1988, 39), und eine Vielzahl von Völkern
und Sprachen; allein in Italien wurden ungefähr 40 verschiedene Sprachen gesprochen.

3.2.   Romanisierung und Latinisierung

Auf die Eroberung folgte Romanisierung und Latinisierung. Unter *Romanisierung* versteht
man im allgemeinen »die Verbreitung röm[isch].-italischer Zivilisation, Sprache und Kultur
im römischen Reich« und darüber hinaus (DNP, s.v. *Romanisierung*), während *Latinisierung* den Teilprozeß der Annahme des Lateins durch Sprecher anderer Sprachen bezeichnet. Väänänen (1985, § 9) definiert *Romanisierung* als »die geistige und sprachliche Assi-
milierung der verschiedenen unterworfenen Völker«. Unter den Faktoren, die zur Romanisierung beigetragen haben, sind besonders die folgenden sieben wichtig (Reichenkron
1965, 153–221; Geckeler/Dietrich 2003, 153–155).

(1) Das römische Heer und das römische Militärwesen[5]

Das Militärwesen förderte die Romanisierung durch die Aufnahme Einheimischer aus den
Provinzen, die in der Spätzeit selbst die höchsten Ämter im römischen Heer innehatten. Die
Sprache des Militärs war natürlich das Lateinische, und zwar auch im Ostteil des Reichs,
wo ja als Verkehrs- und Umgangssprache das Griechische fungierte, und wo selbst die Römer mit den Orientalen auf griechisch verhandelten (Zgusta 1980, 137). Auch die Ehen
zwischen römischen Soldaten und einheimischen Frauen trugen zur Romanisierung und zur
Verbreitung des Lateins bei.

---

[4] Cf. die entsprechenden Karten bei Bouet et al. (1975, 18); Brodersen/Zimmermann (2000, 700–701);
DNP, s.v. *Roma* (1053–1054); Famerie et al. (1989, 479); Kinder/Hilgemann (1986, 94); Putzger
(2001, 38); Raupach (1996, 8).
[5] Cf. Brodersen/Zimmermann (2000, s.vv. *Kriegskunst, Legion*); Kinder/Hilgemann (1986, 75); Reichenkron (1965, 153–165). – Zur römischen Soldatensprache s. Heraeus (1937b).

(2) Die römische Kolonisation und die Siedlungsarten[6]

Die Gründung von Kolonien wurde von den Römern als Mittel zur Sicherung der Herrschaft gezielt eingesetzt; die Karten bei Kinder/Hilgemann (1986, 78) zeigen die Kolonien in Mittel- und Unteritalien bis 272 v. Chr. (cf. Devoto 1968, 168). Es waren neugegründete Städte, die an strategisch wichtigen Punkten angelegt und mit römischen Bürgern besiedelt wurden. So wurde beispielsweise 291 v. Chr. die Kolonie Venusia (heute Venosa) in Apulien gegründet – der Geburtsort des Horaz –, wo sich 20.000 römische Bürger niederließen (Kinder/Hilgemann 1986, 79). Die Hauptaufgabe der Kolonien bestand ursprünglich in der Kontrolle der römischen Bundesgenossen und der Vorbeugung gegen Aufstandsversuche. Im Laufe der Zeit wurden auch in den Provinzen Kolonien eingerichtet, die u.a. der Versorgung der Veteranen dienten.

(3) Die römische Verwaltung und das römische Straßennetz[7]

Das Lateinische war die Sprache der Verwaltung. Das römische Reich war in Provinzen gegliedert, in denen während der Republik Statthalter für die Verwaltung, die Eintreibung der Steuern und die oberste richterliche Gewalt zuständig waren. Seit Augustus unterschied man zwischen kaiserlichen (mit Militärkommando) und senatorischen Provinzen (ohne Militärkommando). Reichenkron (1965, 166–167) nennt als endgültig eingerichtete Provinzen die folgenden fünfzehn:

241 v. Chr. Sicilia	120 v. Chr. Gallia Narbonensis	9 n. Chr. Illyricum
237 v. Chr. Sardinia,	50 v. Chr. Nord-Gallien	10 n. Chr. Pannonia
Corsica	29 v. Chr. Moesia	43 n. Chr. Britannia
197 v. Chr. Hispania	15 v. Chr. Rhaetia [sic],	46 n. Chr. Thracia
146 v. Chr. Africa	Noricum	107 n. Chr. Dacia

Unter Augustus gab es 31 Provinzen, unter Septimius Severus (Kaiser 193–211) 45 (Schumacher 1988, 38–39); unter Konstantin I. (Kaiser 306–337) wurde das Reich in vier Präfekturen (Oriens mit Konstantinopel, Illyricum mit Sirmium, Italia mit Mailand und Gallia mit Trier) »mit 14 Diözesen und 117 Provinzen« eingeteilt (Kinder/Hilgemann 1986, 103).

Von besonderer Bedeutung war das römische Straßennetz, das die Verkehrsverbindungen innerhalb des Reichs sicherte. Die erste Fernstraße war die unter Appius Claudius 312 v. Chr. erbaute Via Appia nach Capua und Brundisium (Brindisi) mit 540 km Länge. Die sieben Hauptstraßen in Italien waren (Reichenkron 1965, 178 Anm. 8): die Via Appia, die Via Latina, die Via Tiburtina, die Via Salaria, die Via Flaminia, die Via Cassia und die Via Aurelia. Zur Zeit der größten Ausdehnung des römischen Reichs betrug die Gesamtlänge

---

[6] Cf. Brodersen/Zimmermann (2000, s.vv. *Kolonie, Kolonisation, Stadt*); Devoto (1968, 160–165); Reichenkron (1965, 165–175).

[7] Cf. Brodersen/Zimmermann (2000, s.vv. *Curatores, Magistrat, Municipium, Provinz, Staatspost, Steuern, Straßen*); Herzig (1974); Devoto (1968, 234–239); Kinder/Hilgemann (1986, 79); Lüdtke (1965); Reichenkron (1965, 176–178).

der befestigten Straßen, die von Europa bis nach Afrika und Asien reichten, ca. 100000 km (Putzger 2001, 39), d.h. mehr als das Doppelte des Erdumfangs, s. Abb. 6.

(4) Der römische Handel[8]

Auch der römische Handel trug zu Romanisierung und Latinisierung bei. Wenn schon vor den römischen Eroberungen Handelsbeziehungen existierten, so konnten sie doch im römischen Reich wesentlich ausgeweitet werden, insbesondere aufgrund des von Augustus geschaffenen Reichsfriedens, des Straßennetzes und der Wasserverkehrswege. In der Kaiserzeit wurde der Warenaustausch intensiviert. Dabei entwickelten sich im 1. Jh. n. Chr. wirtschaftliche Großräume wie Italien mit seinen Inseln und Gallien mit den angrenzenden Gebieten, die im 2. Jh. selbständiger wurden (Kinder/Hilgemann 1986, 105). Auch der Fernhandel – von Nordeuropa bis nach Zentralafrika und China – erfuhr seit Beginn der Kaiserzeit großen Aufschwung (ib.). In der östlichen Reichshälfte war das Griechische Verkehrssprache, im Westen natürlich das Lateinische.

(5) Das römische Bürgerrecht[9]

Das römische Bürgerrecht, das zunächst nur die beiden Kategorien der Bürger und Nichtbürger kannte, wurde mit der Entstehung des Imperium Romanum sukzessive erweitert. Der Bundesgenossenkrieg (91–89 v. Chr.), in dem die *socii* (Bundesgenossen) einen eigenen Staat gründeten, brachte allen Italikern südlich des Po im Jahr 89 v. Chr. das Bürgerrecht. Ihr Versuch, ihre eigenen Sprachen zu benutzen, glückte allerdings nicht, da sich das Lateinische als allgemeine Verkehrssprache schon zu sehr durchgesetzt hatte (Klingner 1941a, 24).[10] Darüber hinaus war die Kenntnis des Lateinischen unabdingbare Voraussetzung für die Erlangung des römischen Bürgerrechts.[11] Caesar (100–44 v. Chr.) verlieh das Bürgerrecht an die Bewohner jenseits des Po; den Abschluß dieser Entwicklung bildete die *Constitutio Antoniniana* im Jahr 212 n. Chr., mit welcher der Kaiser Caracalla allen freien Bürgern des Reichs das Bürgerrecht verlieh, wodurch die Einheit des Reichs vollendet wurde.

---

[8] Cf. Brodersen/Zimmermann (2000, s.v. *Handel*); Heichelheim (1938); Kinder/Hilgemann (1986, 104–105); Putzger (2001, 39); Reichenkron (1965, 178–189).

[9] Cf. Brodersen/Zimmermann (2000, s.vv. *Bürgerrecht, Constitutio Antoniniana*); Devoto (1968, 251–256 »Sprachliche Folgen der Reform Diokletians«); Reichenkron (1965, 189–195).

[10] Zum Bundesgenossenkrieg s. Brodersen/Zimmermann (2000, s.v.); Kinder/Hilgemann (1986, 89).

[11] Meiser (1998, 1); Reichenkron (1965, 190).

Abb. 6: Das römische Straßennetz (aus: *Der Große Brockhaus*, Bd. 18, Leipzig: Brockhaus [15]1934. Tafel *Straßenbau* III, S. 2∠9. © Bibliographisches Institut & F.A. Brockhaus AG; mit freundlicher Genehmigung durch: Bibliographisches Institut Mannheim).

(6) Die römischen Schulen und die römische Erziehung[12]

Das römische Schulwesen entwickelte sich im Anschluß an die Übernahme des griechischen Bildungssystems. Es gab Elementar-, Grammatik- und Rhetorikschulen, seit dem 1. Jh. n. Chr. vermehrt auch mit staatlich besoldeten Lehrern. Die Rhetorik galt als das wichtigste Bildungsgut. Der Bildungskanon der Antike bestand aus den sieben *artes liberales*, den freien Künsten. Ihre Einteilung in *Trivium* (Grammatik, Rhetorik, Dialektik) und *Quadrivium* (Musik, Arithmetik, Geometrie, Astronomie) geht auf Varro (116–27 v. Chr.) zurück. Besonders zu erwähnen ist hier Quintilian (ca. 35–95 n. Chr.), der in seiner *Institutio oratoria* ›Unterweisung in Rhetorik‹ das ganze Gebiet der Rhetorik in den Rahmen eines umfassenden Erziehungsprogamms stellte. In Gallien existierten berühmte Rednerschulen; in Bordeaux lehrte z.B. der berühmte Decimus Magnus Ausonius (etwa 310–etwa 393), der später als Prinzenerzieher an den Hof nach Trier ging und »neben vielen anderen Dichtungen auch eine über die Mosel (*Mosella*) verfaßt hat« (Geckeler/Dietrich 2003, 155).

(7) Das Christentum[13]

Zentren der Ausbreitung des Christentums waren u.a. Antiochia, Ephesus, Alexandria und Rom. In Rom gab es bereits im 2. Jh. etwa 10.000 Christen, um die Mitte des 3. Jh. maximal 50.000, die nicht nur aus der Unterschicht stammten (Brodersen/Zimmermann 2000, s.v. *Christentum*). Im 4. Jh. breitete sich das Christentum nach dem Toleranzedikt von Mailand (313 n. Chr.) aufgrund seines fortan privilegierten Status rasch aus: es erhielt durch Kaiser Konstantin finanzielle Unterstützung und Landschenkungen; zwischen 384 und 392 wurde es zur Staatsreligion.

Neben Rom bzw. Italien war Gallien eines der ersten europäischen Zentren des Christentums. Irenäus, der griechischsprachige Kirchenvater aus Kleinasien, wirkte ab 178 n. Chr. als Bischof in Lyon. Weitere Zentren waren u.a. Metz, Paris, Reims, Rouen, Tours und Poitiers. Verschiedene Karten zeigen die Ausbreitung des Christentums in Europa und im Vorderen Orient (Kinder/Hilgemann 1986, 106) sowie die unterschiedlichen Etappen seiner Verbreitung (Devoto 1968, nach S. 264, 270, 295). Diese Verbreitung war für die gesamte europäische Kultur von entscheidender Bedeutung: »The dissemination and ultimate victory of Christianity in the Roman Empire was of epoch-making importance not only in the world of religion, but in the whole social and cultural field.« (Löfstedt 1959, 68).

Für die sprachliche Entwicklung ist besonders wichtig, daß das Christentum die Ausbreitung des Lateins entscheidend gefördert hat. Löfstedt bezeichnet das christliche Latein als »eines der bedeutsamsten Stadien in der Entwicklung der lateinischen Sprache«: »in-

---

[12] Cf. Brodersen/Zimmermann (2000, s.vv. *Artes liberales, Enzyklopädie, Erziehung, Grammatik, Quintilian, Rhetorik, Schulwesen*); Lausberg (1982; 1990); Reichenkron (1965, 195–220).

[13] Cf. Brodersen/Zimmermann (2000, s.vv. *Christentum, Christenverfolgung, Kirchenväter*); Kinder/Hilgemann (1986, 106–107); Putzger (2001, 42–43); Reichenkron (1965, 220–221).

deed Christian Latin forms one of the most important phases in the long historical deve-
lopment of the Latin tongue.« (Löfstedt 1959, 68).[14] Die Sprache des Christentums war a-
ber zunächst das Griechische.

> Bis etwa zur Mitte des 2. Jahrhunderts ist Griechisch nicht nur die Sprache der Liturgie, sondern
> auch die der Verhandlungen innerhalb der Gemeinde. Später wird aber das Griechische immer
> stärker durch die lateinische Umgangssprache verdrängt. In der zweiten Hälfte des 3. Jahrhun-
> derts n. Chr. ist Griechisch nur mehr in Rom die offizielle Kirchensprache, und im 4. Jahrhundert
> n. Chr. ist auch die römische Liturgie latinisiert. (Zgusta 1980, 139).

Durch diese Christianisierung des Lateinischen und Latinisierung des Christentums wurden
zahlreiche lexikalische und syntaktische Gräzismen in das Vulgärlatein getragen, wobei neben anderen religiösen Schriften die Bibelübersetzungen (cf. Kap. 4) und Tertullian (cf.
Kap. 9) eine besondere Rolle spielten. Zu den lexikalischen Gräzismen zählen Wörter wie
evangelium, *ecclesia* und *episcopus*, die im Spanischen und Französischen als gelehrte Entlehnungen aus dem Lateinischen übernommen wurden; daneben finden sich schon früh
volkstümliche Dubletten wie VANGELUM, CLESA, BISCOBUS, die auf eine Differenzierung
innerhalb des christlichen Lateins hinweisen.[15] Ein Beispiel eines syntaktischen Gräzismus
ist die dem romanischen Futur zugrunde liegende Periphrase mit Infinitiv + HABERE, z.B.
vivere ergo habes ›du hast also zu leben‹ bei Tertullian (Devoto 1968, 267; cf. unten S. 39).

Die Latinisierung schritt logischerweise langsamer voran als die Eroberung.[16] Sie kam
praktisch ausschließlich durch Sprachwechsel zustande, nicht durch Bevölkerungswechsel.
Es handelt sich um die schrittweise Adaptierung des Lateinischen durch die autochthone
Bevölkerung im römischen Reich; diese Adaptierung war von den Römern weder bewußt
noch direkt vorgesehen, sondern das Ergebnis einer spontanen Entwicklung, zu der prakti-
sche Bedürfnisse und ein hohes kulturelles Prestige beitrugen (Herman 1997, 19). Eine aktive römische Sprachpolitik gab es nicht. Die Latinisierung hat sich fast überall über mehrere Jahrhunderte hingezogen, allerdings nicht in den östlichen Provinzen, wo das Griechische schon vor der Eroberung verwurzelt war und als Verkehrssprache mit einem dem Lateinischen weit überlegenen kulturellen Prestige diente.

Über die Daten des Verschwindens der Substratsprachen und die Vollendung der Latinisierung wissen wir wenig Genaues. In der Italia dürfte das Lateinische mit Ausnahme ab-
gelegener Gebiete im 1. Jh. n. Chr. allgemein verbreitet gewesen sein.[17] In dem mitten in
oskischem Gebiet gelegenen Pompeji war das Lateinische beispielsweise um die Mitte des
1. Jh. die übliche Sprache – allerdings hielt sich hier das Griechische daneben lange Zeit.

---

[14] Zum christlichen Latein s. Devoto (1968, 262–287, 293–295); Havers (1958); Herman (1997, 125);
Kindermann (1997); Löfstedt (1956 II, 458–473; 1959, 68–87); Lüdtke (1968 I, 48–52); Mohrmann
(1958–1977); Palmer (2000, 205–230); Rheinfelder (1933); Stefenelli (1981, 60–62); Stotz (2002,
35–62). – S. noch unten S. 83, 89-91.
[15] Devoto (1968, 265) verzeichnet die volkstümlichen Formen ohne Sternchen; sie werden im Italienischen erbwörtlich fortgesetzt (s. unten Kap. 9.1).
[16] Das folgende nach Herman (1997, 18–23).
[17] Cf. Rix (1999, 1161): »70 n. Chr. waren in It[alien]. alle vorröm. Sprachen außer dem Griech. ver-
schwunden.«

24

Von den übrigen Substratsprachen hat sich möglicherweise das Etruskische während der ersten Jahrhunderte des Imperiums gehalten.

In den Provinzen vollzog sich die Latinisierung langsamer. In der Gallia dauerte sie mindestens fünf Jahrhunderte. Das Gallische – eine keltische Sprache (s. S. 1) – dürfte im Zentrum und im Norden im 4. oder 5. Jh. ausgestorben sein, in den Alpentälern hat es sich möglicherweise noch mehrere Jahrhunderte erhalten. Im viel früher eroberten und stärker romanisierten Südgallien hatten nach Strabon einige Völker im letzten Jahrzehnt des 1. Jh. bereits das Lateinische angenommen (s. unten).

Auf der Iberischen Halbinsel gab es schon früh vollständig romanisierte Schichten in den Städten: die Rhetoriker Seneca (55 v. Chr. –39 n. Chr.) und Quintilian (ca. 35–95) und der Epiker Lukan (39–65) stammten aus der Hispania. Dagegen erfolgten Romanisierung und Latinisierung im Nordwesten des Landes viel langsamer, und die Tatsache, daß sich das vorindogermanische Baskische bis heute gehalten hat, zeigt, daß die Romanisierung der Halbinsel niemals vollständig war (Herman 1997, 21).

Das schon früh eroberte Dalmatien war tiefgreifend romanisiert worden, so daß sich hier das Dalmatische entwickelte, das im 19. Jh. ausstarb.[18] Die übrigen östlichen Provinzen waren weniger entwickelt und bevölkert als der Westen; sie wurden wegen ihrer militärischen Bedeutung mit starken Garnisonen ausgestattet und erfuhren eine starke Einwanderung. Die Ausbreitung des Lateinischen muß folglich sehr rasch vorangegangen sein (Herman 1997, 21), doch war die romanisierte Bevölkerung weniger dicht und weniger verwurzelt als im Westen und folglich den feindlichen Einfällen seit dem Ende des 2. Jh. gegenüber weniger widerstandsfähig. So wurde die romanisierte Bevölkerung Pannoniens in den letzten Jahrhunderten des Imperiums ausgelöscht bzw. nach Dalmatien und Norditalien vertrieben (ib. 21–22). Dakien wurde 270 n. Chr. evakuiert,[19] wobei möglicherweise Teile der romanisierten Bevölkerung blieben; der größte Teil der Bevölkerung zog sich wahrscheinlich an den Unterlauf der Donau zurück.

> Mit dem Einfall der Slawen in Südosteuropa beginnt im 7. Jh. eine weitgehende ›Entromanisierung‹, in deren Verlauf sich die romanisierte Bevölkerung offenbar nur noch in einigen Rückzugsgebieten halten kann, was schließlich zu dem heutigen Bild der Zerrissenheit des Balkanromanischen führt (Raupach 1996, 16).

Die Latinisierung vollzog sich über Etappen der Zweisprachigkeit, die mehrere Jahrhunderte andauern konnten (Herman 1997, 23). Es muß sehr große Gruppen von Zweisprachigen gegeben haben, zumal die Fremdsprachigen zahlreicher waren als die lateinischen Muttersprachler – zumindest zeitweise und in bestimmten Gegenden. Die Entwicklung des Lateinischen wurde jedoch nicht nur durch die Zweisprachigkeit beeinflußt, sondern ebenso durch die gesellschaftlichen Veränderungen der Kaiserzeit und die enorme räumliche Ausdehnung des Reichs. Die Veränderungen in der Gesellschaft brachten einen wachsenden Abstand zwischen einer kleinen, traditionell orientierten Elite und großen Bevölkerungs-

---

[18] Zum Dalmatischen s. Lausberg (1969, § 26); Tagliavini (1998, § 65).
[19] Nach Brodersen/Zimmermann (2000, s.v. *Dakien*) im Jahr 271. – Nach Kinder/Hilgemann (1986, 115) wurde Dakien 270 n. Chr. aufgegeben. Cf. Väänänen (1985, § 40).

schichten mit sich, denen die literarische und sprachliche Tradition gleichgültig oder unbekannt war (Herman 1997, 23).

Die nachfolgenden Karten 7 bis 9 und die entsprechenden Erläuterungen geben einen
knappen Überblick über die für die Romanistik wichtigsten Länder des Römischen Reichs
Italien, Hispanien und Gallien, mit einigen namenkundlichen, geographischen, historischen
und bibliographischen Daten. Von den Substratsprachen werden jeweils nur die allerwich-
tigsten genannt.

Abb. 7: Italien (aus: Simone 1980, 67; mit freundlicher Genehmigung durch:
Landschaftsverband Rheinland / Rheinisches Landesmuseum Bonn).

Lat. ITALIA ›Italien, die Apenninenhalbinsel‹ < gr. *Italía*, oskisch *Vítel(l)iú*, ursprünglich
nur ›die Südwestspitze der Apenninenhalbinsel‹ (s. Walde/Hofmann 1938, s.v. *Italia*, und
hier Anm. 3); sp., it. *Italia*, fr. *l'Italie*. • Römische Eroberung: 3. Jh. v. Chr. Mittel- und

Unteritalien, 272 v. Chr. römische Herrschaft in Unteritalien: das römische Territorium umfaßt 130.000 km^2 (Kinder/Hilgemann 1986, 79). 2. Jh. v. Chr. Oberitalien = *Gallia cisalpina*. • Die Romanisierung schritt in der Folge der Eroberung rasch voran: Im 1. Jh. v. Chr. hatte sich das Lateinische als Verkehrssprache schon weitgehend durchgesetzt, im 1. Jh. n. Chr. war es allgemein verbreitet – außer im Süden, wo sich das Griechische lange gehalten hat: nach Strabon (64/63 v. Chr.–18/25 n. Chr.) war auf dem italienischen Festland »außer Tarent, Reggio und Neapel alles dem Griechentum entfremdet« (Simone 1980, 78). • Gliederung: im 1. Jh. v. Chr. elf Regionen: 1. *Latium et Campania*, 2. *Apulia et Calabria*, 3. *Lucania et Bruttium*, 4. *Samnium*, 5. *Picenum*, 6. *Umbria*, 7. *Etruria*, 8. *Aemilia* (= *Gallia Cispadana*), 9. *Liguria*, 10. *Venetia et Istria*, 11. *Gallia Transpadana*; später Neugliederung durch Diocletian 297 n. Chr. (s. DNP, s.v. *Italia*). • Geschätzte Gesamtbevölkerung unter Augustus: 7.500.000 (Alföldy 1984, 117). Brodersen/Zimmermann (2000, s.v. *Italien*) führen für das 4. Jh. v. Chr. 16 Völker auf der Halbinsel an – ohne die Griechen im Süden. • Substrate (Blasco Ferrer 1994, 116–120; Di Giovine 2003): es gab auf der Apenninenhalbinsel etwa 40 verschiedene Sprachen (Brodersen/Zimmermann (2000, s.v. *Italien*); cf. DNP (s.v. *Italien, Alphabetschriften*, mit Karte): 1) indogermanische Sprachen wie Keltisch (Gallisch) in Oberitalien und (Paläo-) Venetisch in Venetien, Griechisch in Unteritalien (*Magna Graecia*); 2) nichtindogermanische Sprachen wie Ligurisch und Etruskisch. Die am meisten diskutierte Erscheinung betrifft die sog. »gorgia toscana«, d.h. die Spirantisierung der einfachen intervokalischen Verschlußlaute in der Toskana: *la casa* [laˈhasa] ›das Haus‹, *pepe* [peφe] ›Pfeffer‹, *dito* [diθo] ›Finger‹ (Blasco Ferrer 1994, 119, 195). Diese Spirantisierung wird von manchen Forschern auf etruskischen Einfluß zurückgeführt, während andere sich für eine strukturelle, d.h. rein innersprachliche Erklärung aussprechen. Lausberg (1967, § 362) erwähnt die Möglichkeit syrisch-punischen Einflusses »auf die Aussprache unterer (Sklaven-) Schichten«. • Zur sprachlichen Situation in der Kaiserzeit s. Simone (1980). • Germanische Eroberung im 5. Jh. durch die Ostgoten (488 n. Chr.); 568 durch die Langobarden. • Karten des römischen Italien: Brodersen/Zimmermann (2000, 694–695); Simone (1980, 67); Kinder/Hilgemann (1986, 78–82).

Lat. HISPĀNIA ›die Iberische Halbinsel, die Pyrenäenhalbinsel‹, inschriftlich und vlt. auch *Spānia* (Walde/Hofmann 1938, s.v. *Hispania*), daneben (*H*)*Ibēria*; sp. *Hispania, la Península Ibérica*; fr. *l'Espagne* ›Spanien, Hispanien‹, it. *la Spagna*. • Römische Eroberung: 218 v. Chr. (zweiter Punischer Krieg) bis 19 v. Chr. (Unterwerfung der Kantabrer und Asturer). • Die Romanisierung Hispaniens erfolgte an der Mittelmeerküste und im Süden sehr schnell und intensiv: zur Zeit Strabons (erste Hälfte 1. Jh. v. Chr.) galt »die Baetica als eine der am stärksten romanisierten Prov. des Imperiums« (DNP, s.v. *Hispania*); in den später eroberten Gebieten des Zentrums und Nordwestens ging die Romanisierung langsamer voran. Sie ging von zwei Zentren aus: von der Baetica im Süden und von der Tarraconensis im Osten (s. Baldinger 1972, 104–124; Berschin et al. 1987, 74; Meier 1996, 70). • Gliederung: 197 v. Chr. zwei Provinzen: *Hispania citerior* und *Hispania ulterior*; unter Augustus drei Provinzen: *Hispania citerior* = *Tarraconensis*; *Lūsitānia*; *Baetica* (zu *Baetis* = ›Guadalquivir‹). • Geschätzte Bevölkerungszahl zur Zeit der römischen Eroberung: drei bis fünf Millionen (Herman 1983, 150 Anm. 14).

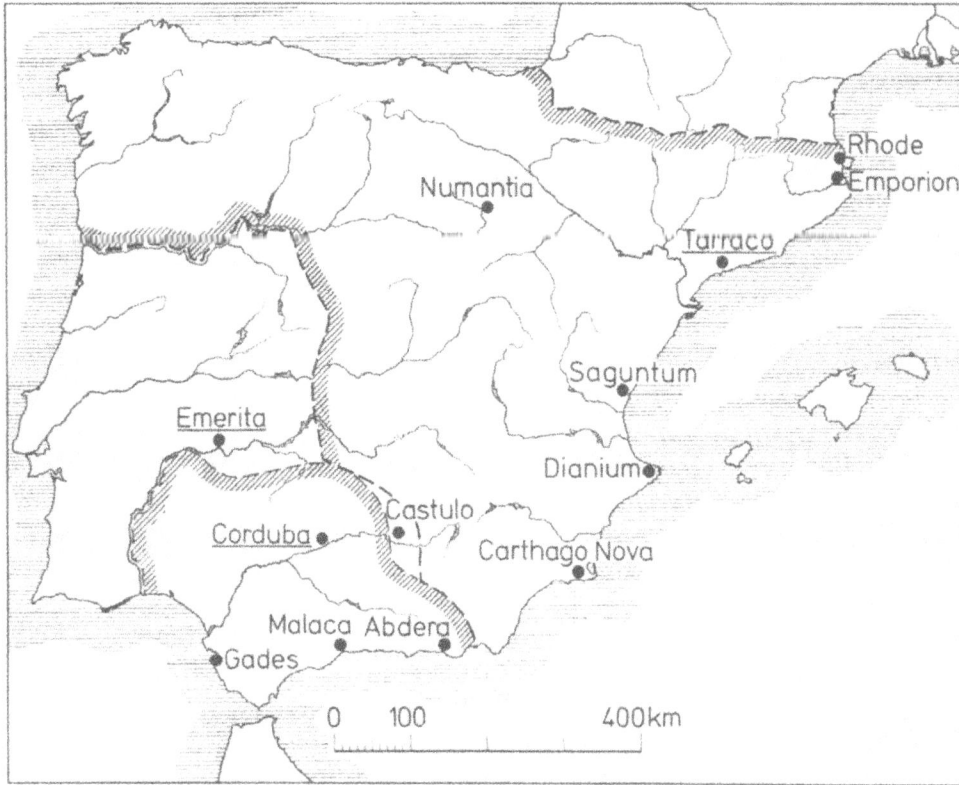

Abb. 8: Hispanien (aus: Untermann 1980, 3; mit freundlicher Genehmigung durch:
Landschaftsverband Rheinland / Rheinisches Landesmuseum Bonn).

● Substrate (Baldinger 1972, bes. 231–252; Berschin et al. 1987, 70–71, 77–79; Echenique Elizondo 2003): 1) im Westen und im Landesinneren indogermanische Sprachen: Keltiberisch – eine keltische Sprache (s. S. 1) – und Lusitanisch. 2) vorindogermanische Sprachen: Tartessisch im Süden, Iberisch an der Mittelmeerküste und im Ebrobecken, Baskisch in Kantabrien und bis zum Mittelmeer. Substrateinflüsse finden sich in zahlreichen Ortsnamen (indogermanisch > Segovia, Sigüenza; vorindogermanisch > Elche, Lérida) und wenigen Wortschatzelementen (álamo ›Pappel‹, colmena ›Bienenkorb‹ wohl < keltisch *ALM(I)OS, *KOLMĒNĀ; charco ›Pfütze‹ und perro ›Hund‹ wohl < vorindogermanisch). Im Bereich der Aussprache wird die Entwicklung des anlautenden [f-] zu [h-] (Typ FACĔRE > hacer ›machen, tun‹) auf eine mit dem Baskischen verwandte Substratsprache zurückgeführt; das Baskische kannte ursprünglich kein [f-] (Baldinger 1972, 22–27 mit Karte; Berschin et al. 1987, 79). Die Entwicklung [-kt-] > [jt] > [tʃ] wie in FACTU(M) > hecho ›getan‹ wird auf keltischen Einfluß zurückgeführt (Berschin et al. 1987, 79); Lausberg (1967, § 430) sieht dagegen in der Aussprache des lat. [k] vor Konsonant als Reibelaut – NOCTE(M) ›Nacht‹ *[noxte], TĒCTU(M) ›Dach‹ *[teçtu] – einen »Einfluß oskisch-umbrischer Sprachgewohnheit«. ● Zur sprachlichen Situation in der Kaiserzeit s. Untermann (1980). ● Germanische

28

Eroberung ab 409 n. Chr.: Sueben, Alanen und Vandalen. • Karten des römischen Hispanien: Berschin et al. (1987, 72); Brodersen/ Zimmermann (2000, 696); DNP (s.v. *Hispania*); Kinder/Hilgemann (1986, 82, 94); Untermann (1980, 3 und – zu Einzelaspekten – 4, 5, 6, 9, 13).

Lat. GALLIA ›Gallien, Land der Gallier oder Kelten‹; sp. *Galia(s)*, fr. *la Gaule* ›Gallien‹, it. *Gallia*, »umfaßte etwa den westl. Teil der Poebene, die Westschweiz, Frankreich und Belgien« (Brodersen/Zimmermann 2000, s.v. *Gallien*). • Römische Eroberung in zwei Phasen: 1) Südgallien 125–120 v. Chr. 2) Restgallien 58–51 v. Chr., beschrieben in Caesars *De bello Gallico* ›der gallische Krieg‹. • Die Romanisierung war im Süden schneller und tiefgreifender als im Norden. Der Bericht des Strabon (64/63 v. Chr.–18/25 n. Chr.) über den östlich der Rhône angesiedelten Stamm der Kavaren, nach dem diese sich in Sprache und Lebensweise den Römern angepaßt hätten (zit. bei Herman 1983, 148; Berschin et al. 1978, 159 mit dt. Übers. ib. 313), ist allerdings wenig aussagekräftig: man kann daraus nicht auf die Romanisierung insgesamt schließen (Herman 1983, 148). • Gliederung: 27 v. Chr. von Augustus endgültig festgelegt (Brodersen/Zimmermann 2000, s.v. *Gallien*): *Narbonēnsis*; *Aquitānia* ›Aquitanien‹, der Südwesten bis zur Loire; *Lugdunēnsis* mit der Hauptstadt *Lug(u)dunum* ›Lyon‹; *Belgica*, der Nordosten. • Geschätzte Einwohnerzahl zur Zeit der römischen Eroberung: 10 Millionen (Herman 1983, 150 Anm. 14, 151); überwiegend Gallier, neben kleineren Gruppen von Ligurern, Aquitanern, Iberern, Germanen: Gallien war für seine Größe ethnisch außergewöhnlich einheitlich (Herman 1983, 151). • Substrate (s. Berschin et al. 1978, 158–169; Felixberger 2003; Geckeler/ Dietrich 2003, 173–177): Über die vorrömischen Sprachen in Gallien ist wenig Konkretes bekannt. Die wichtigste ist das Keltische, das bis ins 4. Jh. n. Chr. gesprochen wurde (Herman 1983, 154). »Einige Passagen aus Gregor von Tours (540–594 n. Chr.) lassen auf vereinzelten Gebrauch des Gallischen im 6. Jahrhundert schließen« (Schmidt 1980, 37). Das Keltische hat als Substratsprache des Lateinischen Spuren im Wortschatz (fr. *charrue* ›Pflug‹, *lande* ›Heideland‹, *mouton* ›Schaf‹ < CARRŪCA, *LANDA, *MULTONE) und in Ortsnamen hinterlassen. So gehen die Ortsnamen *Paris, Reims, Tours* (lat. *Lutetia, Durocortorum, Caesarodunum*) auf Namen keltischer Stämme zurück: *Parisii, Remi, Turones* (Berschin et al. 1978, 159). – Im Bereich der Aussprache wurden drei Phänomene auf keltisches Substrat zurückgeführt, nämlich die westromanische Sonorisierung (s. Kap. 5.3), die Palatalisierung [kt] > [çt] > [jt] und der Wandel [ū] > [y] (Geckeler/Dietrich 2003, 176). • Zur sprachlichen Situation in der Kaiserzeit s. Herman (1983); Schmidt (1980). • Germanische Eroberung im 5. Jh.: Westgoten, Burgunder, Franken. • Karten des römischen Gallien: Berschin et al. (1978, 160); Brodersen/Zimmermann (2000, 696); DNP (s.v. *Gallia*); Kinder/Hilgemann (1986, 94, 100); Schmidt (1980, 21).

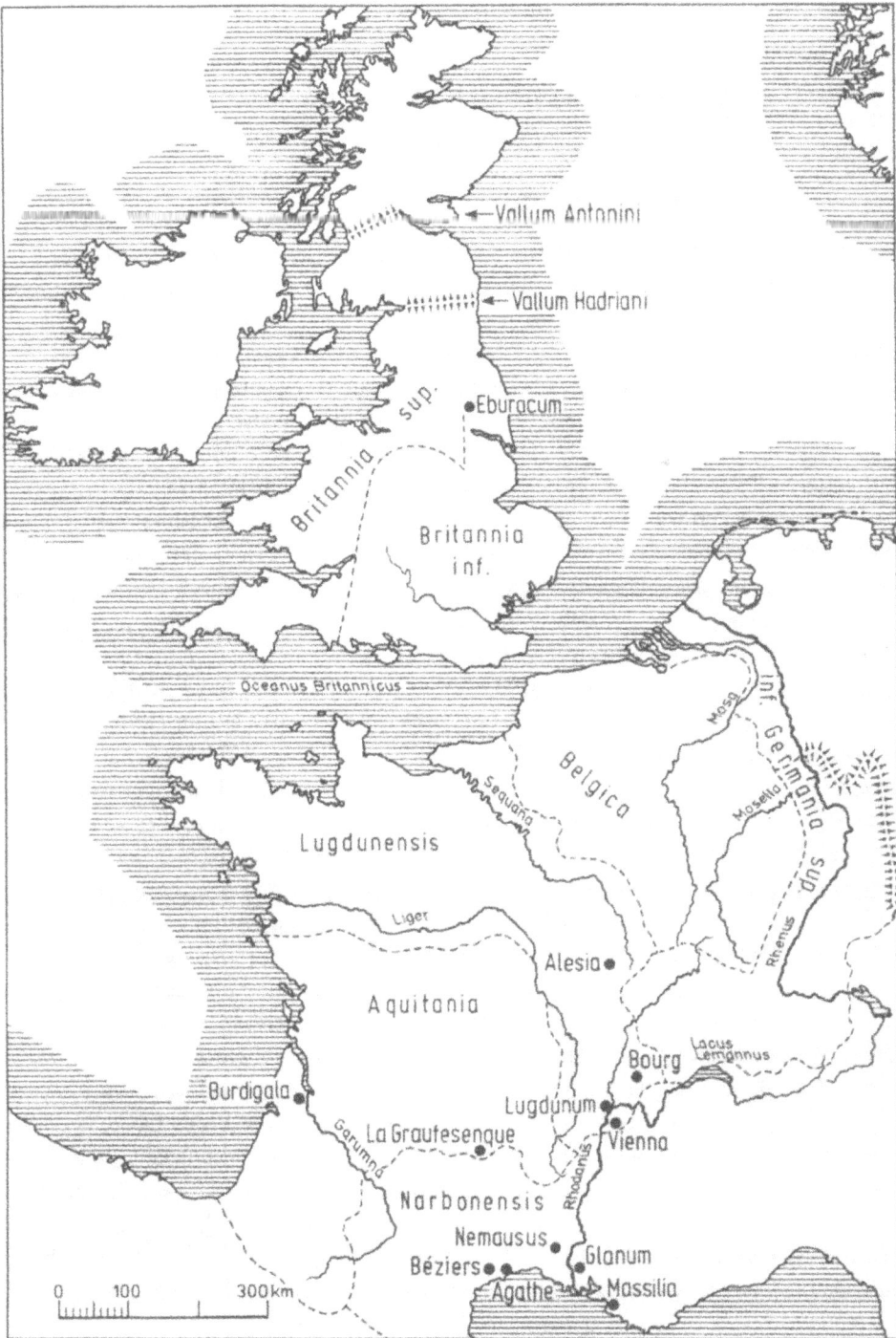

Abb. 9: Gallien (aus: Schmidt 1980, 21; mit freundlicher Genehmigung durch: Landschaftsverband Rheinland / Rheinisches Landesmuseum Bonn).

3.3. Der Untergang des Imperium Romanum

> Der Untergang des Römischen Reiches als epochales Ereignis in der Entwicklung des Abendlandes hat das geschichtliche Denken bis auf den heutigen Tag stark beschäftigt und Anlaß zu vielfältigen Theorien über Beginn und Ursachen gegeben [...]. Gemeinhin gilt das 3. Jh. n. Chr. als Übergangszeit zwischen zwei strukturell verschiedenen Stadien des Römischen Reiches, dem Auslaufen der Kräfte und Formen der hohen Kaiserzeit und den sich bereits abzeichnenden Strukturen des Spätantike (Raupach 1996, 14).

Eine der Hauptaufgaben im römischen Reich war die Sicherung der Grenzen. Dazu wie auch zur Entlastung der Verwaltung führte Diocletian (Kaiser 284–305 n. Chr.) eine Reihe von Reformen durch. Zivil- und Militärgewalt wurden streng getrennt, das Reich wurde neu gegliedert in zwölf Diözesen und 101 Provinzen, und es wurde eine Tetrarchie (Viermännerherrschaft) eingeführt: Diocletian herrschte im Osten in Nicomedia, der seit 286 n. Chr. als Mitkaiser fungierende Maximian in Mailand über Italien und Afrika, ihre Gardepräfekten Galerius in Sirmium über das Illyricum, Makedonien und Griechenland, und Constantius in Trier und York über Spanien, Gallien und Britannien (Kinder/Hilgemann 1986, 101). Das Reich wurde zur absoluten Monarchie (Dominat): der Kaiser war *Dominus et Deus* ›Herr und Gott‹. Italien war zu einer Provinz wie die übrigen geworden, das kulturelle, ökonomische und militärische Schwergewicht verlagerte sich nach Gallien. Der Zerfall der politischen Einheit, der sich so bereits ankündigte, bedeutete letztlich auch den Zerfall der sprachlichen Einheit (Raupach 1996, 15).

Konstantin der Große (Kaiser 324–337 n. Chr.) überwand die Reichsteilung noch einmal und verlegte die Hauptstadt 330 n. Chr. nach Byzanz, das zu *Konstantinopel* umbenannt wurde. Unter Theodosius (379–395 n. Chr.), dem letzten Alleinherrscher im Reich, wurde 391 n. Chr. das Christentum zur Staatsreligion, alle heidnischen Kulte wurden verboten. Nach seinem Tod wurde das Imperium Romanum in ein oströmisches und ein weströmisches Reich mit der Hauptstadt Ravenna aufgeteilt. Nachdem Rom schon 410 an die Westgoten fällt erlischt das weströmische Reich endgültig im Jahr 476 n. Chr. mit der Absetzung des Romulus Augustus durch Odoaker. Die weitere Entwicklung war durch die zunehmende Ausbreitung des Christentums und die germanischen Eroberungen geprägt.

Der Niedergang des weströmischen Reichs war letztlich eine Folge der durch die Vorstöße der Hunnen veranlaßten Völkerwanderung (Kinder/Hilgemann 1986, 103, 115). Nun entstanden auf dem riesigen Gebiet des Imperium verschiedene Germanenreiche. In *Italien* gründete Theoderich das Ostgotenreich, das von 493 bis 553 bestand und vom Reich der Langobarden (568–774) abgelöst wurde. Sprachlich ist der Einfluß des Langobardischen bedeutsamer als der des Ostgotischen. Neben den Orts- und Personennamen – darunter it. *Lombardia* ›Lombardei‹ < *Longobardia* ›(Mittel- und Nord-) Italien‹ – finden sich rund 280 Lehnwörter aus dem Langobardischen wie etwa it. *farfalla* ›Schmetterling‹, *scherzare* ›scherzen, spaßen‹, *schiena* ›Rücken‹ (Blasco Ferrer 1994, 134). Vom 6. bis zum 8. Jh. zerfällt Italien in einen langobardischen und einen byzantinischen Teil.[20]

---

[20] Kinder/Hilgemann (1986, 119); cf. auch die Karte »Langobardisch und Griechisch-Byzantinisch auf der Apenninenhalbinsel im Hochmittelalter [sic]« bei Blasco Ferrer (1994, 136).

In *Gallien* überschritten die salischen Franken im Jahr 358 n. Chr. den Niederrhein; der römische Kaiser wies ihnen Toxandrien in Nordbrabant zu.[21] Unter Chlodwig (482–511) wurde das Frankenreich zunehmend ausgedehnt; schon bald nach dem Sieg über den letzten römischen Statthalter Syagrius im Jahr 486 umfaßte es fast das gesamte römische Gallien.[22] Auch das Reich der zunächst am Genfer See siedelnden Burgunder und Teile des Alamannenreichs wurden erobert.

> Nach den Eroberungen der Franken und Alamannen im 3. Jh. zieht sich die romanisierte Bevölkerung in Gallien aus dem Norden weitgehend zurück, so daß sich möglicherweise bereits gegen Ende des Jahrhunderts die Sprachgrenze zwischen Romanisch und Germanisch in Belgien und Nordfrankreich ansatzweise herausbildet [...]. In den übrigen Gebieten Galliens ist trotz der Übernahme der politischen Macht durch die Franken die Kontinuität des Lateins nicht gefährdet. (Raupach 1996, 17; cf. Berschin et al. 1978, 169).

Der Einfluß des Fränkischen auf das Französische ist beträchtlich. »Das Französische ist die romanische Sprache mit den meisten germanischen Elementen, es ist bezeichnenderweise auch die einzige romanische Sprache mit einem germanischen Namen.« (Berschin et al. 1978, 174): fr. *français* ›französisch‹ < *françois, franceis* < lat. FRANCISCUS < germ. *frank* ›fränkisch, frei‹. Die meisten germanischen Lehnwörter stammen aus dem Fränkischen. Man geht von 600 bis 700 Lehnwörtern aus, von denen 200 bis 300 in der heutigen französischen Schriftsprache existieren (Geckeler/Dietrich 2003, 181; cf. Berschin et al. 1978, 175), darunter etwa fr. *auberge* ›Gasthof, Herberge‹, *cresson* ›Kresse‹, *hêtre* ›Buche‹, *choisir* ›(aus)wählen‹ und *saisir* ›ergreifen‹. Die Einflüsse des Fränkischen betreffen aber auch die Aussprache, Grammatik und Semantik.[23]

Im Süden gründeten die Westgoten in Aquitanien das Tolosanische Reich mit der Hauptstadt Tolosa = Toulouse, das von 419 bis 507 bestand.[24] Es erreichte seine Blütezeit unter Eurich (466–484 n. Chr.), der die Herrschaft der Westgoten auf *Hispanien* ausdehnte. Der Schwerpunkt des Westgotenreichs verlagert sich nach der Niederlage gegen die Franken 507 nach Hispanien, wo es bis zum Einfall der Araber im Jahr 711 bestand. Der Einfluß des Westgotischen auf das Spanische ist gering, da die Westgoten bereits stark romanisiert waren. Einflüsse auf die Aussprache sind nicht nachweisbar; nur wenige Wörter lassen sich mit einiger Sicherheit auf das Gotische zurückführen, darunter sp. *esquilar* ›scheren‹, *gana* ›Lust‹ und *ganso* ›Gans‹. Daneben gibt es eine Reihe von Personen- und Ortsnamen gotischen Ursprungs, z.B. *Alfonso* ›Alfons‹, *Fernando* ›Ferdinand‹, *Gonzalo* ›Gonzalo‹ und *Rodrigo* ›Roderich‹.[25]

Die Gebiete des römischen Reichs, in denen sich das Lateinische als Umgangssprache nicht durchgesetzt hat, werden zusammenfassend als *verlorene Romania* bezeichnet (it.

---

[21] Cf. die Karte bei Kinder/Hilgemann (1986, 120).
[22] Kinder/Hilgemann (1986, 121); Raupach (1996, 17).
[23] S. Berschin et al. (1978, 174–178); Geckeler/Dietrich (2003, 179–183); von Wartburg (1950, 74–116).
[24] Raupach (1996, 17); Kinder/Hilgemann (1986, 117).
[25] Zum westgotischen Superstrat im Spanischen s. Baldinger (1972, 98–103); Berschin et al. (1987, 79–80).

Romània perduta, lat. *Romania submersa*).[26] Es handelt sich hierbei im wesentlichen um Britannien, Germanien, Nordafrika und die Balkanprovinzen; im Osten hatte ja das Latein die griechische Umgangs- und Verkehrssprache nicht verdrängen können. Die ehemalige Zugehörigkeit zur Romania läßt sich heute noch an Ortsnamen und Reliktwörtern ablesen, die oft Aufschlüsse über die Entwicklung des Lateinischen geben. So gibt z.B. das in germanischer Zeit entlehnte dt. *Keller* – ahd. *kellari* < spätlat. *cellārium* ›Vorratskammer‹ – einen Anhaltspunkt für die späte Palatalisierung von lat. [kᵉˈ ⁱ] (s. unten Kap. 4). In diesem Sinne sind also die Lehnwörter aus dem Lateinischen in den germanischen Sprachen, im Berberischen, im Baskischen, im Albanischen usw. auch für die Latinistik und Romanistik von Interesse.

Arbeitsaufgaben

1. Informieren Sie sich über die verschiedenen Einteilungen der lateinischen Sprachgeschichte (z.B. bei Bouet et al. 1975, 26; Meiser 1998, 2; Steinbauer 2003; Väänänen 1985, §§ 15-20). Diskutieren Sie die Unterschiede.
2. Lesen Sie den Artikel zur Romanisierung im *Neuen Pauly* (DNP, s.v. *Romanisierung*); diskutieren Sie die Unterscheidung von »Romanisierung« und »Eigen-Romanisierung«.
3. Informieren Sie sich anhand der in Anm. 14 genannten Literatur über das christliche Latein. Diskutieren Sie die unterschiedlichen Bezeichnungen wie *christliches Latein, christliche Kultsprache, Kirchenlatein, theologisches Latein* (cf. z.B. Löfstedt 1956 II, 458).
4. Ist das christliche Latein eine Fachsprache (so Devoto 1968, 272), eine Sondersprache (Palmer 2000, 205) oder weder das eine noch das andere?
5. Informieren Sie sich über die Substrateinflüsse in Ihrer romanischen Sprache. Diskutieren Sie Pro und Contra der Annahme von Substrateinfluß auf die Aussprache (s. noch Kap. 11.3).

---

[26] Zur *Romania submersa* s. die Artikel 61 bis 65 b in Ernst et al. (2003); Tagliavini (1998, 129–149).

4. Quellen des Vulgärlateins

Ein scheinbares Problem der Quellen des Vulgärlateins besteht darin, daß es keine vulgär-lateinischen Texte, sondern nur »Vulgarismen« in lateinischen Texten gibt:[1] das ist freilich nichts Außergewöhnliches, denn die meisten Texte sind stilistisch heterogen und zeigen neben den neutralen Elementen und Regeln auch hoch-, umgangs- oder fachsprachlich usw. markierte Ausdrücke. Problematisch ist dagegen die Anordnung der Quellen, die ganz unterschiedlich gehandhabt wird. So führen z.B. Geckeler/Dietrich sechs Quellen des Vulgärlateins auf, Renzi hat ebenfalls sechs und Tagliavini verzeichnet neun Quellen. Wir folgen hier Väänänen (1985), der zehn Quellen verzeichnet. Die Literaturhinweise zu Editionen und Kommentaren der Quellentexte sind auf die wesentlichen Arbeiten begrenzt. Weiteres findet man bei Herman (1997), Väänänen (1985) und Iliescu/Slusanski (1991).

(1) Lateinische Grammatiker

Unter den Zeugnissen lateinischer Grammatiker ist in erster Linie die sog. »Appendix Probi« (im Lateinischen feminin) von Interesse, eine Sammlung von 227 »Fehlern« bzw. als inkorrekt angesehenen Ausdrücken, die als Anhang zu einer fälschlicherweise dem Grammatiker Probus zugeschriebenen Abhandlung überliefert ist. Die Datierung dieses Traktats, dessen Autor nicht bekannt ist, ist umstritten: Lausberg (1969, 67) nennt das 3. Jh. n. Chr.,[2] nach Blasco Ferrer (1994, 127) ist die Liste »mit hoher Wahrscheinlichkeit um das Jahr 320 n. Chr. abgefaßt«; die neuere Forschung scheint sich dagegen auf das 5. oder 6. Jh. zu einigen.[3] Der Entstehungsort der Appendix Probi ist Rom.

Der Text ist mit Kommentaren und Literaturhinweisen wiedergegeben bei Väänänen (1967, Anh. IX/1985, Anh. X). Die Appendix Probi ist deswegen von besonderer Bedeutung für die Entwicklung des Vulgärlateins, weil die getadelten Formen häufig die protoromanischen sind, z.B. die geläufigen synkopierten Wörter (25 der 227 »Fehler« beziehen sich auf die Synkope: Väänänen 1985, § 66; cf. unten Kap. 5.1):

vetulus non veclus (5)   Cf. VĔTULU(M) > *VĔTLU > VĔCLU > sp. *viejo*, fr. *vieil*, it. *vecchio* ›alt‹;
auris non oricla (83)   AURĬCŬLA(M) > ORĬCLA > sp. *oreja*, fr. *oreille*, it. *orecchia* ›Ohr‹;
oculus non oclus (111)   ŎCŬLU(M) > ŎCLU > sp. *ojo*, fr. *œil*, it. *occhio* ›Auge‹.

Die Beispiele belegen die regelmäßige Entwicklung von lat. [-kl-] zu sp. [x], fr. [j], it. [kkj].

---

[1] Väänänen (1985, § 22); Durante (1981, 68 = 1993, 64). – Lit. zu den Quellen: Bouet et al. (1975, 29–33); Geckeler/Dietrich (2003, 168–170); Herman (1997, 25–36); Löfstedt (1956 II, 358–365); Kramer (1976); Maurer (1962, 15–52); Palmer (2000, 172–177); Renzi (1980, 83–86); Stefenelli (1981, 19–21); Tagliavini (1998, 160–167); Väänänen (1985, §§ 21–32); Voßler (1953, 55–76).

[2] Ebenso Tagliavini (1998, 164) und Vincent (1988, 36).

[3] So Herman (1997, 36); Väänänen (1985, § 23: »unter den Lombarden«, also nach 568); Iliescu/ Slusanski (1991, 103); wahrscheinlich 6. Jh.: Herman (1996, 46).

(2) Lateinische Glossare

Glossare sind Sammlungen von Glossen oder Erläuterungen unverständlicher Ausdrücke; in ihrer Funktion sind sie unseren heutigen Fremdwörterbüchern ähnlich. Ein bekanntes Beispiel bilden die *Reichenauer Glossen* aus der Picardie, die auf das 9. Jh. datiert werden. Sie enthalten Erklärungen von Wörtern der Bibel und ein alphabetisches Lexikon; ihre Sprache ist bereits romanisch. Eine vollständige, kritische Ausgabe der *Reichenauer Glossen* haben Klein/Raupach (1968–1972) besorgt. Wir finden hier z.B.

pulcra : bella	Cf. BĔLLA > fr. *belle*, it. *bèlla* ›schön (f.)‹;
ictus : colpus	COLPU > sp. *golpe*, fr. *coup*, it. *cólpo* ›Schlag‹;
is : ille	ILLE, *ILLI > sp. *él*, fr. *il*, it. *egli* ›er‹ (cf. S. 54).

Diese Beispiele zeigen die Ersetzung der klassisch-lateinischen Wörter *pulcher* ›schön‹, *ictus* ›Schlag‹ und *is* ›er, dieser‹ durch vulgärlateinische Formen, die dann in den romanischen Sprachen fortleben. Zu den spanischen Glossen s. hier Anh. II, 3; zu den *Kasseler Glossen* Väänänen (1985, § 24).

(3) Lateinische Inschriften

Es werden verschiedene Arten von Inschriften unterschieden.[4] Beispiele aus unterschiedlichen Zeiten und Orten finden sich bei Väänänen (1985, Anh. I) und bei Iliescu/Slusanski (1991, 17–47) sowie bei Rohlfs (1951, 4–9). Besonders interessant sind die zahlreichen Inschriften aus Pompeji, die infolge des Vesuvausbruchs vom 24. August 79 eine Momentaufnahme des römischen Lebens im 1. Jh. n. Chr. dokumentieren; in diesen Inschriften können wir daher »den Alltag einer Provinzstadt in seiner ganzen Vielfalt« erleben (Tagliavini 1998, 165). Zu den pompejanischen Inschriften existiert u.a. eine Ausgabe von Diehl (1910), die maßgebliche Untersuchung ist Väänänen (1966).

> Niycherate, vana succula, que amas Felicione et at porta deduces, illuc tantu in mente abeto (CIL IV 2013: Diehl 1910, 30; Iliescu/Slusanski 1991, 22). ›Nikerate, du nichtsnutziges Ferkel, die du den Felicio liebst und ihn mit vor's Tor nimmst, das sollst du nur bedenken!‹ (Stefenelli 2002, 348).

Das Beispiel zeigt Schwund von [h-] (*habēto* 2. Sg. Imp. Fut. ›du sollst haben‹) und [-m] (*Felicionem, portam, tantum* ›nur‹) sowie dissimiliertes *illud* [-t] > *illuc* ›das‹ (Iliescu/Slusanski 1991, 22 Anm. 20). Das Diminutiv SUCCULA (cf. klt. *sucŭla* ›Schweinchen‹ ← *sūs*) zeigt expressive Geminierung, es lebt fort in neap. *zoccola* ›Wanderratte‹, ›liederliches Frauenzimmer‹ (Väänänen 1966, 61; SŪCULA > okz. *sulha* ›junge Sau‹ ib. 102).

---

[4] Cf. Brodersen/Zimmermann (2000, s.vv. *Epigraphik, Inschriften*); Schumacher (1988, mit einer »Einführung in die lateinische Epigraphik« 7–37 [7: »Die immer noch maßgebliche Sammlung – das *Corpus Inscriptionum Latinarum* (CIL) – verdankt ihre Entstehung dem unermüdlichen Einsatz Theodor Mommsens, der 1863 einen ersten Band mit den damals bekannten Inschriften der Römischen Republik vorlegte«]).

(4) Lateinische Autoren

Unter den lateinischen Autoren, deren Werke als Quellen des Vulgärlateins in Betracht
kommen, sind zunächst Plautus (ca. 250–184 v. Chr., altlat. Komödie) und Cicero (106–43
v. Chr., besonders die Briefe an seinen Freund Atticus[5]) zu nennen. Eine Sonderstellung
nimmt Petron (gest. 66 n. Chr.) ein, der in seinem Schelmenroman *Satyrica*, insbesondere
im Kernstück, der *Cena Trimalchionis* ›Gastmahl des Trimalchio‹, zur Charakterisierung
der Gespräche der Freigelassenen einen wenig stilisierten, informellen Ton der Alltagssprache nachbildet.

> Der Verf. verfügt über alle Mittel eines kunstvollen, raffinierten, mit Pointen arbeitenden Sprach-
> stils. Von der Sprache der Freigelassenen im Hause des einstigen Sklaven, jetzt steinreichen Tri-
> malchio kann gelten, daß sie ›als Ganzes ein wunderbar getreues Spiegelbild der niederen Um-
> gangssprache Mittelitaliens im 1. Jahrh. ist und sich der Gesamtentwicklung der Volkssprache
> von Plautus bis ins Spätlatein bestens einfügt‹ (J. B. Hofmann). (Rohlfs 1951, 1).

Neben der Teilausgabe von Heraeus (1939b) liegt heute die zweisprachige Ausgabe von
Müller/Ehlers (1983) vor, nach der hier zitiert wird.[6] Die Sprache Petrons hat viele Genera-
tionen von Forschern fasziniert. Seit dem Ende des 19. Jh. ist eine Fülle von Arbeiten zur
Sprache des Romans erschienen. Die Bibliographie von Smith (1985), die lediglich den
Zeitraum von 1945 bis 1982 berücksichtigt, verzeichnet allein 777 Titel![7] Bei Petron finden
sich vier Beispiele eines Objektsatzes mit Konjunktion anstelle eines klassisch-lateinischen
Akkusativs mit Infinitiv (AcI, cf. 7.2.2), etwa statt klt. *mustellam comedisse dixi* ›ich habe
(ihm) gesagt, daß ein Wiesel (sie) gefressen hat‹:

> dixi quia mustella comedit (Petr. 46, 4) ›id.‹.

Und entsprechend in den romanischen Sprachen: sp. *le dije que se los había comido la co-
madreja* (Väänänen 1985, 304); fr. *je lui ai dit que la belette les avait mangés* (Väänänen
1967, 239); it. *gli ho detto che la donnola li aveva mangiati*. Ein Ausschnitt aus der Cena
Trimalchionis ist hier im Anh. II, 1 wiedergegeben.

Von besonderer Bedeutung sind auch die Briefe des Marinesoldaten Claudius Terentianus, die Durante als »echtestes und eines der wichtigsten Zeugnisse des Vulgärlateins« bezeichnet (1981, 32).[8] Sie wurden etwa um 120 n. Chr. in Ägypten verfaßt und spiegeln das
Milieu der Veteranen wider, die sowohl die lateinische Umgangssprache als auch die griechische Verwaltungssprache beherrschen. Durante weist darauf hin, daß diese Briefe ebenso wie die Unterhaltung der Gäste in der *Cena Trimalchionis* »durchwegs die Um-

---

[5] S. die lateinisch-deutsche Ausgabe von Kasten (1980); Auszüge bei Iliescu/Slusanski (1991, 60–64).
[6] Auszüge sind abgedruckt bei Väänänen (1985, Anh. III); Bouet et al. (1975, 213–214); Rohlfs
(1951, 1–4) und bei Iliescu/Slusanski (1991, 65–74).
[7] Cf. u.a. Heraeus (1899); Wagner (1933); Hofmann (1978); Müller/Ehlers (1983, 497–505); Stefenelli (1962; 1981, 21–26); Petersmann (1977; 1985); Soverini (1985); Sullivan (1985).
[8] Zu den Briefen des Claudius Terentianus s. Durante (1981, 32–34 und 52–57 = 1993, 36–37 und
53–59); ein Brief ist bei Iliescu/Slusanski (1991, 82–86) abgedruckt.

gangssprache verwenden« (ib. 68). So finden wir u.a. ein Beispiel für den Ersatz des Partizips Präsens durch das Gerundium (s. unten 6.2):

> exiendo dico illi (8, 31) ›uscendo gli dico‹ (Durante 1981, 9), ›beim Herausgehen sage ich ihm‹.

(5) Technische Abhandlungen

Technische Abhandlungen sind Texte ohne literarische Ansprüche, Sachbücher, die oft umgangssprachliche Züge enthalten. Sie behandeln z.B. die Landwirtschaft (Cato d. Ä. 234–149 v. Chr.; Palladius 1. Hälfte 5. Jh. n. Chr.), die Architektur (Vitruv 1. Jh. v. Chr.), oder die Kochkunst (Apicius 1. Hälfte 1. Jh. n. Chr.); cf. allgemein Brodersen/Zimmermann (2000, s.v. *Fachschriftstellerei*). Eine besondere Stellung nimmt die anonyme *Mulomedicina Chironis* ein, eine veterinärmedizinische Abhandlung. Es handelt sich dabei um eine gekürzte lateinische Übersetzung eines griechischen Werks über Tierheilkunde, die wohl um 400 n. Chr. bzw. in der zweiten Hälfte des 4. Jh. entstanden ist. Chiron ist das Pseudonym des unbekannten Autors des Originals. Von dem um 400 n. Chr. tätigen Vegetius besitzen wir eine Bearbeitung der *Mulomedicina* in der Hochsprache. Der Verfasser der *Mulomedicina* stand vermutlich »in näherer Beziehung« zum sardischen Sprachgebiet (Grevander 1926, 130 bzw. 129–145), nach Durante (1981, 40 = 1993, 42) ist das Werk »wahrscheinlich in Afrika entstanden«.[9] Wir finden hier ein Beispiel für die Ausbreitung des Reflexivums:

> hic humor sudoris in ventrem se desidet (66, 20)
> ›diese Feuchtigkeit des Schweißes setzt sich am Leibe ab‹ (Durante 1993, 48).

Entsprechend it. *questo liquido prodotto dal sudore si deposita* (id. 1981, 47). Zur Ersetzung des Passivs durch das Reflexivum s. Durante (1981, 47 = 1993, 47–48), der noch folgende Beispiele anführt (s. unten S. 57):[10]

> facit se hora quinta (*Peregr.* 27, 3) ›si fa l'ora quinta‹, ›es wird 5 Uhr‹ (Durante 1981, 47 = 1993, 48; *facit se* entspricht *fit* ›es wird‹).

> mela... servare se possunt (Palladius 3, 25, 18: ibid.) ›le mele... si possono conservare‹, ›die Äpfel... können aufbewahrt werden‹ (*se* ist hier Satzsubjekt: ibid.).

(6) Geschichtswerke und Chroniken seit dem 6. Jh.

Unter den frühmittelalterlichen historischen Abhandlungen ist besonders das Hauptwerk des Bischofs Gregor von Tours (538–594) zu nennen: die *Historia Francorum*, die nicht

---

[9] Auszüge der *Mulomedicina* s. Niedermann (1910); Väänänen (1985, Anh. V); Iliescu/Slusanski (1991, 109–116) und Rohlfs (1951, 23–25); zur Sprache s. Grevander (1926).

[10] Cf. noch Bouet et al. (1975, 133, 160); Lausberg (1972, §§ 863, 859); Löfstedt (1956 II, 387–396).

nur eine wichtige Quelle für die Geschichte der Merowinger, sondern auch für das Spätlatein darstellt.[11]

> Mit der Redaktion der 10 Bücher seiner *Historia Francorum*, die von der Erschaffung der Welt bis zum 17. Jahre der Regierung Childeberts (591) reichen, hat Gregor gewiß schon 574 begonnen, und die Arbeit hat ihn durch sein ganzes Episkopat begleitet. Selbsterlebtes erzählt er darin etwa vom 10. Kapitel des IV. Buches ab (seit 555). (Morf 1922, III–IV).

Wir finden hier z.B. *esse* + Partizip Präsens zum Ausdruck der »Winkelschau« (cf. 6.2) anstelle eines klassisch-lateinischen Imperfekts (*vīvēbant* ›sie lebten‹):

> Erant autem sub Ariana secta uiuentes (III, 31: Iliescu/Slusanski 1991, 198)
> ›sie lebten aber unter der Sekte der Arianer‹.

(7) Gesetze, Urkunden, Formulare u.ä.

Es handelt sich hier vornehmlich um Rechtstexte wie die Gesetze der Merowinger in Frankreich (z.B. die *Lex Salica*), der Langobarden in Italien (z.B. das *Edictus Rothari*) und der Westgoten in Spanien (z.B. die *Lex Visigothorum*). Diese Texte sollten der jeweiligen romanischen Bevölkerung die Rechtsanschauungen der Germanen vermitteln, »und zwar in einer Sprache, die vom Volke verstanden werden konnte« (Schramm 1911, 18).[12] Die Formulare enthalten Musterbeispiele von Urkunden und Briefen und waren für weltliche und geistliche Notare bestimmt. Die Ausgabe von Pirson (1913) bringt Texte vom 6. bis zum 9. Jh., vorwiegend aus Frankreich (zur Sprache cf. Calboli 1987).

Zu der *Lex Salica*, den Gesetzen der salischen Franken, existiert eine Parodie, die vermutlich aus Burgund (Beckmann 1963, 321) aus der 2. Hälfte des 8. Jh. stammt (s. hier Anh. II, 2). In diesem Text sind die Kasus auf zwei Formen reduziert, anstelle des Dativs finden wir AD + Substantiv, und ILLE erscheint als bestimmter Artikel:

> ad illo botiliario frangant lo cabo ›dem Kellermeister soll man den Kopf einschlagen‹.

(8) Christliche Texte

Die Sprache der Christen ist in der Frühzeit des Christentums – jedenfalls bis um die zweite Hälfte des 4. Jh. (Väänänen 1985, § 30) – eine ganz alltägliche, volkstümliche Sprache, und sie ist stark vom Griechischen beeinflußt. Diese Charakteristika haben einerseits dazu ge-

---

[11] Teile des Werkes sind bei Morf (1922) – mit Auszügen aus anderen Arbeiten Gregors – wiedergegeben, ebenso bei Väänänen (1985, Anh. VII); Rohlfs (1951, 48–50); und Iliescu/Slusanski (1991, 196–207).

[12] Auszüge der *Lex Salica* (Anf. 6. Jh.) findet man bei Väänänen (1985, Anh. VIII); Rohlfs (1951, 38–40); Iliescu/Slusanski (1991, 167–177); zur Sprache s. Schramm (1911) und Pei (1932). Das *Edictus Rothari* (643) ist auszugsweise wiedergegeben bei Iliescu/Slusanski (1991, 251–258); Rohlfs (1951, 52–54); die Sprache behandeln u.a. B. Löfstedt (1961) und Politzer (1949). Zur *Lex Visigothorum* (ab dem 6. Jh.) cf. LexMA (s.v. *Leges*).

führt, daß die Sprache der Christen häufig als Sondersprache behandelt wird. Andererseits ist sie eben gerade wegen ihrer Volkstümlichkeit von besonderem Interesse für die Erforschung des Vulgärlateins.[13] Unter den christlichen Texten als Quellen des Vulgärlateins sind besonders zwei hervorzuheben, nämlich einerseits die Bibelübersetzungen und andererseits das *Itinerarium Egeriae*. Die frühen lateinischen Bibelübersetzungen ab dem 2. Jh. werden unter dem Namen *Vetus Latina* zusammengefaßt, wobei im wesentlichen zwischen einer afrikanischen Fassung (*Afra*) und einer aus Italien stammenden (*Itala*) unterschieden wird.[14] Die 383–405 erschienene Neuübersetzung des Hieronymus heißt *Vulgata*. In einer afrikanischen Fassung findet sich z.B. die komplexe Präposition AB ›von‹ + ÄNTE ›vor‹ (> fr. *avant*, it. *avanti* ›vor‹):

> absconderunt se Adam et mulier eius abante faciem domini (Gen. 3, 8)
> ›se ocultaron Adán y su mujer de delante de la vista del Señor‹ (Herman 1997, 33)
> ›Adam und sein Weib versteckten sich (von) vor dem Angesicht Gottes‹.

Die *Vulgata* hat stattdessen die einfache Präposition *a* (*abscondit se Adam et uxor eius a facie Domini Dei*). Eine andere Stelle der *Vetus Latina* zeigt eine *constructio ad sensum* (kollektives Subjekt im Sg. + Verb im Pl., allerdings getrennt durch einen Relativsatz):[15]

> populus, qui sedebat in tenebris, lucem viderunt magnam (Matth. 4, 16: Maurer 1959, 193 Anm. 517) ›das Volk, das in Finsterniß saß, hat ein großes Licht gesehen‹ (Luther).

Dagegen haben wir formale Kongruenz in der *Vulgata* des Hieronymus:

> populus qui sedebat in tenebris, vidit lucem magnam (*Vulg.* Matth. 4, 16) ›id.‹.

Das *Itinerarium Egeriae* ist eine Art Reisetagebuch einer vornehmen Nonne (*Egeria*), die vermutlich aus Hispanien stammte und eine Pilgerfahrt nach Jerusalem und anderen heiligen Stätten des Vorderen Orients beschreibt. Der Text, der früher unter dem Titel *Peregrinatio Aetheriae* bekannt war, ist um 417/418 in Konstantinopel entstanden. Er zeigt verschiedene Ausdrücke und Konstruktionen, die als volkstümlich einzustufen sind und sich häufig in den romanischen Sprachen erhalten haben.[16] So finden wir etwa *habere* + Infinitiv zum Ausdruck der »Verpflichtung« anstelle des klassischen *esse* + Gerundivum (cf. das

---

[13] Cf. Renzi (1980, 85). – Zur Sprache der Christen s. oben 3.2.

[14] Brodersen/Zimmermann (2000, s.v. *Vetus Latina*). Zu den lateinischen Bibelübersetzungen s. Abel (1971a; 1971b). Auszüge aus der *Vetus Latina* und der *Vulgata* sind abgedruckt bei Väänänen (1985, Anh. IV) und bei Iliescu/Slusanski (1991, 123–131); Rohlfs (1951, 12–18); von der *Vulgata* gibt es verschiedene Ausgaben, z.B. Weber (1969); diejenige des Neuen Testaments von Theile/Stier (1981) enthält auch das griechische Original und die deutsche Übersetzung von Luther. Cf. noch Süß (1932).

[15] Zu den Sinnkonstruktionen (*constructiones ad sensum*) s. Löfstedt (1956 II, 135–153); Norden (1971, 192: dafür auch »Attraktion des Numerus«); Scherer (1975, 99–100).

[16] Cf. Brodersen/Zimmermann (2000, s.v. *Egeria* (2)); Tagliavini (1998, 162–163). – S. die Ausgabe von Heraeus (1939a); Textauszüge sind bei Väänänen (1985, Anh. VI) und Iliescu/Slusanski (1991, 132–138) sowie bei Rohlfs (1951, 30–33) abgedruckt. Zur Sprache s. Löfstedt (1911) und Väänänen (1987a) – dazu Löfstedt (1990) –, (1987b).

Sprichwort *de gustibus non est disputandum* ›über den Geschmack soll man nicht streiten‹), also statt klt. *nobis erat traversandum*:

> Ipsam ergo uallem nos trauersare habebamus, ut possimus montem ingredi. (II, 1: Iliescu/Slusanski 1991, 135) ›wir mußten also dieses Tal durchqueren, um in das Gebirge gelangen zu können‹.

Hier steht *traversare habebamus* für ›hatten zu passieren‹ (Löfstedt 1911, 51); die Konstruktion liegt dem romanischen Futur zugrunde. Dieses ist aus vulgärlateinischen Periphrasen des Typs HABEO CANTARE, CANTARE HABEO ›ich habe zu singen‹ entstanden, die zunächst in Konkurrenz zum klassischen Futur *cantābō* ›ich werde singen‹ traten und dieses schließlich ganz ersetzten. Die Bedeutung der Periphrasen hat sich dabei von der ursprünglich modalen ›ich habe zu...‹ zu der temporalen ›ich werde...‹ entwickelt (s. unten S. 94). Die Bedeutung von *traversare = transversare* ist im Romanischen erhalten (ib.): sp. *atravesar*, fr. *traverser*, it. *traversare* ›passieren, durchqueren‹.

(9) Rekonstruktion

Unter *Rekonstruktion* versteht man die Erschließung nicht belegter Elemente und Regeln zumeist älterer Sprachstufen. Da das Vulgärlatein als Umgangssprache vorwiegend gesprochen wurde, sind z.B. nicht alle vulgärlateinischen Wörter schriftlich belegt. Viele lassen sich aber aufgrund der heutigen oder älterer romanischer Formen und aufgrund regelmäßiger Lautwandelerscheinungen erschließen. So muß neben klassisch-lateinischem *posse* ›können‹ im Vulgärlatein die regularisierte Form *POTĒRE ›id.‹ existiert haben, die als Basis für sp. *poder*, fr. *pouvoir* und it. *potere* ›id.‹ erforderlich ist. Die Entwicklung des betonten [-ē-] in offener Silbe zu sp., it. [e] und fr. [wa] ‹-oi-› ist ebenso regelmäßig (s. 5.2) wie diejenige des intervokalischen [-t-] zu sp. [-d-], fr. Ø und it. [-t-] (s. 5.3; fr. *pouvoir* < afr. *po(v)oir* hat [-v-] in Analogie zu *avoir* ›haben‹ und *devoir* ›müssen‹).

Man geht von folgenden Prämissen aus. Die durch Rekonstruktion aus den romanischen Sprachen gewonnenen Elemente und Regeln haben wahrscheinlich existiert, wenn sie (a) in allen romanischen Sprachen oder zumindest in ihrer Mehrzahl fortgesetzt wurden: so bei ACŪTIĀRE (← *acūtus* ›spitz‹) > sp. *aguzar*, fr. *aiguiser*, it. *aguzzare* ›(zu)spitzen‹ und *POTĒRE > sp. *poder*, fr. *pouvoir*, it. *potere*, rum. *putea* ›können‹; (b) in geographisch benachbarten Sprachen fortgesetzt wurden, wie *ESSERE > it. *essere*, fr. *être*, kat., okz. *esser* usw. ›sein‹; *CUMINITIARE > it. *cominciare*, fr. *commencer*, kat. *començar* usw. ›anfangen‹ (Väänänen 1985, § 31). Dieses Prinzip gilt jedoch nur beschränkt,[17] und die Rekonstruktionen haben immer nur den Wert von Hypothesen, zumindest solange, bis sie entweder aufgrund neuer Quellenfunde bestätigt oder aber widerlegt werden. So müssen sich Rekon-

---

[17] Es wird z.B. begrenzt durch innerromanische Entlehnungen (fr. *jardin* > sp. *jardín*, it. *giardino* ›Garten‹) und Analogien (fr. *falloir* ›müssen‹ darf nicht auf *FALLĒRE zurückgeführt werden, da es nach dem Muster *vaut : valoir = faut* [← afr. *faillir* ›fehlen‹] : *falloir* gebildet ist: Väänänen 1985, § 31; cf. Stefenelli 1981, 146).

struktion und Belege in lateinischen Texten stets ergänzen. Schließlich kann man nicht das gesamte Vulgärlatein durch Sprachvergleich rekonstruieren, da nicht alle vulgärlateinischen Elemente und Regeln in den romanischen Sprachen fortleben (Väänänen 1985, § 31; s. unten Kap. 11.2).

(10) Lateinische Lehnwörter in nichtromanischen Sprachen

Besonders in den Bereichen des Wortschatzes und der Aussprache können auch lateinische Lehnwörter in nichtromanischen Sprachen wie dem Baskischen, Berberischen, Keltischen und Germanischen Aufschlüsse über die vulgärlateinischen Verhältnisse geben (Väänänen 1985, § 32).[18] Sie belegen z.B. die relativ späte Palatalisierung von lat. [k^{e,i}], so dt. *Keller*, *Kellner*, deren Etyma in germanischer Zeit entlehnt wurden (ahd. *kellari* < spätlat. *cellārium* [k-] ›Vorratskammer‹, ahd. *kelnāri* < spätlat. *cellararius* ›Kellermeister‹), gegenüber dem in ahd. Zeit – also nach 700 – entlehnten *Zelle* < lat. *cělla* [ts-] ›Vorratskammer‹. Nach Väänänen (1985, § 100) könnten die Lehnwörter mit [k-] allerdings auch auf diastratisch (oder diaphasisch?) als hoch markierte Formen zurückgehen: die Palatalisierung sei über einen längeren Zeitraum von den Oberschichten nicht angenommen worden. Das heißt, daß in jener Zeit zwei Aussprachen für Wörter wie spätlat. *cellārium* nebeneinander existierten, die traditionelle [kellārium] der Oberschichten und die neue mit Palatalisierung [tʃellāriu(m)]. Die durch dt. *Keller*, *Kirsche*, *Kiste* usw. repräsentierten Lehnwörter könnten auf Formen der gebildeten Schichten wie eben [kellārium] usw. zurückgehen.

Arbeitsaufgaben

1. Erstellen Sie eine Chronologie der Quellen des Vulgärlateins, z.B. anhand von Iliescu/ Slusanski (1991); achten Sie dabei auch auf die diatopische Verteilung der Texte.
2. Suchen und erläutern Sie weitere Beispiele lateinischer Lehnwörter im Germanischen, die [k^{e,i}] bewahrt haben.
3. Stellen Sie anhand von Durante (1981, 21–50 »Cronologia del latino volgare« = 1993, 27–50) die sprachlichen Veränderungen zusammen, die sich in den dort genannten Texten belegen lassen.
4. Lesen und kommentieren Sie einen kurzen »vulgärlateinischen« Text.

---

[18] Zu den Lehnwörtern in nichtromanischen Sprachen s. Lüdtke (1968 II, 14–39). Zu den lateinischen Lehnwörtern im Germanischen s. Keller (1995, 119–124), cf. auch Haubrichs (2003).

5.   Phonologie

5.1.   Betonung

Die Betonung folgt im Lateinischen dem sogenannten »Paenultimagesetz«, das heißt, sie hängt von der Länge der vorletzten Silbe (*paenultima*) ab.[1] Wenn die vorletzte Silbe lang ist (d.h. wenn sie einen Langvokal oder einen Diphthong enthält oder geschlossen ist), wird sie betont, wenn sie kurz ist, wird die Antepaenultima betont:

veníre ›kommen‹	vs.	*légĕre* ›sammeln; lesen‹
thesáurus ›Schatz‹		*iúvĕnis* ›jung‹
fenéstra ›Fenster‹		*íntĕgrum* ›rein‹

In den romanischen Sprachen bleibt die Tonsilbe gewöhnlich erhalten: MĀTŪRU(M) > sp. *madúro*, afr. *mëúr*, it. *matúro* ›reif‹ (Lausberg 1967, § 140). Eine Akzentverschiebung tritt regelmäßig in zwei Fällen auf, nämlich zum einen bei Paenultima mit kurzem Vokal vor Verschlußlaut + Liquid [-br-, -dr-, -gr-]:

klt. TÉNĔBRAS > vlt. TENÉBRAS > sp. *tinieblas* ›Finsternis‹;
klt. CÁTHĔDRA > vlt. CAT(H)ÉDRA > sp. *cadera* ›Hüfte‹, afr. *chaiere > chaire* ›Kanzel‹;
klt. ÍNTĔGRUM > vlt. INTÉGRU(M) > sp. *entero*, fr. *entier*, it. *intero* ›ganz, völlig‹.

Zum anderen verlagert sich der Akzent in Wörtern des Typs *filíolus* ›Söhnchen‹, die im klassischen Latein auf der drittletzten Silbe betont werden, auf die vorletzte Silbe. Der ursprünglich betonte Vokal wird zu [j] konsonantisiert und bewirkt die Palatalisierung des vorangehenden Konsonanten (s. unten 5.3):

klt. FILÍOLUM > vlt. FILIÓLU(M) > *[fiʎʎolo]> sp. *hijuelo*, fr. *filleul*, it. *figliuolo* ›Patenkind‹;
klt. MULÍEREM > vlt. MULIÉRE(M) > sp. *mujer*, südital. *mogliére* ›Frau‹;
klt. LINTÉOLUM > vlt. LINTEÓLU(M) > sp. *lenzuelo* ›Laken‹, fr. *linceul* ›Leichentuch‹, it. *lenzuòlo*.

In beiden Fällen sind jedoch nur wenige Wörter betroffen (Herman 1997, 47; zur Entwicklung der lateinischen Proparoxytona s. Lausberg 1969, §§ 282-291).

Schließlich ist der Schwund von unbetonten Mittelsilbenvokalen zu nennen. Die Erscheinung heißt *Synkope* und tritt besonders häufig in dreisilbigen Wörtern auf (cf. S. 33). So entspricht dem klt. *cálĭdus* ›warm, heiß‹ vlt. CALDU, das den romanischen Formen zugrundeliegt: asp., it. *caldo*, fr. *chaud*. Die vlt. Form ist mehrfach belegt: Augustus hielt die Aussprache *cálĭdus* statt *caldu(s)* für pedantisch (Quint. 1, 6, 19), und die *Appendix Probi* hat »calida non calda« (*App. Pr.* 53). Weitere Beispiele: lat. FRĪG(I)DU(M) > vlt. FRÍGDU, *FRÍGDU > sp. *frío*, fr. *froid*, it. *fréddo* ›kalt, kühl‹, lat. ŎC(Ŭ)LU(M) > vlt. ÓCLU > sp. *ojo*, fr. *œil*, it. *occhio* ›Auge‹, lat. VĬR(I)DE(M) > vlt. VERDE > sp. *verde*, fr. *vert*, it. *vérde* ›grün‹.

---

[1] Lit. zur Betonung: Battisti (1949, 91–95); Berschin et al. (1978, 74–77); Lausberg (1969, §§ 149–153); Maurer (1959, 65–76); Väänänen (1985, §§ 46–51a).

42

5.2. Vokalismus

Das klassische Latein besitzt zehn Vokalphoneme und drei Diphthonge; die Quantität der Vokale ist phonologisch relevant, d.h. bedeutungsunterscheidend.[2] Die folgenden Minimalpaare illustrieren dies:

līber ›frei‹	:	*lĭber* ›Buch‹	*dīus* ›göttlich‹	:	*dĭus* ›bei Tage‹
lēvis ›glatt‹	:	*lĕvis* ›leicht‹	*vēnit* ›er kam‹	:	*vĕnit* ›er kommt‹
mālum ›Apfel‹	:	*mălum* ›Übel‹	*lātus* ›breit‹	:	*lătus* ›Seite‹
ōs ›Mund‹	:	*ŏs* ›Knochen‹	*pōpulus* ›Pappel‹	:	*pŏpulus* ›Volk‹
lūtum ›Gelbkraut‹	:	*lŭtum* ›Schlamm‹	*fūror* ›ich stehle‹	:	*fŭror* ›Wahnsinn‹

Dieses System wurde insbesondere im 4. und 5. Jh. n. Chr. tiefgreifend verändert. Die wichtigste Veränderung in der lateinischen Phonologie ist die als »Quantitätenkollaps« bekannte Umstrukturierung des Vokalsystems, die – zeitlich uneinheitlich – in vier[3] verschiedene vulgärlateinische Vokalsysteme mit unterschiedlichem Geltungsbereich mündete: ein einheitliches vulgärlateinisches Vokalsystem hat niemals existiert.

> Vermutlich zuerst im oskisch-umbrischen Dialektgebiet (Mittel- u. Süditalien) gewöhnte man sich daran, die lat. Kürzen offen, die Längen geschlossen zu sprechen (s. § 95) und dabei – nach dem Schwund der Quantitäten selbst – das offene į mit dem geschlossenen ẹ, das offene ụ mit dem geschlossenen ọ zusammenfallen zu lassen. Es entstand so das (seit dem 3. Jh. n. Chr. bezeugte, aber wohl ältere) »italische Qualitätensystem« (Lausberg 1969, § 156).

Dieses italische oder vulgärlateinische System der Westromania und Mittelitaliens, das allen romanischen Schriftsprachen mit Ausnahme des Rumänischen zugrunde liegt, kennt nur noch sieben Vokalphoneme:

klass.-lat. Quantität: ī   ĭ   ē   ĕ   ā   ă   ŏ   ō   ŭ   ū
                          | \/ | \/ | \/ |
vulgärlat. Qualität: i   ẹ   ę   a   ǫ   ọ   ụ

Die phonologischen Quantitäten wurden also durch entsprechende Qualitäten ersetzt. So blieb z.B. die klassisch-lateinische Opposition *vēnit* ›er kommt‹ : *vĕnit* ›er kam‹ im Spätlatein in anderer Form erhalten, nämlich als VẸNI(T) ›er kommt‹ : VĘNI(T) ›er kam‹ (Herman 1997, 40); dies gilt freilich wegen der Reduktion der Vokalphoneme auf sieben nicht für alle Vokale.

---

[2] Lit. zum Vokalismus: Baldinger (1958); Battisti (1949, 96–134); Berschin et al. (1978, 66–68); Herman (1997, 37–47); Lausberg (1969, §§ 154–296); Maurer (1959, 9–25); Palmer (2000, 178–181); Renzi (1980, 80–83); Schürr (1970); Tagliavini (1998, 183–189); Väänänen (1985, §§ 42–86); Weinrich (1958); Wüest (1979).

[3] Bei dem »sizilianischen System« handelt es sich nach Herman (1997, 42) eher um eine sekundäre Weiterentwicklung des italischen Systems; Herman geht also von lediglich drei vulgärlateinischen Vokalsystemen aus.

Wir geben im folgenden einige Beispiele der Weiterentwicklung zum Romanischen, und zwar jeweils in gedeckter und freier Stellung, d.h. in geschlossener und in offener Silbe (nach Lausberg 1969, §§ 166–185).

klass.-lat.	vulgärlat.	spanisch	französisch	italienisch	
SCRĬPTU(M)	SCRIPTU	*escrito*	afr. *escrit*, nfr. *écrit*	*scritto*	›geschrieben‹
FĪLU(M)	FILU	*hilo*	*fil*	*filo*	›Faden‹
MĬTTO	MĘTTO	*meto*	afr. *męt*, nfr. *je mets*	*mętto*	›ich stelle‹
SĬTE(M)	SĘTE	*sed*	*soif*	*sęte*	›Durst‹
STĔLLA(M)	STĘLLA	*estrella*	*étoile*	*stęlla*	›Stern‹
CRĔDERE	CRĘDERE	*creer*	*croire*	*crędere*	›glauben‹
HĔRBA(M)	ĘRBA	*hierba*	*herbe*	*ęrba*	›Kraut‹
PĔDE(M)	PĘDE	*pie*	*pied*	*piede*	›Fuß‹
CABĂLLU(M)	CABALLU	*caballo*	*cheval*	*cavallo*	›Pferd‹
MĂRE(M)	MARE	*mar*	*mer*	*mare*	›Meer‹
MĂTRE(M)	MATRE	*madre*	*mère*	*madre*	›Mutter‹
ŎS, ŎSSE(M)	ǪSSU	*hueso*	*ǫs*	*ǫsso*	›Knochen‹
RŎTA(M)	RǪTA	*rueda*	afr. *ruede*, nfr. *roue*	*ruota*	›Rad‹
CŎRTE(M)	CǪRTE	*corte*	afr. *cort*, nfr. *cour*	*cǫrte*	›Hof‹
SCŌPA(M)	SCǪPA	*escoba*	afr. *escouve* (nfr. *balai*)	*scǫpa*	›Besen‹
BŬCCA(M)	BǪCCA	*boca*	*bouche*	*bǫcca*	›Mund‹
GŬLA(M)	GǪLA	*gola*	*gueule*	*gǫla*	›Kehle‹
FŬSTE(M)	FǪSTE	*fuste*	afr. *fust*, nfr. *fût*	*fusto*	›Stamm‹
DŪRU(M)	DURU	*duro*	*dur*	*duro*	›hart‹

Wie die Beispiele zeigen, ist lat. Ĕ > vlt. /ę/ in offener Silbe in den drei romanischen Hauptsprachen zu [je] diphthongiert (PĔ[DE(M) > sp. *pie* usw.) und entsprechend lat. Ŏ > vlt. /ǫ/ zu romanisch [wǫ] (RŎ[TA(M) > it. *ruota* usw.). Diese als »romanische Diphthongierung« bezeichnete Erscheinung wird um das 3. bzw. 4. Jh. n. Chr. angesetzt (Schürr 1970; Wüest 1979); dabei wurde zuerst lat. Ĕ diphthongiert, etwas später lat. Ŏ. Im Spanischen werden die Diphthonge *ie, ue* (< [wǫ]) verallgemeinert (Lausberg 1969, § 198) und erscheinen auch in geschlossener Silbe (sp. *hierba, hueso*). Im Französischen entwickelt sich der Diphthong [wǫ] weiter: [wǫ] > [wę] > [œ]. Die verschiedenen Entwicklungsstufen lassen sich in folgendem Beispiel ablesen: lat. PRŎ[BA(M) > afr. *pruove* > *prueve* > *preuve* [pʁœv] ›Beweis‹.

Recht kompliziert sind die Verhältnisse im Französischen. Hier findet sich neben der romanischen Diphthongierung auch die jüngere und geographisch weniger verbreitete Diphthongierung von betontem lat. Ĭ und Ĕ > vlt. /ę/ sowie von lat. Ŭ und Ŏ > vlt. /ǫ/ in offener Silbe. Sie betrifft nur Nordgallien, Rätien und Norditalien und wird im 6. und 7. Jh. n. Chr. angesetzt. Die Entwicklung ist im Französischen wie folgt verlaufen. Einerseits vlt. [ę] > afr. [ej] > [oj] > [wę] > [wa] (Lausberg 1969, § 170): lat. SĬ[TEM > vlt. SETE > afr. *seif* > fr. *soif* wie CRĔ[DERE > afr. *creire* > *croire* (fr. *étoile* setzt ein vlt. *STĚ[LA voraus). Andererseits vlt. [ǫ] > afr. [ow] > [ew] > [œ] (Lausberg 1969, § 182): lat. GŬ[LA(M) > vlt. GOLA > fr. *gueule* [gœl] wie lat. SCŌ[PA(M) > afr. *escouve* ›Besen‹ (zu fr. *balai* ›Besen‹ für afr. *escouve* s. FEW, s.v. *scōpa* = Bd. 11, 317–321).

In geschlossener Silbe bleibt vlt. geschlossenes [ẹ] zunächst erhalten; seit dem 12./13. Jh. wird es im Französischen zum offenen [ę] (Lausberg 1969, § 169). So haben wir lat. MĬT]TO > vlt. METTO [-ẹ-] > afr. *mẹt* > nfr. *je mets* [mę] ›ich stelle‹. Vlt. geschlossenes [ọ] in geschlossener Silbe wird zu afr. [u], das ‹o› oder ‹u› geschrieben wird (ab dem 13. Jh. ‹ou›, s. Lausberg 1969, §§ 181, 217): lat. CŎR]TE(M) > vlt. CORTE [-ọ-] > afr. *cort*, nfr. *cour* ›Hof‹; lat. BŬC]CA(M) > vlt. BOCCA > afr. *boche, buche*, dann *bouche* ›Mund‹.

Vlt. /a/ in offener Silbe wurde in Gallien zwischen dem 6. und dem 8. Jh. zu [ae] diphthongiert (Bouet et al. 1975, 54) und je nach Lautumgebung unterschiedlich weiterentwickelt: nach Palatal zu [je] (CĂNE(M) > fr. *chien* [ʃjẽ] ›Hund‹), vor Nasal zu [ai] (PĂNE(M) > fr. *pain* [pɛ̃] ›Brot‹) und sonst zu [ę] (MĂ[TRE(M) > fr. *mère* [męʁ] ›Mutter‹; cf. Lausberg 1969, § 174).

Von den drei lateinischen Diphthongen *oe* [oj], *ae* [aj], *au* wurden die beiden ersten schon zu Beginn unserer Zeitrechnung monophthongiert (cf. Herman 1997, 40): *oe* [oj] > [ẹ], *ae* [aj] > [ę]. Beispiele finden sich in den häufigen Graphien des Typs *filie* statt *filiae* ›Tochter (Gen. und Dat. Sg., Nom. und Vok. Pl.)‹. In den romanischen Sprachen werden die beiden Laute wie [ẹ] und [ę] behandelt. So haben wir lat. POENA(M) > vlt. PĒNA [ẹ] > sp. *pena*, fr. *peine*, it. *péna* ›Strafe‹, lat. CAELU(M) > vlt. *CĒLU [ę] > sp. *cielo*, fr. *ciel*, it. *cielo* ›Himmel‹. Der Diphthong *au* ist dagegen im Vulgärlatein meist erhalten, sogar in verschiedenen romanischen Sprachen wie dem Rumänischen und Portugiesischen (Herman 1997, 40; Väänänen 1985, § 60): AURU(M) > port. *ouro*, rum. *aur* ›Gold‹. Die Monophthongierung in den übrigen romanischen Sprachen (sp. *oro*, fr. *or*, it. *òro* ›id.‹) ist dagegen nach Väänänen (ib.) spät und »in jeder Sprache unabhängig« erfolgt (nach Bouet et al. 1975, 55 und Anm. 1 seit dem 5. Jh. n. Chr.).

Bei den unbetonten bzw. nichthaupttonigen Vokalen waren die Quantitätsoppositionen im klassischen Latein weniger ausgeprägt als bei den betonten; das Vulgärlatein der Westromania kennt nur drei Öffnungsgrade, d.h. nur fünf Vokale:

klass.-lat.	ī	ĭ	ē	ĕ	ā	ă	ŏ	ō	ŭ	ū
vulgärlat.	i		e		a		o		u	

Entsprechende Beispiele sind: klt. VĒNĪ ›ich kam‹ > vlt. VENI; klt. VĔNĬT ›er kommt‹ > vlt. VENE(T); klt. DENTĒS ›Zähne (Nom. Akk. Pl.)‹ > vlt. DENTE(S); klt. CRĒDĔRĔ ›glauben‹ > vlt. CREDERE; klt. MĒNSĀS ›Tische (Akk. Pl.)‹ > vlt. ME(N)SA(S); klt. HĔRBĂM ›Kraut‹ > vlt. ERBA; klt. MŎDŎ ›eben (noch)‹ > vlt. MODO; klt. MĬTTO ›ich werfe‹ > vlt. METTO; klt. SCRĪPTŬM ›geschrieben‹ > vlt. *SCRI(P)TO; klt. MANŬS ›Hände (Nom. Akk. Pl.)‹ > vlt. MANU(S). Besondere Beachtung verdient, daß unbetontes klt. Ē und Ĭ vor Vokal zu [j] (Jot) konsonantisiert werden. So wird klt. VĪNEA ›Weinberg‹ zu *[vínja, vínɲa] (*App. Pr.* 55 »vinea non vinia«), woraus sich sp. *viña*, fr. *vigne*, it. *vigna* ›id.‹ entwickeln.

5.3. Konsonantismus

Das klassische Latein besitzt 15 Konsonantenphoneme, von denen drei im Vulgärlatein schwanden (/kw, gw, h/); umgekehrt entwickelte das Vulgärlatein fünf neue Phoneme, nämlich die alveolar-palatalen und /v/, so daß hier nun 17 Phoneme vorliegen.[4] Die folgende Tabelle zeigt die jeweiligen Einheiten und Unterschiede; stimmlose Konsonanten stehen links, simmhafte rechts.

	labial	apikal	alveolar-palatal	velar	labio-velar	laryngal
klass.-lat.	p b	t d		k g	kw gw	
vulgärlat.	p b	t d	tʃ dʒ	k g		
klass.-lat.	f	s				h
vulgärlat.	f v	s				
klass.-lat.	m	n				
vulgärlat.	m	n	ɲ			
klass.-lat.		l				
vulgärlat.		l	ʎ			
klass.-lat.		r				
vulgärlat.		r				

Abb. 10: Konsonantensysteme (adaptiert nach Berschin et al. 1978, 68–69).

Neben dem Schwund von /kw/, /gw/ und /h/ sind zwei wichtige Neuerungen festzuhalten. Erstens die Enstehung neuer Phoneme, und zwar insbesondere durch Palatalisierung: /tʃ, dʒ, ɲ, ʎ/, dazu /v/; zweitens gibt es einige weitere satzphonetische und kombinatorische Veränderungen. Diese beiden Neuerungen werden im folgenden erläutert.

Unter *Palatalisierung* versteht man die ›Verlegung des Artikulationsortes zum vorderen Gaumen (*Palatum*)‹, eine Erscheinung, die durch den Einfluß eines Jot – auch aus [-e-] im Hiat – auf vorausgehende Konsonanten begünstigt wird. Die Entstehung palataler Konsonantenphoneme ist das wichtigste Unterscheidungsmerkmal des Vulgärlateins gegenüber dem klassischen Latein. Besonders betroffen sind die Dentale [t, d, l, n] und die Velare [k] und [g]. So wurde lat. [-tj-] gesamtromanisch palatalisiert und assibiliert; die Entwicklung ist [-tj-] > [ts]: lat. PLATEA > *[platja] > *[platsa] > asp. *plaça*, fr. *place*, it. *piazza* ›Platz‹ (Lausberg 1967, § 454). Die ursprüngliche Aussprache von lat. ‹c› vor *e* und *i*, nämlich [k], ist im Sardischen erhalten: CĒNTUM > logud. *kentu* ›hundert‹. Ansonsten wurde der Laut praktisch überall zur alveolar-palatalen Affrikate [tʃ] entwickelt und weiter zur dentalen Affrikate [ts]. Die Entwicklung ist also [-kj-] > [tʃ] > [ts]: lat. CĒNTUM > vlt. [tʃẹntu] > [tsẹnto]. Diese Affrikate [ts] wurde im Französischen zu [s], im Spanischen zu

---

[4] Lit. zum Konsonantismus: Battisti (1949, 134–192); Berschin et al. (1978, 68–74); Herman (1997, 47–59); Lausberg (1967); Maurer (1959, 25–64); Palmer (2000, 181–182); Tagliavini (1998, 189–195); Väänänen (1985, §§ 87–137).

[θ] (cf. Lausberg 1967, §§ 311–312). Die verschiedenen Entwicklungsstufen lassen sich an den Fortsetzern von lat. CENTUM aufzeigen: neben logud. *kentu* haben wir it. *cento* [tʃento], afr. *cent* [tsã(n)t], nfr. [sã(t)], sp. ciento [θjento] ›hundert‹.[5]

Lat. [-dj-] ist im Osten, teils auch in der Toskana, zu [dz] assibiliert worden (so in lat. MEDIU(M) > it. *mèzzo* ›halb‹); ansonsten ist die Gruppe [-dj-] mit lat. [-gj-] und [-jj-] (geschrieben ‹-i-›) zusammengefallen (Lausberg 1967, §§ 352, 456, 471) und im Spanischen zu [j] oder Ø, im Französischen zu [j] oder [(d)ʒ] und im Italienischen zu [(d)dʒ] entwickelt worden. So haben wir lat. HŎDIĒ > sp. *hoy*, afr. *hui*, it. *òggi* ›heute‹; lat. DIURNU > fr. *jour*, it. *giorno* ›Tag‹; lat. DEORSU(M) > sp. *yuso*, afr. *jus*, it. *giuso* ›abwärts‹; lat. CORRĪGIA > sp. *correa*, afr. *correie*, it. *correggia* ›Riemen‹; und lat. MĀIU(M) [-jj-] > sp. *mayo*, fr. *mai*, it. *maggio* ›Mai‹. Lat. [-lj-] und [-nj-] entwickeln sich gemeinromanisch zu [ʎʎ] und [ɲɲ] (nur in sardischen Dialekten zu [-dz-] und [-ndz-]). Die Aussprache [ʎʎ] und [ɲɲ] ist im Italienischen und in den mittel- und süditalienischen Dialekten erhalten, in den übrigen Sprachen zu [ʎ] und [ɲ] vereinfacht worden: lat. FĪLIA(M) > vlt. *[filja]* > *[fiʎʎa]* > sp. *hija*, fr. *fille*, it. *figlia*, aber sard. *fídza* ›Tochter‹; lat. VĪNEA(M) > vlt. *[vínja]* > *[viɲɲa]* > sp. *viña*, fr. *vigne*, it. *vigna*, aber sard. *víndza* ›Weinberg‹. Die folgende Tabelle zeigt die verschiedenen Palatalisierungen im Überblick.

Lautentwicklungen					Beispiele			
klass.-lat.	vulgärlat.	ital.	asp.	afr.	vulgärlat.	ital.	asp.	afr.
• tj >	ts >	ts	ts*	ts*	FORTIA >	*forza*	*fuerça*	*force*
	ts >	ts		ts	FACIE >		*haz*	*face*
• kj >	ttʃ — ttʃ >	ttʃ			FACIA >	*faccia*		
	ddz >	ddz			MEDIU >	*mezzo*		
		(d)dʒ	j	(d)ʒ	DIURNU >	*giorno*		*jour*
• dj					DEORSU(M) >	*giuso*	*yuso*	*jus*
	ddʒ				HODIE — *oggi*			
	(j)j >	j	j				*hoy*	*hui*
	ddʒ >	ddʒ			CORRIGIA — *correggia*			
• gj, jj	(j)j >		j, Ø	j			*correa*	*correie*
					MAIU — *maggio*			
							mayo	*mai*
• lj >	ʎʎ >	ʎʎ	ʎ**	ʎ**	FILIA >	*figlia*	*hija*	*fille*
• nj >	ɲɲ >	ɲɲ	ɲ	ɲ	VINEA >	*vigna*	*viña*	*vigne*

* Teils auch stimmhaftes [dz] (> sp. [θ], afr. [jz], s. Lausberg 1967, § 453).

** Asp. [ʎ > j > ʒ > ʃ > x]; afr. [ʎ] > [j].

Abb. 11: Übersichtstabelle zu den Palatalisierungen.

---

[5] »Was die absolute Chronologie angeht, so ergibt sich aus § 317, daß im 5. Jh. jedenfalls die Stufe [tʃ] (möglicherweise regional auch schon die Stufe [ts]) für lat. ki-, ke- im Gros des heutigen *tʃ*- und *ts*-Raums erreicht war. Die Stufe *[č]* für ki-, ke- wird man ohne ernstliche Bedenken ins 3. Jh. hinaufrücken können.« Lausberg (1967, § 313).

Es sind die gleichen Tendenzen, die sich auch in verschiedenen heutigen romanischen Sprachen beobachten lassen. In der französischen Volkssprache wird *tiens* ›da schau her!‹ [t̆ɛ̃] gesprochen (Lausberg 1969, § 55), *cinquième* ›fünfter‹ [sɛ̆kjɛm] auch [sɛ̃tjɛm]; im kanadischen Französisch findet sich »Assibilierung von [t, d] vor palatalen Vokalen und Halbkonsonanten [i, y, j, ɥ]« (Neumann-Holzschuh 2002, 107) wie in *tu* ›du‹ [tˢy], *dire* ›sagen‹ [dᶻir]. Ähnlich werden im brasilianischen Port. [t, dᶜʲ] palatalisiert, so z.B. in *gente* ›Leute‹ [-tʃi], *verdade* ›Wahrheit‹ [-dadʒi], *dizer* ›sagen‹ [dʒi-] (s. Noll 1999, 46–49, 196–197). Im Süditalienischen finden sich Formen wie *gnente* ›nichts‹ für *niente*.

Der stimmhafte Frikativ [v] entstand durch Phonologisierung des Halbvokals [w] (geschrieben ‹V, u›); dieser wurde ursprünglich als labiovelarer Frikativ gesprochen – wie in fr. *oui*, engl. *wind* (Väänänen 1985, § 89). Seit dem 1. Jh. n. Chr. erscheinen häufige Verwechslungen von [b] und [w], z.B. in Pompeji *baliat* statt *valeat* (3. P. Konj. Präs. von *valēre* ›stark, gesund sein‹). Dies zeigt in umgekehrter Richtung auch die *Appendix Probi* 9 »baculus non vaclus«: »›Stock‹ heißt *baculus*, nicht *vaclus*«. Beide Laute wurden in dieser Zeit als bilabialer Frikativ [β] gesprochen, aus dem sich im größten Teil der Romania dann gegen Ende des Imperiums das neue Phonem /v/ entwickelte. Im Wortanlaut wurde [b-] wieder eingeführt (Väänänen 1985, § 89), außer im Sardischen, Süditalienischen, Spanischen, Katalanischen und Gaskognischen, die im Anlaut nur [b] kennen. So haben wir lat. BŬCCA(M) > sp. *boca*, fr. *bouche*, it. *bocca*, sard. *búkka* ›Mund‹ neben lat. VĂCCA(M) > sp. *vaca* [báka], fr. *vache*, it. *vacca*, sard. *bákka* ›Kuh‹.

Schließlich sind vier sonstige kombinatorische Veränderungen anzuführen; diese sind die Behandlung der Konsonanten im Auslaut, die Entwicklung eines prothetischen Vokals vor /s/ + Konsonant, der Schwund von [-n-] vor [-s-] und die Sonorisierung der intervokalischen Verschlußlaute in der Westromania. Was die Konsonanten im Auslaut betrifft, so sind [-m] und [-t] schon seit vorklassischer Zeit geschwunden. Wir haben also einerseits MŪRU(M) > sp., it. *muro*, fr. *mur* ›Mauer‹; nur in wenigen Einsilbern ist [-m] als [-n] erhalten, so in CŬM > sp., it. *con* ›mit‹, RĔM > fr. *rien* ›nichts‹, MĔUM > fr. *mien* ›mein‹, QUĔM > sp. *quien* ›welcher, wer‹. Andererseits CANTAT > sp., it. *canta*, fr. (il) *chante* ›er singt‹; [-t] ist erhalten in afr. *chantet* ›id.‹ und im heutigen Französisch in der »liaison«, z.B. in *dit-il* ›sagt er‹. Das auslautende [-s] bleibt in der Westromania erhalten, in der Ostromania schwindet es ab dem 5. Jh. n. Chr. (Herman 1997, 50, 51). Leitbeispiele nach Berschin et al. (1978, 74):

	spanisch	altfranzösisch	italienisch	Bedeutung
TRĒS >	[tres]	[trois]	[trɛ]	›drei‹
AMĪCOS >	[amigos]	[amis]	———	›Freunde‹
AMĪCI >	———	———	[amitʃi]	›Freunde‹
AMĪCAS >	[amigas]	[amiəs]	———	›Freundinnen‹
AMĪCAE >	———	———	[amike]	›Freundinnen‹
CANTAS >	[kantas]	[tʃantəs]	[kanti]	›du singst‹

Vor [s] mit folgendem Konsonant im Wortanlaut (sog. »s impurum«) ist seit dem 1. Jh. n. Chr. ein prothetischer Vokal belegt, und zwar meist ‹i› oder ‹e› geschrieben (Lausberg 1967, §§ 353–355). Hierbei handelt es sich wahrscheinlich um eine satzphonetische

Erscheinung: nach Vokal wurde [s] + Konsonant gesprochen, nach Konsonant dagegen [is-] oder [es-] + Konsonant, z.B. ILLA SCHŌLA ›die Schule‹ neben IN ISCHŌLA(M) ›in die Schule‹. Der prothetische Vokal ist in der Westromania beibehalten, im Französischen schwindet gewöhnlich das [-s-]: lat. SCĀLA(M) > sp. *escala*, afr. *eschele* > *échelle*, it. *scala* ›Leiter‹; lat. SCHŌLA(M) > sp. *escuela*, afr. *escole* > fr. *école* (halbgelehrt), it. *scuola* ›Schule‹.

In der Gruppe [-ns-] schwindet [-n-] schon in vorklassischer Zeit. Bereits in einer Inschrift aus dem 3. Jh. v. Chr. findet sich *cosol* für *cōnsul* ›Konsul‹ (daher auch die entsprechende Abkürzung *COS*). Und der Grammatiker Velius Longus schrieb über Cicero:

> sequenda est uero nonnumquam elegantia eruditorum uirorum, qui quasdam litteras lenitatis causa omiserunt, sicut Cicero, qui *foresia* et *Megalesia* et *hortesia* sine n littera libenter dicebat. »Manchmal muss man der Eleganz der gebildeten Leute folgen, die einige Buchstaben wegen des Wohlklangs ausliessen, wie Cicero, der gerne *foresia, Megalesia, hortesia* ohne n sagte.« (Kramer 1976, 64–65).

Die genannten Wörter lauteten früher *forēnsia* ›Prunkgewänder‹, *Megalēnsia* ›Kybelefest‹ und *hortēnsia* ›Gartenfrüchte‹. Die romanischen Sprachen setzen die Formen ohne [-n-] fort: lat. SPONSA(M) > sp. *esposa*, fr. *épouse*, it. *spòsa* ›Braut‹ (Lausberg 1967, § 297).

Als wichtiger Punkt ist schließlich die Sonorisierung der intervokalischen Verschlußlaute [-p-, -t-, -k-] in der Westromania zu nennen. Diese Laute wurden hier ab dem 5. Jh. n. Chr. stimmhaft (Herman 1997, 56) und teilweise weiterentwickelt, in der Ostromania bleiben sie grundsätzlich erhalten. Leitbeispiele nach Berschin et al. (1978, 73):

	spanisch	altfranzösisch	italienisch	Bedeutung
*SAPĒRE >	[saβer]	[saveir]	[sapere]	›wissen‹
SĒTA(M) >	[seða]	[seiðə]	[sẹta]	›Seide‹
AMĪCA(M) >	[amiɣa]	[amiə]	[amika]	›Freundin‹

Arbeitsaufgaben

1. Vertiefen Sie Ihre Kenntnisse bezüglich des Problems der Diphthongierungen, z.B. anhand von Vincent (1988, 34–36), Baldinger (1958) und Weinrich (1958).
2. Informieren Sie sich über die Theorien zum Quantitätenkollaps (Baldinger 1958 [445: »Ob für die Entwicklung Quantität > Qualität eine phonologische Erklärung ausreicht, bleibt noch offen«]; Weinrich 1958).
3. Untersuchen Sie die Entwicklung der unbetonten Vokale (Lausberg 1969, §§ 249–296 unterscheidet nebentonige, nachtonige und zwischentonige Vokale).
4. Informieren Sie sich über die Synkopierungen im Vulgärlatein (Lausberg 1969, § 282).
   – Stellen Sie weitere Schnellsprechformen des Vulgärlateins wie *sōdēs* ›gefälligst‹ < *sī audēs* ›wenn du Lust hast‹ zusammen (zu den Schnellsprech- oder Allegroformen cf. Dressler 1975). – Gibt es in Ihrer romanischen Sprache Vergleichbares?

6. Morphologie

6.1. Nominalmorphologie

Die allgemeinen Entwicklungstendenzen in der Morphologie des Vulgärlateins sind Vereinfachung (z.B. durch Reduktion), Regularisierung (besonders bei den unregelmäßigen Verben) und Bildung neuer analytischer Formen (s. auch S. 98). Im Nominalbereich besaß das klassische Latein zwei Numeri (Singular, Plural), drei Genera (Maskulinum, Femininum, Neutrum), und sechs Kasus (Nominativ, Genitiv, Dativ, Akkusativ, Ablativ und Vokativ; der Vokativ hat nur bei den Maskulina der II. Deklination eine eigene Form, sonst fällt er mit dem Nominativ zusammen: *amīcus* ›Freund‹, *amīce* ›o Freund!‹).[1] Die Numeri bleiben im Vulgärlatein und in den romanischen Sprachen erhalten; die wichtigsten Veränderungen bei den Substantiven sind die Reduktion der Deklinationsklassen und der Kasus – das Vulgärlatein hat nur noch zwei bzw. drei Kasus (Herman 1997, 133) – sowie die Reduktion der Genera (Ausnahmen bestehen bei den Pronomina).

Die Deklinationsklassen werden von fünf im klassischen Latein auf drei vulgärlateinische reduziert, wobei grosso modo die Substantive der IV. in die II. Deklination und diejenigen der V. in die I. Deklination übergehen.

	I	II Mask.	II Neutr.	III	IV	V
Sing.						
Nom.	*ŭmbra*	*mūrus*	*vīnum*	*cănis*	*manus*	*diēs*
Gen.	*ŭmbrae*	*mūrī*	*vīnī*	*cănis*	*manūs*	*diēī*
Dat.	*ŭmbrae*	*mūrō*	*vīnō*	*cănī*	*manuī*	*diēī*
Akk.	*ŭmbram*	*mūrum*	*vīnum*	*cănem*	*manum*	*diem*
Abl.	*ŭmbrā*	*mūrō*	*vīnō*	*căne*	*manŭ*	*diē*
	›Schatten‹	›Mauer‹	›Wein‹	›Hund‹	›Hand‹	›Tag‹
Plur.						
Nom.	*ŭmbrae*	*mūrī*	*vīna*	*cănēs*	*manūs*	*diēs*
Gen.	*ŭmbrārum*	*mūrōrum*	*vīnōrum*	*cănum*	*manuum*	*diērum*
Dat.	*ŭmbrīs*	*mūrīs*	*vīnīs*	*cănibus*	*manibus*	*diēbus*
Akk.	*ŭmbrās*	*mūrōs*	*vīna*	*cănēs*	*manūs*	*diēs*
Abl.	*ŭmbrīs*	*mūrīs*	*vīnīs*	*cănibus*	*manibus*	*diēbus*

Abb. 12: Klassisch-lateinische Deklination.

Für das Vulgärlatein können wir die in Abb. 13 dargestellten Deklinationsmuster rekonstruieren, wobei »(s)« in der Westromania einem [-s], in der Ostromania Ø entspricht. Es sind die drei Deklinationsklassen, die grundsätzlich auch in den romanischen Sprachen erhalten sind, am deutlichsten ist dies im Italienischen zu sehen. Sing.: it. *ómbra* ›Schatten‹ – *vino* ›Wein‹ – *cane* ›Hund‹, Plural: *ombre* – *vini* – *cani*; und entsprechend sp. *sombra* – *vino* – *can*, *sombras* – *vinos* – *canes*; fr. *ombre* – *vin* – *chien*, *ombres* – *vins* – *chiens*.

---

[1] Lit. zur Nominalmorphologie: Battisti (1949, 193–228); Berschin et al. (1978, 77–80); Herman (1997, 61–83); Lausberg (1972, §§ 583–786); Maurer (1959, 77–121); Palmer (2000, 183–186); Tagliavini (1998, 196–205); Väänänen (1985, §§ 213–292); Voßler (1953, 103–115).

		I	II	III
Sing.	Nom.	*ombra*	*vino(s)*	*cane*
	Gen.	*ombre*	*vini*	*cane*
	Dat.	*ombre*	*vino*	*cani*
	Akk.	*ombra*	*vino*	*cane*
	Abl.	*ombra*	*vino*	*cane*
		›Schatten‹	›Wein‹	›Hund‹
Plur.	Nom.	*ombre*	*vini*	*cane*
	Gen.	*ombráro*	*vinóro*	*cano*
	Dat.	*ombri(s)*	*vini(s)*	*canebo(s)*
	Akk.	*ombra(s)*	*vino(s)*	*cane(s)*
	Abl.	*ombri(s)*	*vini(s)*	*canebo(s)*

Abb. 13: Vulgärlateinische Deklination (rekonstruiert).

Von den acht Formen, die ein Substantiv wie *mūrus* ›Mauer‹ oder *amīcus* ›Freund‹ annehmen konnte (jeweils sieben bei *ŭmbra*, *cănis* und *mănus*, sechs bei *diēs*) sind in den romanischen Sprachen im allgemeinen nur zwei erhalten. Diese *Kasusreduktion* hat nicht erst im Vulgärlatein begonnen, sondern schon viel früher; so entstand die Endung *-ō* im Dativ und Ablativ Singular der II. Deklination durch Zusammenfall eines alten Dativs auf *-oi* und eines Ablativs auf *-od* (Herman 1997, 64). Die Zahl der Kasus ist schon im Lateinischen gegenüber dem Indogermanischen von acht auf fünf (bzw. sechs mit dem Vokativ) verringert. Spätestens um das 5. Jh. n. Chr. gab es – wie aus Abb. 13 ersichtlich ist – in der I. Deklination im Singular nur noch zwei (*rosa, rose < rosae*), in der II. im Singular nur noch drei Formen (*dominus* bzw. *dominos, domini, domino*: ib. 65).

Nur in Gallien gab es noch über einige Jahrhunderte hinweg eine Zwei-Kasus-Flexion, allerdings nicht für alle Substantive.[2] Die meisten Feminina wie *terre* ›Erde‹ und einige Maskulina – meist aus alten Neutra wie afr. *cors* ›Körper‹ < CŎRPUS – kannten allerdings nur einen Kasus (Herman 1997, 63). In den Gebieten, in denen auslautendes [-s] erhalten blieb, ergab sich in der vorromanischen Periode der folgende Deklinationstypus (Tagliavini 1998, 199):

	Singular	Plural
Nominativ	*murus*	*muri*
Akkusativ	*muru (muro)*	*muros*

Hieraus entstand die altfranzösische Zwei-Kasus-Flexion (Berschin et al. 1978, 112–117):

	Singular	Plural
Rectus	*murs*	*mur*
Obliquus	*mur*	*murs*

Genitiv und Dativ wurden in nachklassischer Zeit allgemein durch DE + Ablativ bzw. AD + Akkusativ ersetzt. So tritt für klass.-lat. *domus rēgis* ›das Haus des Königs‹ nun vulgärlat.

---

[2] Eine andere Ausnahme bildet das Rumänische, das bei den meisten Feminina zwischen Nominativ-Akkusativ (*capră* ›Ziege‹ < CAPRA) und Genitiv-Dativ (*capre* < CAPRAE) unterscheidet (Tagliavini 1998, 198).

CASA DE REGE ›das Haus vom König‹ ein und entsprechend für klass.-lat. *dīcere alicui* ›jemandem sagen‹ vulgärlat. DICERE AD ALIQUEM ›zu jemandem sagen‹ (s. unten Kap. 7.1).

Der Akkusativ wurde im Vulgärlatein zum Universalkasus und ersetzte schließlich den Nominativ. Die Wörter des Romanischen entwickelten sich folglich gewöhnlich aus den lateinischen Akkusativformen, nur vereinzelte Wörter gehen auf Nominativformen zurück, beispielsweise sp. *Dios* ›Gott‹ < DEUS, fr. *sœur* ›Schwester‹ < SOROR und it. *uomo* ›Mann‹ < HOMO (Väänänen 1985, §§ 242, 252–257). Nachdem auslautendes [-m] geschwunden und [-u] mit [-o] zusammengefallen war, gab es beim Typ *vīnum* ›Wein‹ (Nom. = Akk.) = *vīnō* (Abl.) keine Kasusunterscheidung mehr; bei Wörtern wie *mōns* ›Berg‹ (Nom.), *mŏnte* (Akk. = Abl.), die in den verschiedenen Kasus ungleich viele Silben haben, kommen nur Akkusativ und Ablativ als Etyma der romanischen Formen in Frage (sp., it. *monte*, fr. *mont* ›Berg‹), bei *tĕmpus* ›Zeit‹ (Nom. = Akk.), *tĕmpore* (Abl.) dagegen nur Nominativ und Akkusativ (sp. *tiempo*, fr. *temps*, it. *tèmpo* ›Zeit‹).

Die Genera werden im allgemeinen auf zwei reduziert. Die Neutra werden hierbei meist zu Maskulina wie bei *vīnum* n. ›Wein‹ → *vīnus* m. oder seltener zu Feminina wie *fŏlium* n. ›Blatt‹ → *folia* f. Häufig finden sich Genuswechselerscheinungen wie *lĭber* m. ›Buch‹ → *librum* n. und *thesaurus* m. ›Schatz‹ → *thesaurum* n. bei Petron (s. Anh. II, 1), *pōpulus* f. ›Pappel‹ → m., *dolor* m. ›Schmerz‹ → f. (cf. Bouet et al. 1975, 110–113; Väänänen 1985, §§ 213–229). Verschiedene Pluralformen des Neutrums wie FOLIA ›Laub, Blätter‹ wurden im Spätlatein und in den romanischen Sprachen zu femininen Singularformen, so sp. *hoja*, fr. *feuille*, it. *foglia* ›Blatt‹.

Erhalten ist das Neutrum nur im Rumänischen,[3] im Italienischen in dem Typ *ILLAEC BRACCHIA ›die Arme‹ (Lausberg 1972, §§ 605–607) > *le braccia* ›id.‹, in einigen mittelitalienischen Dialekten, die z.B. neutrales [lo peʃʃo] ›der Fisch (kollektiv)‹ und maskulines [lu peʃʃu] ›der (einzelne) Fisch‹ unterscheiden, und im Zentralasturischen, das beim Adjektiv im Singular und beim pronominalen direkten Objekt Neutralformen auf [-o] kennt (*la nuiche ta fría* fem. ›die Nacht ist kalt‹ vs. *la leche ta frío* neutr. ›die Milch ist kalt‹: »Bei nicht zählbaren semantischen Einheiten« Berschin et al. 1987, 61). Schließlich sind neutrale Pluralformen auf -ŌRA im Altitalienischen, im Rumänischen und in zentral- und süditalienischen Dialekten erhalten (z.B. südital. *campu* ›Feld‹, *cámpora*, *casa* ›Haus‹, *cásora*: Lausberg 1972, § 642). Auch sonst gibt es vereinzelte Überreste wie den neutralen Artikel im Spanischen (*lo bueno* ›das Gute‹) und neutrales sp. *ello*, afr. *el* ›es‹ < ILLUD ›das dort‹.

Die Adjektive werden im Lateinischen wie die Substantive dekliniert, doch gibt es Adjektive nur in der I., II. und III. Deklination:

I. und II. Deklination			III. Deklination		
Mask.	Fem.	Neutrum	Mask.	Fem.	Neutrum
bŏnus	*bŏna*	*bŏnum* ›gut‹	*cĕler*	*cĕleris*	*cĕlere* ›schnell‹
nĭger	*nĭgra*	*nĭgrum* ›schwarz‹	*fŏrtis* =	*fŏrtis*	*fŏrte* ›stark‹
līber	*lībera*	*līberum* ›frei‹	*vĕtus* =	*vĕtus* =	*vĕtus* ›alt‹

---

[3] Es ist hier die Kategorie ambigener Nomina, die im Singular maskulin und im Plural feminin sind (Tagliavini 1998, 196) wie *foc* ›Feuer‹, Plural *focuri* und *timp* ›Zeit; Wetter‹, Plural *timpuri*.

Auch bei den Adjektiven wird das Neutrum aufgegeben, wodurch zweiendige Wörter wie *fŏrtis, fŏrte* und *grăndis, grănde* einendig wurden. In der III. Deklination wurde im Altfranzösischen teilweise die Genusunterscheidung analog eingeführt (Berschin et al. 1978, 80); so bei GRANDIS > afr. *grant* ›groß (fem.)‹ → *grande*.[4]

Der Komparativ wird im klassischen Latein durch *-ior, -ius*, der relative und absolute Superlativ durch *-ĭssimus, -a, -um* (bei Adjektiven auf *-er* durch *-rimus, -a, -um*) gebildet:

Positiv	Komparativ		Superlativ
	mask. fem.	neutr.	
fŏrtis ›stark‹	*fŏrtior* ›stärker‹	*fŏrtius*	*fortissimus* ›der stärkste, sehr stark‹
cĕler ›schnell‹	*cĕlerior* ›schneller‹	*cĕlerius*	*celerrimus* ›der schnellste, sehr schnell‹

Bei Adjektiven auf *-us* mit vorangehendem Vokal wird der Komparativ analytisch mit *măgis* ›mehr‹, der Superlativ entsprechend mit *măximē* ›am meisten‹ gebildet, also *necessārius* ›notwendig‹ – *măgis necessārius* ›notwendiger‹ – *măximē necessārius* ›am notwendigsten‹. Im Spätlatein verbreiten sich dafür *plūs* ›mehr‹, *plūrime* ›am meisten‹, besonders seit Tertullian (um 160–nach 220): *necessārius* – *plūs necessārius* – *plūrime necessārius*. Diese neuen Formen sind in der Romania unterschiedlich verteilt. Die Randromania, also Hispanien und Dakien, erhält konservativeres MĂGIS, im Zentrum setzt sich PLŪS durch (Väänänen 1985, § 260; Rohlfs 1971, 35–36 und Karte 4):

MĂGIS FŎRTIS	›stärker‹	PLŪS FŎRTIS
sp. *más fuerte*, pg. *mais forte*		fr. *plus fort*, okz. *plus fort*
kat. *mes fort*, rum. *mai foarte*		eng. *plus fort*, it. *più forte*

Der relative Superlativ wird im Romanischen durch Artikel + Komparativ ausgedrückt: sp. *la cosa más cara*, afr. *la riens plus chiere*, it. *la cosa più cara* ›die teuerste Sache‹ (Väänänen 1985, § 261), der absolute Superlativ wird im Iberoromanischen und Italienischen durch buchwörtlich im 16. Jh. wieder eingeführtes *-ĭssimo*, daneben wie im Französischen analytisch durch Adverbien + Adjektiv ausgedrückt, s. Lausberg (1972, §§ 684–687).

Das klassische Latein kennt keinen Artikel und kein nicht-reflexives Personalpronomen der 3. Person; in letzterer Funktion wurde das Demonstrativum *is* ›er‹ verwendet, das im Romanischen nicht fortgesetzt wird. Die wichtigsten Neuerungen im Vulgärlatein sind die Entwicklung des Artikels und des neuen Personalpronomens der 3. Person – beide aus dem Demonstrativum ILLE ›jener‹ –, die Entwicklung klitischer Pronomina sowie die Umstrukturierung des Systems der Demonstrativpronomina.

Der bestimmte Artikel entstand aus der anaphorischen, d.h. zurückverweisenden Verwendung der Demonstrativpronomina. Der anaphorische Gebrauch von ĬLLE ›jener‹ und IPSE ›selbst‹ > ›derselbe‹ (statt *idem*) findet sich im Spätlatein sehr häufig, z.B. im *Itinerarium Egeriae*: *montes illi, inter quos ibamus* (Iliescu/Slusanski 1991, 133) ›die Berge, zwischen denen wir gingen‹; *Vallis autem ipsa ingens est ualde* (ib.) ›aber dieses Tal ist

---

[4] Die alte Femininform findet sich noch in Ausdrücken wie *grand-chose* (in *pas grand-chose* ›nicht viel‹), *grand-croix* ›Großkreuz‹, *grand-mère* ›Großmutter‹, s. Berschin et al. (1978, 121); Lausberg (1972, § 676).

sehr groß‹. Die beiden Wörter ILLE und IPSE reduzieren sich vermutlich im 6. Jh. allmählich zu Einsilbern (Durante 1981, 44). Der Gebrauch des bestimmten Artikels »überhaupt ist noch gemeinromanisch und teils eigenständig umgangssprachlicher Entwicklung, teils griechischem Adstrat-Einfluß« zuzuschreiben. (Lausberg 1972, § 743; s. unten S. 93).[5]

			span.	afr.	ital.
mask.	Sing.	ILLE, *ILLĪ	—	*l', li*	*l', il*
		ILLUM	*el, (e)lo*	*lo, le*	*lo*
	Plur.	ILLĪ	—	*li*	*i, gli*
		ILLŌS	*(e)los*	*les*	—
fem.	Sing.	ILLA(M)	*la*	*la*	*la*
	Plur.	ILLĀS	*las*	*les*	*le*

Abb. 14: Entwicklung der Formen des bestimmten Artikels (nach Bouet et al. 1975, 140).

Der unbestimmte Artikel geht auf das Zahlwort ŪNUS ›ein‹ zurück: sp. *un(o)*, fr. *un*, it. *un*, ŪNA > sp. *una*, fr. *une*, it. *una*. Daher sind Ausdrücke wie fr. *un chien*, sp. *un perro* ohne Kontext mehrdeutig: ›a dog‹ oder ›one dog‹; nur selten sind Artikel und Zahlwort auch formal unterschieden wie in kalabr. *nu cani* ›a dog‹ vs. *unu cani* ›one dog‹ (Vincent 1988, 53). Im Iberoromanischen, Afr. und Aokz. ist der unbestimmte Artikel pluralisierbar: sp. *unos libros* ›einige Bücher‹ (Lausberg 1972, § 762). Die verschiedenen Theorien zur Entstehung des Artikels resümieren Kahane/Kahane in ihrer Rezension zu Dietrich (1973):

> The problem of the emerging article in VL: G.L. Trager [...] explains it in sociolinguistic terms as an internal development, a pattern of folk speech reflecting the democratizing spirit of expanding Christianity. E. Löfstedt [...] opts for internal linguistic causation: weakening of the pronouns [...] and collapse of the inflectional system [...]. The Greek rôle has been stressed in varying phrasings: Wartburg [...] sees in the contrast between presence and absence of the article in VL a distinction between concreteness and abstraction, and derives this function from Greek, with Latin reflections in the Vulgate. Rohlfs [...] ascribes to translations from Greek a fresh impulse to the surge of the article, preëxistent in Latin as a tool of identification. This hypothesis, one is tempted to add, approaches the result which D[ietrich]. reaches in his case history of the aspectual periphrase (326): an indigenous Latin feature restructured through a Greek paradigm, whose impact was exerted largely via translations of the sacral genre. (Kahane/Kahane 1978, 648).

Die Pronominalflexion ist insgesamt konservativer als die Nominalflexion. Bei den Personalpronomina bleibt der Unterschied zwischen dem Nominativ (EGO, TU) und dem Akkusativ (ME, TE) praktisch in allen romanischen Sprachen erhalten – außer im Oberitalienischen, wo der Akkusativ bzw. Dativ an die Stelle des Nominativs tritt (Tagliavini 1998, 204). Das Personalpronomen der 3. Person geht – wie der bestimmte Artikel – auf Formen von ILLE, die teils analogisch zum Relativ- und Interrogativpronomen QUI gebildet wurden, zurück.[6] So wurde ILLE vermutlich schon seit dem 6. Jh. teilweise durch *ILLĪ ersetzt. In it. *egli* ›er‹ ist [ʎ] satzphonetisch bedingt: ILLI EST > [illjest] > *egli è* (Tagliavini 1998, 204).

---

[5] Zur Entwicklung des Artikels s. Blasco Ferrer (1994, 233–237); Lausberg (1972, §§ 743–745, 762); Löfstedt (1956 I, 358–382); Meier (1996, 67–68); Renzi (1980, 77–80); Schmitt (1987); Selig (1992); Tagliavini (1998, 204); Väänänen (1985, § 275).

[6] S. Herman (1997, 82–83); Lausberg (1972, §§ 716–722); Väänänen (1985, § 276).

	span.	franz.	ital.		franz.	ital.
ILLE >	él	—	—	*ILLĪ >	il	egli
ILLA >	ella	elle	ella	*ILLŪI >	lui	lui
ILLU(D) >	ello	afr. el ›es‹	—	*ILLÁEI >	afr. *liei > li	lei
ILLOS >	ellos	eux	—	ILLÓRU(M) >	—	loro
ILLAS >	ellas	elles	élleno			

Abb. 15: Entwicklung des Personalpronomens der 3. Person.

Das klassische Latein kannte keine klitischen, d.h. unbetonten Pronomina. Im Vulgärlatein entwickelt sich die Unterscheidung betonter und unbetonter Formen, die sich entsprechend im Romanischen findet: »Die Unterscheidung der Akzentuierungsgrade selbst ist bereits vlt., wie die Verbreitung dieser Unterscheidung über die Gesamtromania zeigt.« (Lausberg 1972, § 705). Die betonten Formen stehen nach Präpositionen (sp. *de mí*, fr. *de moi*, it. *di me* ›von mir‹), die unbetonten stehen vor (dann heißen sie proklitisch) oder nach einem betonten Wort (enklitisch). So steht in *pàter me vídet* ›der Vater sieht mich‹, *nùnc me vídet* ›nun sieht sie mich‹ das Pronomen *me* enklitisch zu *pater* bzw. zu *nunc*, proklitisch zu *videt*. Das unbetonte Pronomen konnte ursprünglich nicht am Satzanfang stehen, sondern mußte vor sich ein betontes Wort haben. Diese Regel ist als »Tobler-Mussafia-Gesetz« bekannt.[7] So zum Beispiel: *ad hanc me fortunam frugalitas mea perduxit* ›zu diesem Wohlstand hat mir meine Anspruchslosigkeit verholfen‹ (Petr. 75, 10) und *sustuli me de negotiatione* ›ich bin aus dem Handelsgeschäft ausgestiegen‹ (Petr. 76, 9). In diesen Fällen steht *me* enklitisch (*hanc-me, sustuli-me*: Bourciez 1967, § 118). Die Regel gilt heute noch im europäischen Portugiesisch (*chamo-me Carlos* ›ich heiße Karl‹), in den übrigen Sprachen ist sie dahingehend gelockert worden, daß die unbetonten Pronomina auch am Satzanfang stehen können, also sp. *me llamo Carlos* ›id.‹ usw.[8] Abb. 16 zeigt die Entwicklung der Formen. In der 1. und 2. Person sind Dativ und Akkusativ zusammengefallen.

klassisch-lateinisch	vulgärlat.	spanisch	französisch	italienisch
MIHI ›mir‹, MĒ ›mich‹	MI, ME	me	me, m'	mi, m'
TIBI ›dir‹, TĒ ›dich‹	TI, TE	te	te, t'	ti, t'
NŌBĪS, NŌS ›uns‹	NOS	nos	nous	(ci < *ECCE HIC)
VŌBĪS, VŌS ›euch‹	VOS	os	vous	vi, v'
ILLĪ ›ihm‹, ›ihr‹	LI, LI	le	(lui < *ILLUI)	gli (le (f.) < *ILLAE)
ILLUM ›ihn‹, ILLUD ›es‹	LU	lo	le, l'	lo, l'
ILLAM ›sie‹	LA	la	la, l'	la, l'
ILLĪS ›ihnen‹	LIS	les	(leur < ILLORU)	(loro < ILLORU)
ILLŌS ›sie (m.)‹	LOS	los	les	li
ILLĀS ›sie (f.)‹	LAS	las	les	le

Abb. 16: Entwicklung der klitischen Pronomina (adaptiert nach Lausberg 1972, §§ 726–731).

---

[7] Blasco Ferrer (1994, 147–148); Durante (1981, 139). Da dieses Gesetz nur die unbetonten Objektpronomina betrifft, ist es ein Spezialfall des sog. »Wackernagelschen Gesetzes«, nach dem bestimmte Partikeln wie *autem* ›aber‹, *enim* ›denn, nämlich‹, *quis* ›irgendwer‹ im klassischen Latein nicht am Satzanfang stehen, cf. Bouet et al. (1975, 93); Wackernagel (1892).

[8] Reste der alten Regel – Enklise nach finitem Verb im Indikativ – finden sich noch in feststehenden Formeln wie it. *affíttasi* ›man vermietet‹, sp. *alquílase* ›id.‹, im Spanischen in bestimmten Fällen auch als hochsprachlich markierte Struktur (s. Kiesler 1999, 23–24).

Beim Demonstrativpronomen unterscheidet das Lateinische drei Nähegrade, »die den drei Nähegraden der Personen des Verbums« entsprechen (Lausberg, 1972, §§ 738–742; Väänänen 1985, §§ 269–274): *hĭc* ›dieser‹ – *ĭste* ›der da‹ – *ĭlle* ›jener‹; *hĭc* lebt im Romanischen nicht fort. Das dreigradige System wird in einem konservativen Raum, der das Ital., Sard., Kat., Span. und Port. umfaßt, durch »Um-Morphologisierung« erhalten, im Rum., Rätoroman., Fr. und Okz. auf ein zweistufiges reduziert (Lausberg 1972, § 741). Die romanischen Sprachen spiegeln dabei formal verschiedene vulgärlateinische Lösungen wider.

klt.	vulgärlat.	spanisch	vulgärlat.	italienisch
HĬC > Ø → ĬSTE >		*este* ›dieser‹	ĔCCU ĬSTU >	*questo* ›dieser‹
ĬSTE →	IPSE ›selbst‹ >	*ese* ›der da‹	ĔCCU TĬ(BI) ĬSTU >	*codésto* ›der da‹
ĬLLE →	*ACCU ĬLLE >	*aquel* ›jener‹	ĔCCU ĬLLU >	*quello* ›jener‹

vulgärlat.	altfranzösisch
ĔCCE ĬSTE >	*cist, (i)cest* ›dieser‹, fr. *cet, ce*
ĔCCE ĬLLE >	*cil, (i)cel* ›jener‹, fr. *celui* < *ĔCCE ĬLLÚI

Die verschmolzenen Formen *eccistam* ›diese da‹, *eccillum* ›jenen da‹ (eigentlich »schau, jener da«) finden sich schon bei Plautus.

6.2. Verbalmorphologie

In der Verbalmorphologie unterscheidet das klassische Latein drei Personen, zwei Numeri (Singular, Plural), drei finite (Indikativ, Konjunktiv, Imperativ) und fünf infinite Modi (Infinitiv, Partizip, Gerundium, Gerundivum, Supinum), zwei Diathesen (Aktiv, Passiv), sechs Tempora und zwei Aspekte (*infectum*: Präsens, Imperfekt, Futur I; *perfectum*: Perfekt, Plusquamperfekt, Futur II). Formal werden die lateinischen Verben in vier Konjugationsklassen eingeteilt, daneben gibt es unregelmäßige Verben.[9] Dieses Verbalsystem ist in der Entwicklung zum Romanischen im allgemeinen gut erhalten; die drei wichtigsten Änderungen sind der Schwund klassisch-lateinischer Formen, Umstrukturierungen und Entstehung neuer analytischer Formen und Funktionen im Bereich des Passivs und der Modi und Tempora, und die Entwicklung eines neuen Systems aspektueller Verbalperiphrasen.

Die folgenden klassisch-lateinischen Formen sind größtenteils geschwunden: der Indikativ Plusquamperfekt (*cantāveram* ›ich hatte gesungen‹, der allerdings noch im Afr., Aokz., Sp. und Pg. fortlebt: im Portugiesischen und teils im Spanischen als Plusquamperfekt, im Spanischen als Konj. Imperf.: *cantara*); der Indikativ Futur II (*cantāverō* ›ich werde gesungen haben‹) und der Konjunktiv Perfekt (*cantāverit* ›er habe gesungen‹), die fusioniert noch im Altrum. und im Pg. und Sp. als Konj. Futur (sp. *cantare*) fortleben

---

[9] Lit. zur Verbalmorphologie: Battisti (1949, 228–262); Berschin et al. (1978, 80–83); Herman (1997, 83–96); Lausberg (1972, §§ 787–948); Maurer (1959, 121–163); Meier (1996, 69–70); Palmer (2000, 187–189); Tagliavini (1998, 205–207); Väänänen (1985, §§ 293–342); Voßler (1953, 115–141).

(Lausberg 1972, § 827); der Konjunktiv Imperfekt (*cantārem* ›ich würde singen‹), der in gleicher Funktion im Sardischen und als »persönlicher Infinitiv« im Portugiesischen fortlebt (ib. §§ 809–812).

Vollständig geschwunden sind die Formen des Indikativ Futur (*cantābō* ›ich werde singen‹: ersetzt durch Periphrasen wie CANTARE HABEO ›ich habe zu singen‹ – s. S. 39; 94),[10] die Futurformen des Imperativs (*cantātō* ›du sollst singen‹) und die synthetischen Formen des Passivs (*amor* ›ich werde geliebt‹: ersetzt durch Periphrasen). Von den fünf infiniten Verbformen sind geschwunden: der Infinitiv Perfekt (*cantāvisse* ›gesungen (zu) haben‹, ersetzt durch *HABERE CANTATU(M) > fr. *avoir chanté* usw.) und der Infinitiv Futur (*cantātūrum esse* ›singen werden‹); der Infinitiv Präsens Passiv (*cantārī* ›gesungen werden‹, ersetzt durch CANTATU(M) ESSE), der Infinitiv Futur Passiv (*cantātum īrī* ›werden gesungen werden‹) und der Infinitiv Perfekt Passiv (*cantātum esse* ›gesungen worden (zu) sein‹, ersetzt durch *HABERE STATU(M) CANTATU(M)). Ebenso sind die Partizipien des Präsens (*cantāns* ›singend‹) und des Futurs (*cantātūrus* ›einer, der singen wird/will‹) geschwunden; das Partizip Präsens wurde im Spätlatein durch den Ablativ des Gerundiums ersetzt (Lausberg 1972, § 814): klt. *cantans ambulat* ›singend geht er spazieren‹ → spätlat. AMBULAT (IN) CANTANDO ›id.‹. Das Gerundivum (*cantandus* ›ein zu singender‹) ist ebenso geschwunden wie die Formen des Supinums (*vēnātum īre* ›auf die Jagd gehen‹; *facilis dictū* ›leicht zu sagen‹ → vlt. AD + Infinitiv: *FACILIS AD DICERE). Schließlich sind auch die Deponentia – Verben mit passiver Form aber aktiver Bedeutung wie *hortārī* ›ermahnen‹, *luctārī* ›kämpfen‹, *partīrī* ›teilen‹, *loquī* ›reden‹ – geschwunden bzw. als aktive Verben verwendet worden. So finden sich schon bei Plautus *hortare, luctare, partire* (Väänänen 1985, § 294; cf. Lausberg 1972, § 792), *loquĕre* bei Petron (s. Anh. II, 1).

Das Gerundium bleibt z.T. erhalten: CANTANDO > sp., it. *cantando*, fr. *chantant* (s. Lausberg 1972, §§ 816–821); als Genitiv des Infinitivs wird es gemeinromanisch durch DE + Infinitiv ersetzt: *ars scribendi* ›die Kunst des Schreibens‹ → vlt. *ARTE DE SCRIBERE > sp. *el arte de escribir*, fr. *l'art d'écrire*, it. *l'arte dello scrivere*.

Die vier lateinischen Konjugationsklassen sind im Romanischen allgemein erhalten, nur im Spanischen, Portugiesischen, Mazedorumänischen und im Sardischen durch Fusion der II. und III. Konjugation auf drei reduziert.

	lateinisch	spanisch	französisch	italienisch	
I.	CANTĀRE >	cantar	chanter	cantare	›singen‹
II.	HABĒRE >	haber	avoir	avere	›haben‹
III.	VENDĔRE >	vender	vendre	véndere	›verkaufen‹
IV.	DORMĪRE >	dormir	dormir	dormire	›schlafen‹

Die Fusionstendenz zwischen der II. und der III. Konjugation ist allerdings lateinisch und gemeinromanisch (Lausberg 1972, § 790) und zeigt sich im häufigen Übergang von Verben in die eine oder andere Richtung. Folgende Verben sind z.B. von der II. in die III. Konjugation übergegangen: RIDĒRE ›lachen‹ > *RIDĔRE, ĀRDĒRE ›brennen‹ > *ARDĔRE, RESPON-

---

[10] Nur vereinzelte Formen wie sp. *eres* ›du bist‹ < ERIS ›du wirst sein‹, afr. *er* < ERŌ ›ich werde sein‹ und ait. *fie* < FĪET ›er wird werden‹ wurden erhalten (Tagliavini 1998, 206).

DĚRE ›antworten‹ > RESPÓNDĚRE > fr. *répondre*, it. *rispóndere*, MORDĚRE ›beißen‹ > MÓR-
DĚRE > fr. *mordre*, it. *mòrdere*. Und umgekehrt von der III. in die II. Konjugation: SAPĚRE
›schmecken; verstehen‹ > *SAPĒRE[11] > sp. *saber*, fr. *savoir*, it. *sapére*, CADĚRE ›fallen‹ >
*CADĒRE > sp. *caer*, afr. *cheoir*, fr. *choir*, it. *cadére*.

Die Verben der II. und III. Konjugation, die in der 1. Person Sg. ein [-j-] haben, gehen
öfters in die IV. Konjugation über (Lausberg 1972, § 926): FUGIO/FUGĚRE ›fliehen‹ > FUGI-
RE > sp. *huír*, fr. *fuir*, it. *fuggire*, MORIO/MORĚRE ›sterben‹ > *MORĪRE > sp. *morir*, fr. *mou-
rir*, it. *morire*, PETIO/PETĚRE ›bitten‹ > PETĪRE > sp., pg. *pedir*, rum. *peţí*, FLORIO/FLORĚRE
›blühen‹ > FLORĪRE > fr. *fleurir*, it. *fiorire*. Bei dem Wechsel der Konjugationsklassen
spielen analogische Einflüsse eine große Rolle, und so werden auch geläufige
unregelmäßige Verben regularisiert, insbesondere (Väänänen 1985, § 315): *velle* ›wollen‹ >
*VOLĒRE > fr. *vouloir*, it. *volére* ›id.‹; *posse* ›können‹ > *POTĒRE > sp. *poder*, fr. *pouvoir*, it.
potére ›id.‹; *esse* ›(da)sein‹ > *ESSERE > fr. *être*, it. *èssere* ›id.‹; *sufferre* ›ertragen‹ >
*SUFFERĪRE > sp. *sufrir*, fr. *souffrir*, it. *soffrire* ›id.‹.

Die wichtigsten funktionellen Umstrukturierungen im lateinischen Verbalsystem betreffen einerseits das Passiv, andererseits das Teilsystem der Modi und Tempora. Die synthetischen Formen des Passivs waren um die Mitte des 5. Jh. n. Chr. sämtlich geschwunden. So wurde der Typ *amor* ›ich werde geliebt‹ durch das ursprüngliche Perfekt
AMĀTUS, -A SUM ›ich bin geliebt worden‹ ersetzt. Nachdem *amātus sum* präsentische
Bedeutung angenommen hatte, wurde für das Perfekt die schon altlateinisch belegte Form
AMATUS FUI »ich bin geliebt gewesen« eingesetzt und auf diese Weise das ganze System
des Passivs neu aufgebaut.[12] Neben der im engeren Sinne passivischen Funktion in *amātus
sum* trat für die mediale Funktion, die klassisch-lateinisch ebenfalls durch das Passiv
ausgedrückt wurde, das Reflexivum ein: *vocātur* ›er heißt‹ → SE VOCAT → it. *si chiama*
›id.‹ (s. oben Kap. 4). Das unpersönliche Passiv wird ebenfalls durch das Reflexivum
ersetzt: *saltātur* ›es wird getanzt‹ → spätlat. SE BALLAT > it. *si balla* ›man tanzt‹ usw.

Bezüglich der Tempora unterschied das klassische Latein zwei Aspekte, nämlich das
infectum besonders für nicht abgeschlossene Handlungen, und das *perfectum* besonders für
abgeschlossene Handlungen. Die sechs Tempora verteilten sich so auf zwei Reihen:

infectum	Imperfekt	–	Präsens	–	Futur I
	cantābam		*cántō*		*cantābō*
perfectum	Plusquamperfekt	–	Perfekt	–	Futur II
	cantāveram		*cantāvī*		*cantāverō*

Dieses System wurde nun teilweise verändert, und zwar durch die Bildung neuer
Futurformen, durch die Bildung eines neuen analytischen Perfekts, durch die Entstehung

---

[11] Mit Einfluß von *habēre*, cf. *habui* : *habēre* = *sapui* : x (Väänänen 1985, § 314).
[12] Zum Passiv s. Lausberg (1972, §§ 862–867); Väänänen (1985, §§ 297–298); Voßler (1953, 119–
121).

der beiden romanischen Konditionalformen sowie die Entstehung der neuen Formen des Vorpräteritum.[13]

Abb. 17 zeigt die Grundlinien der Entwicklung der Tempora, teils auch der Modi. Auffällig ist hierbei die »Komplexierung« des Systems, insofern den sechs klassisch-lateinischen Formen nun zehn vulgärlateinische gegenüberstehen: neben den ererbten bzw. ersetzten das neue zusammengesetzte Perfekt HABEO CANTATUM > *AIO CANTATO, das neue Vorpräteritum HABUÎ CANTATUM und die beiden Formen des Konditionals CANTARE HABEBAM und *HABERE HABEBAM CANTATUM. Das Hilfsverb bei der Bildung des neuen zusammengesetzten Perfekts war zunächst HABERE bei transitiven, ESSE bei intransitiven Verben. In der Randromania, d.h. im Portugiesischen, Spanischen, Katalanischen und Rumänischen, hat sich schließlich HABERE für alle Verben durchgesetzt (im Pg. wiederum durch TENERE ersetzt), während das Zentrum die alte Unterscheidung mit einzelsprachlichen Unterschieden beibehält (Lausberg 1972, § 858). Wir haben also:

*HABEO (TENEO) VENITU ›ich bin gekommen‹	*SUM VENUTU
pg. *tenho vindo*, sp. *he venido*	fr. *je suis venu*, aokz. *soi vengutz*
kat. *he vingút*, rum. *am venít*	it. *sono venúto*, sard. *bénnidu so*

Bei den Perfektpartizipien breiten sich die Formen auf *-utus* aus, sie werden im Kat., Okz., Fr., Rätoroman., It. und Rumän. »zum Leittyp der Partizipialbildung« der II. und III. Konjugation (Lausberg 1972, § 912). Dieser Typ ist im Sard. unbekannt (hier wird *-itus* bewahrt), ebenso im Pg. und Sp., wo sich nach dem Muster der IV. Konjugation *-ítus* durchgesetzt hat. So erklären sich die Unterschiede in dem eben zitierten Beispiel ›ich bin gekommen‹, und ebenso

›gewußt‹	sp. *sabido* < *SAPITU	VS.	SAPÚTU >	fr. *su*	it. *saputo*;
›gehabt‹	sp. *habido* < *HABITU		HABÚTU >	fr. *eu*	it. *avuto*;
›gehabt‹	sp. *tenido* < *TENITU		TENÚTU >	fr. *tenu*	it. *tenuto*.

Konstruktionen des Typs *cognitum habeo* ›ich kenne genau, habe durchschaut‹, *scriptum habeo* ›ich habe etwas Geschriebenes‹ waren in vorklassischer Zeit geläufig, jedoch mit voller Eigenbedeutung beider Bestandteile (Väänänen 1985, § 300): *tē cognitum habeō* »ich habe dich als erkannten«, d.h. ›ich (habe dich kennengelernt und) kenne dich durch und durch‹ (Rubenbauer/Hofmann 1995, 242). In dem Maße, in dem sich die Eigenbedeutung von *habere* abschwächt, entwickelt sich die Konstruktion zu einer periphrastischen Verbform: von der gemeinromanischen Basis *magister habet scriptum librum*, welche »die Abgeschlossenheit eines Ereignisses« bezeichnet – wie sp. *el profesor tiene escrito un libro* – zur reinen Tempusform – wie sp. *el profesor ha escrito un libro* (Berschin et al. 1978, 139). Gleichzeitig entwickelt sich die Anordnung Partizip + HABERE, wie sie in den folgenden Beispielen und noch im Sard. sowie fakultativ im Rumän. (Lausberg 1972, § 856) vorliegt, zu der in den übrigen romanischen Sprachen üblichen HABERE + Partizip.

---

[13] Das Vorpräteritum (fr. *passé antérieur*, it. *trapassato remoto*, sp. *pretérito anterior*) gehört heute ausschließlich der Schriftsprache an und kommt im Französischen vorwiegend, im Italienischen und Spanischen ausschließlich in Temporalsätzen vor (Kiesler 1999, 320).

klass.-lat.	vulgärlateinisch	spanisch	altfranzösisch	französisch	italienisch	Tempus / Modus
CANTŌ	(1) ...	*canto*	*chant*	*je chante*	*canto*	Präsens
CANTĀBAM	(2) ...	*cantaba*	*chantöe*	*je chantais*	*cantavo*	Imperfekt
CANTĀBŌ →	(3) CANTARE HABEO/*AIO	*cantaré*	*chanterai*	*je chanterai*	*canterò*	Futur
CANTĀVI	(4) CANTÁ(V)I	*canté*	*chantai*	*je chantai*	*cantai*	einfaches Perfekt
	(5) + HABEO CANTATU(M)	*he cantado*	*ai chanté*	*j'ai chanté*	*ho cantato*	zus.-ges. Perfekt
CANTĀVERAM	CANTÁ(VE)RA(M)	*cantara* (Konj. Imperf.)			südit. *cantara* (Konditional)	
	(6) + HABEBA(M) CANTATU(M)	*había cantado*	...	*j'avais chanté*	*avevo cantato*	Plusquamperfekt
CANTĀVERŌ	(7) + HABUI CANTATU(M)	*hube cantado*	...	*j'eus chanté*	*ebbi cantato*	Vorpräteritum
× Konj. Perf. CANTÁ(VE)RI(M)	*cantare*	*cantare*	—	—	—	Konj. Futur
	(8) + *HABERE HABEO CANTATU(M)	*habré cantado*	...	*j'aurai chanté*	*avrò cantato*	Futur II
	(9) + CANTARE HABEBA(M)	*cantaría*	*chanteroie*	*je chanterais*	*canterei* <CANTARE HABUI	Konditional
	(10) + *HABERE HABEBA(M) CANTATU(M)	*habría cantado*	...	*j'aurais chanté*	*avrei cantato* <*HABERE HABUI CANTATUM	Konditional II
Konj. Plusquamperf. CANTĀ(VI)SSE(M)		*cantase*	*chantasse*	*je chantasse*	*cantassi*	Konj. Imperf.

Abb. 17: Entwicklung der Tempora (und Modi) im Aktiv.

(1) episcopum invitatum habes (Gregor von Tours, *Vit. Patr.* 3, 1)
›du hast den Bischof eingeladen‹ (statt: *invita(vi)sti*).

(2) omnia probatum habemus (Oribas., *Syn.* 7, 48) ›wir haben alles gebilligt‹.

(3) metuo enim, ne ibi vos habeam fatigatos (Aug. *Serm.* 37, 17: Väänänen 1985, § 300)
›denn ich fürchte, daß ich euch ermüdet habe‹, sp. pues temo haberos cansado (ib.), fr. car je crains vous avoir fatigués (Väänänen 1967, § 300).

Für das Französische sind schließlich zu Abb. 17 noch die »formes surcomposées« zu ergänzen, also der Typ *j'ai eu chanté* ›ich habe gesungen gehabt‹; diese Formen sind »seit dem 13. Jh. belegt, aber erst im Mittelfranzösischen grammatikalisiert« (Berschin et al. 1978, 154). Sie setzen ein *HABEO HABUTU(M) CANTATU(M) voraus.

Die Entwicklung der Verbalperiphrasen ist noch relativ wenig erforscht. Dietrich (1996) unterscheidet in seinem grundlegenden Artikel fünf Kategorientypen, nämlich diathetische (Passiv, Kausativ), temporale, aspektuelle (u.a. Wiederholung, Schau und Phase), situierende (z.B. fr. *commencer par* + Inf. ›zunächst/anfangs etwas tun‹) und modale Verbalperiphrasen (z.B. sp. *tener que* + Inf. ›müssen‹). Am bedeutendsten ist die Entwicklung eines Systems aspektueller Verbalperiphrasen besonders zum Ausdruck der »Schau«. Für diese Verbalperiphrasen gab es im klassischen Latein keine Muster, wohl aber im Griechischen, daher ist hier griechischer Einfluß wahrscheinlich (S. 94).[14] Die »Schau« ist »die wohl typischste romanische Aspektkategorie« (Dietrich 1996, 224), mit der der Sprecher die Verbalhandlung entweder ganzheitlich betrachtet (globale Schau) oder aber partiell bzw. ausschnittsweise (partialisierende Schau). Bei der *globalen Schau* wird die Handlung »als eine geballte Einheit [gesehen], die keinen Gedanken an einzelne Verlaufsmomente zuläßt«, wodurch sich leicht Redebedeutungen wie ›schnell‹, ›unerwartet‹, ›überraschend‹ u.ä. ergeben (ib. 232). Diese typisch umgangssprachliche Kategorie wird durch Verben mit der Bedeutung ›nehmen‹ in kopulativer Konstruktion ausgedrückt, z.B. in sp. *tomó y se fue* ›dann ging er auf einmal weg‹, pg. *vou eu e digo* ›da gehe ich her und sage‹. Griechische Vorbilder sind z.B. *elthōn* ›kommen, gehen‹ in kopulativer Konstruktion, d.h. mit der Bedeutung ›kommen und‹:

(4) elthóntes parekálesan autoús (*Acta* 16, 39), ›kamen und ermahneten sie‹ (Luther)
sp. tomaron y les rogaron (Dietrich 1998, 126)

gegenüber einfachem *rogabant* ›baten sie‹ in der *Vulgata*.

(5) proēgen autous heōs elthōn estáthē epánō ou en tò paidíon (Matth. 2, 9)
usquedum *veniens staret* supra, ubi erat puer (*Vulg.*: Dietrich 1973, 313)
›bis daß er kam und stand oben über, da das Kindlein war‹ (Luther)
sp. hasta que fue y se detuvo (Dietrich 1973, 253)

---

[14] »Es gab also im Lateinischen zumindest bis ins 2. nachchr. Jahrhundert so gut wie keine Vorbilder für die romanischen aspektuellen Verbalperiphrasen« (Dietrich 1973, 15). – »Für die Funktion der sekundären prospektiven Perspektive [das ist der Typ fr. *je vais chanter*] und für die Kategorie der Schau, für die keine Muster im klassischen Latein vorliegen, ist dagegen eine griechische Grundlage wahrscheinlich, da im Griechischen analoge Funktionen und analoge Periphrasen existierten.« (Dietrich 1996, 233).

Bei der *partialisierenden Schau* wird die Handlung ausschnittsweise gesehen, »zwischen zwei Punkten ihres Ablaufs« (Dietrich 1996, 231), z.B. in sp. *estoy trabajando* ›ich arbeite gerade, ich bin beim/am Arbeiten‹.[15] Dieser Prototyp der Aspektperiphrase – ›sein‹ + Partizip Präsens (»Winkelschau«) – wurde in der Kaiserzeit aus dem Griechischen entlehnt: gr. *ēn didáskōn* → lat. *erat docens* ›er predigte‹ (Matth. 7, 29; sp. *les estaba enseñando*: Dietrich 1973, 213). Eine besonders wichtige Rolle spielen hierbei die Übersetzungen im Bereich des christlichen Schrifttums. Im Neuen Testament werden Ereignisse viel mehr als früher »nicht zusammenfassend referiert und beurteilt, sondern in ihrem Ablauf selbst dargestellt«, daher finden sich hier häufig Periphrasen für die partialisierende Winkelschau (Dietrich 1973, 213):

> (6) kai ēn didáskōn tò kath' ōméran en tō ierō (Luc. 19, 47)
> et erat docens quotidie in templo (*Vulg.*), ›Und lehrete täglich im Tempel‹ (Luther)
> it. stava insegnando nel tempio (Dietrich 1973, 217).

> (7) êsan dè en Ierousalèm katoikoûntes Ioudaîoi (Acta 2, 5)
> erant in Ierusalem habitantes Iudaei (*Vulg.*), ›es waren Juden zu Jerusalem wohnend‹ (Luther)
> sp. estaban viviendo (Dietrich 1973, 219).

Im Romanischen wird die partialisierende Winkelschau auf der Grundlage von STARE bzw. *ESSERE + Gerundium ausgedrückt: sp. *estar* + Gerundium, afr. *estre* + Partizip Präsens, it. *stare* + Gerundium. Wir haben also lat. *est cantans* ›er singt (gerade)‹ → vlt. STAT (EST) CANTANDO > sp. *está cantando*, afr. *est chantant*, it. *sta cantando* ›id.‹ (Lausberg 1972, § 819; Meyer-Lübke 1899, 334–335).

6.3. Partikelmorphologie

Unter der Bezeichnung *Partikeln* werden in der lateinischen Grammatik die grundsätzlich unveränderlichen Wortarten Adverb, Präposition, Konjunktion und Interjektion zusammengefaßt.[16] Diese Wörter werden in den gängigen Handbüchern zum Vulgärlatein oft nicht zusammenhängend behandelt, so beispielsweise auch nicht bei Tagliavini (1998); Väänänen (1985); Voßler (1953). Die Interjektionen sind überhaupt noch nicht zusammenfassend untersucht und werden daher auch hier nicht behandelt. In der Entwicklung der Partikeln zeigen sich die gleichen Tendenzen zur Vereinfachung und Regularisierung sowie zur Bildung neuer analytischer Formen wie auch sonst.

Bei den Adverbien wurden die alten Bildungsweisen aufgegeben, u.a. Bildungen auf *-ē* (*vērē* ›wahrheitsgemäß‹), *-ō* (*necessāriō* ›notwendigerweise‹), *-(i)ter* (*celĕrĭter* ›schnell‹;

---

[15] Die Aspektperiphrasen stehen in Opposition zu den einfachen Formen: sp. *trabajo* ›ich arbeite‹ vs. *tomo y trabajo* ›ich mach' mich an die Arbeit‹ vs. *estoy trabajando* ›ich bin am Arbeiten‹.

[16] So z.B. bei Rubenbauer/Hofmann (1995, 23). – Lit. zu den Partikeln: Herman (1963; 1997, 115–117); Maurer (1959, 163–168); Lausberg (1972, §§ 688–704: Adv.); Meyer-Lübke (1899, 159–164, 461–531, 606–616); Petersmann (1977, 147–161, 239–261: zu Petron).

Maurer 1959, 163). Eine Reihe alter Adverbien ist erhalten, darunter BĔNĔ ›gut‹, MĂLĔ ›schlecht‹, HŎDIĔ ›heute‹, > sp. *bien, mal, hoy*; fr. *bien, mal*, afr. *hui*; it. *bene, male, oggi*. Und ebenso sind erhalten IA(M) ›schon‹, ILLĀC ›dorthin, dort‹, MULTUM ›viel, sehr‹ (das klassisches *valde* ›sehr‹ ersetzt), SEMPER ›immer‹ > sp. *ya, allá, mucho, siempre*; afr. *ja* (+ *de(s)* → *déjà*), fr. *là*, afr., mfr. *mout*, afr. *sempre(s)* ›sofort‹; it. *già, là, molto, sempre*.

Die wichtigste Neuerung im Vulgärlatein ist die periphrastische Adverbbildung mit dem Ablativ von *mēns* ›Geist‹. Diese Bildungsweise wurde in der späten Kaiserzeit in einem weiten Gebiet, welches dem heutigen Iberoromanischen, Französischen, Okzitanischen, Rätoromanischen, Sardischen und Mittel- und Norditalienischen entspricht, mechanisiert (Lausberg 1972, § 700):[17] *LENTA MENTE ›langsam‹ > sp., it. *lentamente*, fr. *lentement*. Andere analytische Bildungen des Vulgärlateins sind HĀC HŌRĀ ›zu dieser Stunde‹ (welches klt. *nŭnc* ›jetzt‹ ersetzt) > sp. *ahora*, afr., mfr. *or(e)*, it. *óra* ›jetzt‹; it. *adèsso* evtl. < AD ĬPSUM TĔMPUS ›zur selben Zeit‹. Hierher gehören auch die zahlreichen Erweiterungen mit ĔCCE, ĔCCU(M) ›schau, siehe‹ wie ĔCCE HĪC »schau hier« > fr. *ci, ici* ›hier‹, ĔCCU(M) HĪC > sp. *aquí*, it. *qui* und ĔCCU(M) HĀC > it. *qua* ›hier‹. Zu solchen oft pleonastischen Verbindungen, wie sie in der Umgangssprache gang und gäbe sind, s. Hofmann (1978, 97): »Die spätere Volkssprache wimmelt mit der zunehmenden Verblassung der Eigenbedeutung dieser Bindewörter von Abundanzen wie *ita sic* [»so so«], *sic taliter* [»so solcherart«], *etiam et* [»noch einmal und«, eigentlich »und schon (*et-iam*) und«], usw.«

Bei den sog. Pronominaladverbien des Ortes unterscheidet das klassische Latein zwischen »Ruhe« und »Bewegung« einerseits, andererseits innerhalb der »Bewegung« zwischen dem Ort, auf welchen die Bewegung hinzielt und demjenigen, von dem sie ausgeht. So z.B. in den folgenden Reihen: *ubi?* ›wo?‹ – *quō?* ›wohin?‹ – *unde?* ›woher?‹; *hīc* ›hier‹ – *hūc* ›hierhin‹ – *hinc* ›von hier‹; *ibi* ›da‹ – *eō* ›dahin‹ – *inde* ›von da‹. Im Vulgärlatein sind die Funktionen der »Ruhe« und der »Bewegung zu einem Ort« zusammengefallen. So findet sich *ubi* ›wo‹ für *quō* ›wohin‹ bei Apuleius (ca. 125–170 n. Chr.): *Ubi ducis asinum istum?* (Bourciez 1967, § 129) ›wo(hin) führst du diesen Esel da?‹; und der Grammatiker Caper (1. Jh.) sagt: *Haec via quo ducit dicemus, non ubi* (ib.) ›wir sagen: wohin führt dieser Weg, nicht: wo‹. Daneben wurde die Präposition AD auch bei Ortsnamen neben dem einfachen Akkusativ üblich: *EO AD ROMAM ›ich gehe nach Rom‹ (für klt. *eo Romam*) neben *eo in Italiam* ›ich gehe nach Italien‹. Schließlich hat DE die Präposition *ex* zur Bezeichnung des ›woher‹ ersetzt: *REDEO DE GALLIA (ib. § 124) ›ich komme aus (von) Gallien zurück‹. Wir haben also fr. *je suis à Rome* wie *je vais à Rome* vs. *je viens de Rome*, und it. *sono a Roma* wie *vado a Roma* vs. *vengo da Roma*; nur das Spanische unterscheidet hier wie das klassische Latein zwischen *estoy en Roma* und *voy a Roma* neben *vengo de Roma*.

Viele klassisch-lateinische Präpositionen sind geschwunden, u.a. *ăb* ›von‹, *ĕx* ›aus‹, *ŏb* ›vor; wegen‹, *praeter* ›an...vorbei‹, *prŏpter* ›neben‹ (Maurer 1959, 166). Erhalten sind u.a. ĂD ›zu, nach‹ > sp., it. *a*, fr. *à*; CŬM ›mit‹ > sp., it. *con*; DĔ ›von, aus‹ > sp., fr. *de*, it. *di*; ĬN ›in, an, auf‹ > sp., fr. *en*, it. *in*; ĬNFRĀ ›unten, darunter‹ > it. *fra*; ĬNTRĀ ›innerhalb‹ > it. *tra*;

---

[17] Cf. Väänänen (1985, § 201); Stefenelli (1981, 78 Anm. 139); der erste frühromanische Beleg findet sich in den *Reichenauer Glossen*, wo *Singulariter* durch *solamente* erklärt wird (ib.).

ĬNTER ›zwischen‹ > sp., fr. *entre*; PĔR ›durch‹ > it. *per* ›für‹, fr. *par*; PRŌ ›vor; für‹ > sp. *por*, fr. *pour*; SĪNE ›ohne‹ > sp. *sin*, fr. *sans*; SŬPER ›über‹ > sp. *sobre*, fr. *sur*. It. *su* stammt aus dem Adverb SŪSUM ›aufwärts; oben‹; it. *senza* ›ohne‹ < ABSĔNTIĂ ›in Abwesenheit von‹.

Daneben entstehen im Vulgärlatein viele zusammengesetzte Präpositionen wie ABANTE »von vor« (s. oben S. 38) und FORIS bzw. FORAS DE »von draußen von« (Bourciez 1967, §§ 125, 243; Meyer-Lübke 1899, 159–164). In der *Itala* heißt es z.B.: *tollite fratres vestros abante faciem sanctorum* (Levit. 10, 4: Meyer-Lübke 1899, 159) ›bringt eure Brüder von vor dem Heiligtum weg‹; die *Vulgata* hat hier dagegen eine einfache Präposition: *colligite fratres vestros de conspectu sanctuarii* ›bringt eure Brüder vom Anblick des Heiligtums weg‹. An einer anderen Stelle finden wir: *exeuntes foras de domo* (*Vulg.* Matth. 10, 14) ›herausgehend aus dem Haus‹; aus FORAS DE entstanden sp. *fuera de*, fr. *hors de*, it. *fuor di* und rum. *afară de* ›außer; außerhalb‹. Weitere vulgärlateinische Neubildungen sind u.a. *DEABANTE »von von vor« > fr. *devant*, it. *davanti* ›vor‹; DĒ ĬNTUS ›von drinnen‹ > fr. *dans*; DĒ INTRŌ »von herein« > sp., it. *dentro*; *AB HOC ›damit, mit‹ > fr. *avec*; DĒ ĂB »von von« > it. *da*; und DĒ ĔX »von aus« > asp. *des*, fr. *dès* ›von...an‹.

Bei den nebenordnenden Konjunktionen wird die klassisch-lateinische Unterscheidung von *et* ›und‹, -*que* ›id.‹ und *atque* ›id.‹ (Rubenbauer/Hofmann 1995, 259) aufgegeben; lat. ET > sp. *y*, fr. *et*, it. *e(d)* ›und‹: lat. PATER ET MATER ›Vater und Mutter‹ > sp. *padre y madre*, fr. *père et mère*, it. *padre e madre*. Lat. NĔC ›und nicht‹ bleibt erhalten als sp., fr. *ni*, it. *nè* (cf. Bsp. 30 S. 77). Bei den disjunktiven Konjunktionen wird entsprechend die klassisch-lateinische Opposition zwischen ausschließendem *aut* ›oder‹ und nicht-ausschließendem *vel* ›oder‹ sowie *sīve* ›id.‹ aufgegeben und wir erhalten AUT > sp. *o*, fr. *ou*, it. *o(d)* ›oder‹; AUT VERO ›oder wirklich‹ > it. *ovvero* ›oder‹. Die adversativen Konjunktionen *ăt* ›aber dagegen‹, *autem* ›aber, andererseits‹, *sĕd* ›aber, sondern‹ und *vērum* ›aber, sondern‹ sind geschwunden (Maurer 1959, 168); dafür tritt *măgis* im Sinne von *potius* ›vielmehr‹ ein: MĂGIS > sp. *mas*, fr. *mais*, it. *ma* ›aber, sondern‹ (Bourciez 1967 §§ 130, 251). Sp. *pero* ›aber, jedoch‹ stammt wie it. *però* ›id.‹ und afr. *poro, poruec* ›deshalb‹ (Stefenelli 1981, 78) aus spätlat. PĔR HŌC ›dafür, deshalb‹; sp. *sino* ›sondern‹ < *si no (es...)* ›wenn es nicht (...ist)‹.

Die Entwicklung der unterordnenden Konjunktionen ist hauptsächlich von drei Tendenzen geprägt, und zwar erstens von der Gebrauchsausweitung häufiger Konjunktionen wie *quod* und *quomodo* (s. Kap. 7.2), zweitens von der Herausbildung neuer zusammengesetzter Konjunktionen nach dem Muster (Präp. +) Pronomen + *quod* (Herman 1963, 264; 1997, 108–110), und drittens vom Schwund klassisch-lateinischer Konjunktionen. So sind u.a. die Konjunktionen *cum* ›als; da, weil‹, *nē* ›daß (nicht)‹, *quīn* ›id.‹, *quōminus* ›id.‹ und *ut* ›als; daß‹ vollständig geschwunden (cf. Hofmann 1978, 162).

Erhalten sind QUOD > rum. *că*, ait. *co*, südit. *ku* ›daß‹, QUID > sp., fr. *que*, it. *che* (Väänänen 1985, §§ 92, 375) und QU(I)A > asp., apg., sard., südital. *ca* ›daß‹. Weiterhin QUĂNDO > sp. *cuando*, fr. *quand*, it. *quando* ›als‹; QUŌMŌDŌ ›auf welche Weise, wie‹ > *QUOMO* > sp. *como*, fr. *comme*, it. *cóme*; SI > sp. *si*, afr. *se*, fr. *si*, it. *se* ›wenn‹ und DŬM ĬNTĔRIM ›während inzwischen‹ > asp. *demientras* (> sp. *mientras*), afr. *dementre(s)*, ait. *domentre* > it. *mentre* ›während‹. Dazu kommen einige analytische Neuerungen des Vulgärlateins, die erbwörtlich fortgesetzt wurden, so afr. *por o que, por ço que*, ait. *per ciò che*, it. *perchè*, sp. *porque* ›weil‹ < PRO (EO) QUOD ›id.‹ und Varianten; afr. *puis que* ›nachdem‹, it. *poi chè* usw. < POST QUOD, POSTEA QUOD ›id.‹ u.ä. (Herman 1963, 264; 1997, 110).

Andere vulgärlateinische Zusammenrückungen wie die kausalen *ab eo quod* »von dem, daß«, *per id quod* »wegen dem, daß« oder die temporalen *interim quod* ›inzwischen, unterdessen, daß‹, *mox quod* ›sobald als‹, *post quod* ›nachdem (daß)‹, *ante(a) quod* ›bevor (daß)‹ haben sich nicht in den romanischen Sprachen erhalten, diesen aber die Bildungsmuster für komplexe Konjunktionen wie »Präposition + (Pron. +) Konjunktion«, »Adverb + Konjunktion« u.ä. geliefert. Rein romanische Bildungen sind also finales fr. *pour que*, it. *perchè*, sp. *para que* ›damit‹,[18] konsekutives sp. *así que*, it. *sicchè* ›so daß‹ ← *(co)sì* + *che*, konzessives sp. *aunque* ← *aun* + *que*, fr. *bien que*, it. *benchè* ›obwohl‹ ← *ben(e)* + *che* (S. 78) usw.

Herman (1963, 264–265) weist darauf hin, daß das Sardische und das Rumänische – die Sprachen der beiden Gebiete, welche als erste von der übrigen Romania isoliert wurden – sich auch bezüglich des Systems der unterordnenden Konjunktionen von den Schwestersprachen unterscheiden. Die häufigsten der zusammengesetzten Konjunktionen des Vulgärlateins haben sich erst ab dem 5. Jh. als stabile und überall gebräuchliche Elemente durchgesetzt (ib. 265); das sind eben die Konjunktionen des Typs PRO (EO) QUOD, die dann auch in den meisten romanischen Schriftsprachen fortleben.

Arbeitsaufgaben

1. Stellen Sie weitere Fälle von Genuswechsel in der Entwicklung zum Vulgärlatein bzw. zu den romanischen Sprachen zusammen.
2. Informieren Sie sich anhand der in Anm. 5 genannten Literatur über die verschiedenen neueren Theorien zur Entstehung des Artikels.
3. Wieviele einfache Formen kann ein regelmäßiges Verb im Lateinischen und im Französischen bzw. Italienischen bzw. Spanischen annehmen (cf. Anh. I)?
4. Informieren Sie sich über die vieldiskutierte Entstehung der romanischen Futurformen (z.B. anhand von Herman 1997, 86–89; Väänänen 1985, §§ 303–305; Lausberg 1972, §§ 837–846; Ineichen 1980; weitere Lit. bei Tagliavini 1998, 447–448).
5. Informieren Sie sich über die Definitionsprobleme der Verbalperiphrasen (cf. Berschin et al. 1978, 137–138; Berschin et al. 1987, 212, 232–237; Dietrich 1973; 1996) und verfolgen Sie die Diskussion um ihre Herkunft (Dietrich 1973; 1996; 1998, 126–127; und die entsprechenden Rezensionen).

---

[18] Cf. allerdings Stefenelli (1981, 78 Anm. 142): die finale Verwendung von lat. *pro quod* ist »nicht bezeugt, aber offenbar schon spätlateinisch«.

7. Syntax

7.1. Einfacher Satz

In der Syntax unterscheidet die traditionelle lateinische Grammatik den einfachen und den komplexen Satz. Ersterer besteht grundsätzlich aus Subjekt und Prädikat, die den sog. »Satzkern« bilden (s. S. 100). Dazu können Attribute, Objekte und Adverbialien kommen. Als Arten des einfachen Satzes werden Aussage- Ausrufe-, Aufforderungs- und Fragesätze unterschieden (Rubenbauer/Hofmann 1995, 252). Diese (Haupt-) Satzarten finden sich wie die syntaktischen Funktionen natürlich ebenso im Vulgärlatein und in den romanischen Sprachen.[1] Die Satzbaupläne der einfachen Hauptsätze sind sowohl für das Lateinische und das Vulgärlatein als auch für die romanischen Sprachen noch wenig untersucht; allerdings ist davon auszugehen, daß die hauptsächlichen Satzbaupläne des Romanischen entsprechend im Vulgärlatein existiert haben.[2]

Die beiden wichtigsten Veränderungen gegenüber dem klassischen Latein betreffen die Herausbildung einer festen Wortfolge, und zwar erstens in der Wortgruppe, zweitens im Satz. Eine detaillierte Untersuchung der Wortstellung im Spätlatein fehlt jedoch (Herman 1997, 97; Väänänen 1985, § 356 Anm. 4). Als drittes sind verschiedene Änderungen bezüglich der Kongruenz, der Negation und der Fragesätze zu nennen.

Das klassische Latein ist durch eine relativ große Freiheit in bezug auf die Wortstellung gekennzeichnet; insbesondere kann es Zusammengehöriges trennen (Hyperbaton, s. unten 7.2.1): *magno cum gaudio* ›mit großer Freude‹ (Attribut + Präp. + Subst.) wie *summa cum laude* ›mit höchstem Lob‹. In dem berühmten Horaz-Vers *aequam mementō rēbus in arduīs servāre mentem!* (*Oden* 2, 3, 1) ›bedenke in widrigen Lagen den Gleichmut zu bewahren!‹ sind zweimal Substantiv und Attribut sowie Verb und Objekt getrennt. In »logische Wortstellung« übertragen würde der Satz *memento servare aequam mentem in rebus arduis* lauten (Lerch 1922, 40). Das Genitivattribut kann vor dem Substantiv oder danach stehen: ›Peters Haus‹ heißt also klassisch-lateinisch *Petri dŏmus* oder *dŏmus Petri*. In Prosatexten in klassischem Latein sind Substantiv und attributives Adjektiv etwa im Verhältnis von einem zu drei Mal bei Caesar, in einem auf fünf oder sechs Fälle in den philosophischen Schriften Ciceros durch andere Elemente getrennt, während solche Hyperbata in spätlateinischen Texten sehr selten vorkommen (Herman 1997, 98).

Im späten Vulgärlatein bildet sich nun schrittweise eine feste Wortstellung heraus, die den romanischen Strukturen entspricht, zum Beispiel »Artikel + Substantiv«, »Artikel +

---

[1] Lit. zur Syntax des einfachen Satzes: Bourciez (1967, §§ 106–129, 226–249); Herman (1997, 97–104); Maurer (1959, 191–211); Palmer (2000, 189–191); Tagliavini (1998, 181–183); Väänänen (1985, §§ 343–367); Vincent (1988, 52–65). Zur Wortstellung: Voßler (1953, 181–189) und ausführlich Hofmann (1965, 397–410, mit weiterer Literatur); Pinkster (1988, 245–283).

[2] S. zu den Satzbauplänen im Romanischen Kiesler (1999, 20–25 und pass.); zum Lateinischen Happ (1976, 458–480); Pinkster (1988, 26–35); Scherer (1975, 126–145); Rubenbauer/Hofmann (1995, XII). – Zu *vertĕre* ›wenden‹ bei Ovid und Livius s. jetzt Martín Puente/Santos Guzmán (2003).

Adjektiv + Substantiv«, »Artikel + Substantiv + Präpositionalphrase« oder »Präp. + Artikel + Substantiv«: *ipsa cuppa* ›der Becher‹, *lo cabo* ›der Kopf‹ (in der Parodie der *Lex Salica*, s. Anh. II, 2); asp. *ela sua face* ›sein Angesicht‹ (in den *Glosas emilianenses*, s. Anh. II, 3); ILLA CASA DE PETRO ›das Haus von Peter‹; CON ILLO PATRE > asp. *cono patre* ›mit dem Vater‹ (s. Anh. II, 3). Man hat in diesem Zusammenhang von einer Entwicklung von Prädetermination zu Postdetermination gesprochen (Durante 1981, 51–52). Bei der Prädetermination steht das bestimmende Element (das Determinans) vor dem bestimmten (dem Determinatum), bei der Postdetermination ist es umgekehrt. Die Entwicklung von der Prädetermination zur Postdetermination läßt sich z.B. beim Genitivattribut beobachten, wo klass.-lat. *Petri dŏmus* ›Peters Haus‹ spätlat. ILLA CASA DE PETRO ›das Haus von Peter‹ entspricht. Ebenso bei der Ersetzung des vorangestellten Stoff-Adjektivs z.B. in *marmŏreum templum* ›marmorner Tempel‹ durch eine nachgestellte Präpositionalphrase: TEMPLUM DE MARMORE ›id.‹ (Bourciez 1967, § 107). Diesem Schema entspricht auch die Entwicklung der Stellung der Verbergänzungen, also Objekt + Verb → Verb + Objekt (s. unten).

In anderen Fällen verläuft die Entwicklung umgekehrt, von der Postdetermination zur Prädetermination. Das ist der Fall bei der Ersetzung der Kasusendungen durch Präpositionalphrasen wie beim Genitiv: *mēnsārum* (Gen. Pl.) ›der Tische‹ → DE ILLAS ME(N)SAS. Der Genitiv wird gemeinromanisch durch die Fügung DE + Ablativ ersetzt (Herman 1997, 73–74; s. weitere Beispiele S. 113). Seit altlateinischer Zeit existierten neben dem partitiven Genitiv *unus multorum* ›einer von vielen‹ Präpositionalphrasen wie *unus e multis* und *unus de multis* ›id.‹ (Väänänen 1985, § 250). Diese Konstruktion mit *de* breitet sich in nachklassischer Zeit und besonders im Spätlatein weiter aus, z.B. in *parietes de cellola* ›die Wände der Zelle‹ bei Gregor von Tours (ib.).

Analog ist es beim Dativ. Neben dem Dativ gab es schon früh die Fügung AD + Akkusativ, die zunächst nicht synonym war. So findet sich neben gewöhnlichem *dare alicui* ›jemandem geben‹ bei Plautus z.B. *hunc ad carneficem dabo* ›ich werde diesen Mann dem Henker übergeben‹ (Väänänen 1985, § 249). Im Spätlatein verwischen sich die Unterschiede zwischen den beiden Konstruktionen und die Periphrase verdrängt nach und nach den Dativ; so bei Gregor von Tours *ad episcopum aiebat* ›er sagte dem Bischof‹ (ib.).

In einem Teil der Romania, besonders in Hispanien, Süditalien und Rumänien, vereinzelt auch sonst, setzt sich beim Akkusativ eine Fügung mit Präposition durch, wenn das Akkusativobjekt eine Person bezeichnet, also der Typ VIDEO AD (PER) FRATREM ›ich sehe den Bruder‹ für klass.-lat. *frātrem videō* ›id.‹.[3] In Hispanien ist A(D) seit dem 10. Jh. bezeugt; z.B. *Decepit ad suo germano* (Bourciez 1967, § 236) ›er täuschte seinen Bruder‹ und so dann sp. *veo al hermano* ›ich sehe den Bruder‹. Ganz entsprechend findet sich lat. AD in Süditalien: kalabr. *kyama a Maria* ›ruf die Maria‹, röm. *sentiteme a me* (Meyer-Lübke 1899, 373) ›hört mich an‹. In Rumänien wird dagegen PER > rum. *pe* verwendet: *iubesc pe frate* ›ich liebe den Bruder‹ (ib. 374), *am văzut-o pe Maria* ›ich habe Maria gesehen‹.

---

[3] Cf. zu diesem präpositionalen Akkusativ Rohlfs (1971, 55–59 und Karte 19); Meyer-Lübke (1899, 371–375; mit Hinweis auf span. Minimalpaare wie *querer un criado* ›einen Diener wünschen‹ vs. *querer a un criado* ›einen Diener lieben‹).

Die Entwicklung von der Post- zur Prädetermination zeigt sich schließlich auch beim Possessivum, das im klassischen Latein gewöhnlich nachsteht, in den meisten romanischen Sprachen dagegen üblicherweise vorangestellt wird: klt. *faciēs sua* ›sein Gesicht‹ → spätlat. ILLA SUA FACIE > asp. *ela sua face* ›id.‹, klt. *amīcus meus* ›mein Freund‹ → spätlat. (ILLUM) MEU(M) AMICU(M) > sp. *mi amigo*, fr. *mon ami*, it. *il mio amico* ›id.‹. Nachstellung findet sich beispielsweise noch in rum. *dragul meu* ›mein Lieber‹ und südital. *fīgliomo* ›mein Sohn‹. Ebenso steht in der Verbindung von finitem Verb mit Infinitiv im klassischen Latein das finite Verb gewöhnlich nach dem Infinitiv, in den romanischen Sprachen aber davor: klt. *scrībere dēbet* ›er muß schreiben‹ → spätlat. DEBET SCRIBERE, klt. *scīre dēsīderō* ›ich möchte wissen‹ → spätlat. DESIDERO SCIRE bzw. DESIDERO SAPERE, und entsprechend in den romanischen Sprachen (s. unten S. 100).

Auf der Ebene des Satzes konnte das klassische Latein die Konstituenten Subjekt (S), Objekt (O) und Verb (V) theoretisch »beliebig« anordnen – tatsächlich gab es natürlich stilistische u.ä. Präferenzen. Für einen Satz aus finitem Verb und zwei Ergänzungen gab es sechs Stellungsmöglichkeiten (*Petrus Paulum appellat* ›Peter ruft Paul‹, *Paulum Petrus appellat* ›id.‹ usw.), für einen Satz mit finitem Verb und drei Ergänzungen theoretisch 24 Möglichkeiten, z.B. für ›Paul gibt mir das (ein) Buch‹ *Paulus mihi librum dat, mihi Paulus librum dat* usw. (Väänänen 1985, § 354) – die Funktionen waren ja durch die Kasusendungen stets klar. Im klassischen Latein wurden nun besonders in literarischer Prosa Satzmuster mit dem Verb am Ende bevorzugt, so bei Caesar, wo in acht oder neun von zehn Fällen das Verb am Satzende steht, also der Typ SOV vorherrscht (Herman 1997, 103; Hofmann 1965, 403; Pinkster 1988, 255), z.B.:

(1) Caesar singulis legionibus singulos legatos et quaestorem praefecit
›Caesar unterstellte jede Legion einem Legaten und dem Quästor‹ (Caes. BG 1, 52, 1).

Herman wendet sich allerdings gegen die verbreitete Auffassung, nach der das klassische Latein eine SOV-Sprache sei; er bezeichnet diese Auffassung als »übertrieben und einseitig« (Herman 1997, 103; cf. Vincent 1988, 61). Dagegen sprechen jedoch zumindest für das 1. Jh. n. Chr. die Belege aus Petron und Pompeji, die ein deutliches Überwiegen der SOV-Stellung über die Stellung SVO zeigen. Pinksters Stichprobe anhand eines Teils der *Cena Trimalchionis* (Petr. 27–38) ergibt ein deutliches Überwiegen der Stellung des Objekts vor dem Verb: bei explizitem Subjekt stehen 41 Fälle von Objekt + Verb lediglich 19 von Verb + Objekt gegenüber, bei implizitem Subjekt 57 Fälle von Objekt + Verb gegenüber 35 von Verb + Objekt. Ein ganz ähnliches Bild zeigen die Inschriften von Pompeji, wo 61 Fällen von Objekt + Verb lediglich 34mal Verb + Objekt gegenüberstehen.

Objekt + Verb		Verb + Objekt (Petron)		Objekt + Verb		Verb + Objekt (Pompeji)	
SOV	30	SVO	14	SOV	54	SVO	32
OSV	9	VSO	4	OSV	2	VSO	1
OVS	2	VOS	1	OVS	5	VOS	1
OV	57	VO	35				

Abb. 18: Satzgliedstellung in Petr. 27–38 (nach Pinkster 1971, 393) und in den pompejanischen Inschriften (nach Ramat 1980, 188–189).

Einige Beispiele mögen die verschiedenen Stellungsmöglichkeiten illustrieren.

>   (2) SOV: manus manum lavat ›eine Hand wäscht die andere‹.
>   (3) SVO: haec lupatria providet omnia ›dieses Luder kümmert sich um alles‹ (Petr. 37, 6).
>   (4) OSV: fortes fortuna adiuvat ›den Tapferen hilft das Glück‹.
>   (5) VSO: habet haec res panem ›damit kommt man durchs Leben‹ (Petr. 46, 7; s. Anh. II, 1).
>   (6) OVS: nihil impetrabat reus ›nichts erreichte der Angeklagte‹ (Cic. *Att.* 1, 16, 4).
>   (7) VOS: interpellavit tam dulces fabulas Trimalchio ›diese bezaubernden Geschichten
>   wurden von Trimalchio unterbrochen‹ (Petr. 39, 1).

In spätlateinischen Texten sind Sätze mit dem Verb am Ende häufig, aber nicht in der Mehrzahl (Herman 1997, 103); charakteristisch ist dagegen die Stellung des Verbs im Satzinneren (ib. 104), die sich seit den frühesten Texten findet und im Spätlatein zunimmt (Väänänen 1985, § 355). Bezüglich der Verben mit zwei Ergänzungen sind in nachklassischer Zeit die Typen OVS und SVO häufiger geworden und »in bestimmten Texten vorherrschend« (Herman 1997, 104), z.B.

>   (8) OVS: in sinagoga posita est trabis (Antoninus von Placentia, 2. Hälfte 6. Jh.: ib.)
>   ›in der Synagoge ist ein Tisch aufgestellt‹.
>   (9) SVO: cor hominis disponet [sic] viam suam (*Vulg.* Prov. 16, 9)
>   ›Des Menschen Herz erdenkt sich seinen Weg‹ (Luther: Büchmann 1964, 39).

Diese Stellung mit dem Verb im Satzinneren bildet dann auch die Grundlage der romanischen Satzmuster. Die romanischen Sprachen gelten allgemein als SVO-Sprachen, haben also typische Satzbaupläne wie sp. *Pablo me da el libro*, fr. *Paul me donne le livre*, it. *Paulo mi dà il libro* ›Paul gibt mir das Buch‹. Daneben kommt nach bestimmten intransitiven Verben auch die Stellung Verb + Subjekt vor: sp. *llega Pedro*, it. *arriva Pietro* ›Peter kommt‹ neben fr. **arrive Pierre*, aber afr. *vendrat li jurz* ›der Tag wird kommen‹ (Vincent 1988, 61; cf. Wehr 1984, 52–55). Dieser Typ setzt vulgärlat. VENIT PETRUS ›Peter kommt‹ gegenüber klassischem *Pĕtrus vĕnit* voraus. Schließlich ist noch der klassisch-lateinische Satztyp mit »possessivem Dativ« zu nennen, also der Typ *patrī meō domus est* ›mein Vater hat ein Haus‹ (wörtlich »meinem Vater ist ein Haus«), *mihi fames est* ›ich habe Hunger‹ (Löfstedt 1963). Dieser Typ ist im Rumänischen erhalten (*mi-e foame* ›ich habe Hunger‹), in den westromanischen Sprachen und im Italienischen dagegen durch transitive Strukturen wie FAMEM HABEO ersetzt worden: sp. *tengo hambre*, fr. *j'ai faim*, it. *ho fame* ›id.‹.

Bezüglich der Kongruenz ist noch auf folgendes hinzuweisen. Im Lateinischen stimmt ein Subjektpronomen im Kopulasatz gewöhnlich mit dem Prädikatsnomen in Genus und Numerus überein: *Haec* (f. Sg.) *est vera amicitia* (Väänänen 1985, § 344) ›das ist wahre Freundschaft‹. In Fragesätzen kann das Subjektpronomen auch im Neutrum stehen, also *Quid* (n. Sg.) *est amicitia?* neben *Quae* (f. Sg.) *est amicitia?* ›was ist Freundschaft?‹. Ein solches neutrales Subjektpronomen findet sich seit der Kaiserzeit auch in Aussagesätzen, vermehrt im Spätlatein, z.B. *et hoc* (n. Sg.) *herba est* ›und das ist Kraut‹ (ib.), und zwar besonders in Gallien, während sich in Hispanien und Italien die Konstruktion mit Kongruenz erhalten hat. So haben wir neben HAEC EST AMICITIA ›das ist Freundschaft‹ auch HOC EST

AMICITIA/*AMICITATE > fr. *c'est l'amitié* ›id.‹. Daher stammt der Unterschied zwischen sp. *esta es mi hija*, it. *questa è mia figlia* ›das ist meine Tochter‹ und fr. *c'est ma fille* mit neutralem *ce* (Bourciez 1967, § 234). Auch in der Apposition zeigt sich im Spätlatein häufige Nicht-Kongruenz: *imposuit Simoni nomen Petrus* (*Vulg.* Marc. 3, 16) ›er gab Simon den Namen Petrus‹, statt *Petrum* (Väänänen 1985, § 343).[4] Zu den typisch umgangssprachlichen Sinnkonstruktionen s. oben S. 38.

Bei der Negation unterscheidet das Lateinische zwischen *nōn* ›nicht‹ in Aussage- und Fragesätzen und *nē* ›nicht‹ in Aufforderungssätzen, z.B. *nōn facis* ›du tust es nicht‹, *nōn fēceris* (Fut. II) ›du wirst es nicht getan haben‹ vs. *nē fēceris* (Konj. Perf.) ›tue es nicht‹. In der Alltagssprache wird *nē* schließlich durch *nōn* verdrängt: *et me non facias ringentem* ›und tu mich nicht zum Knurren bringen‹ (Petr. 75, 6), ›no me hagas rechinar los dientes, et ne me fais pas grincer les dents‹ (Väänänen 1967/1985, § 350). Im Gegensatz zur Hochsprache, wo die doppelte Negation eine Affirmation ausdrückt (*nēmō nōn* ›jeder‹), verwendet die Umgangssprache die doppelte Negation zur Verstärkung. So z.B. *neminem nihil boni facere oportet* ›man soll keine [sic] nichts zu Gefallen tun‹ (Petr. 42, 7), ›nadie debería hacer nada bueno, personne ne devrait faire rien de bon‹ (ib. § 353). Gegen Ende des Imperiums hat sich für klt. *neminem vidi* der Typ *NON VIDI NEMINEM ›ich habe niemanden (nicht) gesehen‹ überall durchgesetzt, daher sp. *no he visto a nadie*, afr. *nul n'ai vëu*, it. *non ho visto nessuno* usw. ›id.‹ (Bourciez 1967, § 128).

Schließlich sind noch die »Negationsverstärkungen« durch Bezeichnungen minderwertiger Objekte zu nennen, also der Typ *non vales uno coco* (= *unum coccum*) ›no vales un pito, tu ne vaux pas un zeste‹ (Väänänen 1985, § 353), ›du bist keinen Pfifferling (»keinen Scharlachfaden«) wert‹. Hier finden sich Wörter wie FĀBA ›Bohne‹, GRĀNUM ›Kern, Korn‹, GŪTTA ›Tropfen‹, FĪCUS ›Feige‹, MĪCA ›Körnchen‹, PĀSSUS ›Schritt‹, PĪRUM ›Birne‹ usw., woraus sich fr. *ne... pas, point, mie, goutte* usw. entwickeln. Hofmann (1978, 82) verweist auf die folgenden Beispiele »krasser volkstümlicher Übertreibungen«, die schon in den Bereich der Phraseologie übergreifen: *qui non valet lotium suum* ›der seine eigene Jauche nicht wert ist‹ (Petr. 57, 3); *cuius pluris erat unguis quam tu totus es* ›an dem ein Nagel mehr wert war, als du es insgesamt bist‹ (Petr. 57, 10).

Der Gesamtfragesatz wird im Lateinischen entweder lediglich durch die Intonation oder aber durch die Fragepartikeln *-ne, num, nonne* ausgedrückt (Väänänen 1985, § 348); hierbei steht *num*, wenn die Antwort ›nein‹ erwartet wird, *nonne*, wenn ›ja‹ erwartet wird, und *-ne* ist bezüglich der erwarteten Antwort neutral: *vēnitne?* ›ist er gekommen?‹, *num vēnit?* ›er ist doch wohl nicht gekommen?‹, *nōnne vēnit?* ›ist er nicht gekommen?‹. Diese Fragepartikeln wurden im Vulgärlatein aufgegeben, statt *venit-ne pater?* hatte man VENIT PATER? ›ist der Vater gekommen?‹.

In der Antwort wurde gewöhnlich das Verb aus der Frage wiederholt. Auf die Frage *fēcistī?* ›hast du es getan?‹ wurde geantwortet *sīc fēcī* ›so habe ich es getan‹, *hoc fēcī* ›ich habe es getan‹ oder *nōn fēcī* ›ich habe es nicht getan‹. Allerdings finden sich *sīc* und *nōn* allein schon bei Terenz (2. Jh. v. Chr.). Die romanischen Sprachen setzen SIC fort als sp. *sí*,

---

[4] Ähnliches läßt sich auch in der deutschen Umgangssprache beobachten, s. Havers (1931, 72).

70

it. *sì* ›ja‹, fr. *si* ›doch‹, nur in Gallien setzt sich HOC (> okz. *oc* ›ja‹) bzw. der Typ HOC ILLE (> afr. *oïl* > fr. *oui* ›ja‹) durch. Die Wiederholung des Verbs in der Antwort wird im Vulgärlatein im allgemeinen immer mehr aufgegeben (Bourciez 1967, § 249), sie findet sich allerdings geläufig noch im Port. und Rumän. (ib. § 505; neben pg. *sim* ›ja‹, rum. *da* ›id.‹ < slav.). Lat. NŌN lebt in der ganzen Romania fort: sp. it. *no*, fr. *non* usw. (ib. § 249).

7.2. Komplexer Satz

Der komplexe Satz ist entweder eine *Satzreihe*, welche durch Parataxe gleichwertiger Sätze entsteht, oder ein *Satzgefüge* durch Hypotaxe eines Nebensatzes unter einen Hauptsatz. Bei den Nebensätzen werden gewöhnlich drei Gruppen unterschieden, und zwar die Kompletivsätze, die Relativsätze und die Adverbialsätze. Die Adverbialsätze werden nach der lateinischen Grammatik in Temporal-, Kausal-, Final-, Konzessiv-, Konsekutiv-, Komparativ- und Konditionalsätze unterteilt. Alle genannten Kategorien existieren entsprechend in den romanischen Sprachen und im Vulgärlatein – evtl. mit Einschränkungen bezüglich des in der Umgangssprache generell wenig beliebten Konzessivsatzes.[5]

7.2.1. Parataxe und Hypotaxe

Einer weitverbreiteten Meinung zufolge bevorzugt die Umgangssprache die Parataxe, während die Hochsprache mehr zur Hypotaxe »tendiere«. Diese Auffassung kommt in der folgenden Stelle bei Tagliavini deutlich zum Tragen.

> Das klassische Latein bevorzugt ganz entschieden die hypotaktische Konstruktionsart, d.h. die Konstruktion mit einer Reihe abhängiger und untergeordneter Sätze, wogegen die romanischen Sprachen mehr zur Parataxe neigen. [!] Aber auch hier zeichnete sich der familiäre Sprachstil schon in klassischer Zeit durch häufigen Gebrauch parataktischer Konstruktionen aus. So verwendet Plautus die Parataxe mehr als Terenz, Cicero gebraucht sie in seinen Briefen häufiger als in den philosophischen Schriften und den Reden. Das heißt jedoch nicht, daß die Hypotaxe oder Subordination vollkommen aus den romanischen Sprachen, insbesondere den Schriftsprachen, [!] verschwunden sei. (Tagliavini 1998, 182).

Hierzu sind drei Anmerkungen zu machen. Erstens finden wir tatsächlich häufig parataktische Fügungen in der Umgangssprache, wo die Hochsprache hypotaktisch konstruiert. Väänänen (1985, § 368) führt u.a. (10) bis (12) als Beispiele »entspannter« umgangssprachlicher Syntax an.

(10) Sarra, non belle facis, solum me relinquis (Pompeji)
     ›Sarra, du bist nicht nett, du läßt mich allein‹.

---

[5] Lit. zum komplexen Satz: Bourciez (1967, §§ 130–136, 250–257); Durante (1981, 50–68 = 1993, 50–65); Herman (1997, 104–113); Maurer (1959, 211–229); Väänänen (1985, §§ 368–385); Vincent (1988, 65–73).

(11) vincis: gaudes, perdis: ploras (Spieltafelinschrift)
    ›siegst du, freust du dich, verlierst du, weinst du‹.
(12) (scitis) autem, in angustiis amici apparent
    ›ihr wißt doch, in der Bedrängnis zeigt sich, was ein Freund ist‹ (Petr. 61, 9).
(13) voca me et ego respondebo tibi (*Vulg.* Hiob 13, 22)
    ›rufe mich und ich werde dir antworten‹.

In allen Fällen sind hypotaktische Entsprechungen in der Hochsprache zu erwarten, und zwar Konjunktionalsätze oder AcI Konstruktionen, also (10') *...quia solum me relinquis* ›...weil du mich allein läßt‹; (11') *sī vincis, gaudēs, sī perdis, plōrās* ›wenn su siegst...‹; (12') *scitis autem in angustiis amicos appārēre* ›ihr wißt doch...‹; (13') *sī mē vocās, ego respondēbō tibi* ›wenn du mich rufst, werde ich dir antworten‹.

Zweitens sind komplexere Hypotaxen wie Schachtelsätze, Hyperbata und die Perioden der Kunstprosa auf die Hochsprache beschränkt. Schachtelsätze sind komplexe Sätze wie (14), in denen zumindest ein Teilsatz dergestalt in einen anderen »eingeschachtelt« ist, daß links und rechts davon jeweils Teile des anderen stehen.

(14) si quis qui quid agam forte requirat erit (Ovid)
    ›Wenn es jemanden geben wird, der zufällig fragt, was ich tue‹   (Pinkster 1988, 280).

Das *Hyperbaton* ist »die Trennung zweier syntaktisch eng zusammengehörender Wörter durch die Zwischenschaltung eines unmittelbar nicht an diese Stelle gehörigen (ein- oder mehrwortigen) Satzgliedes« (Lausberg 1990, § 716). So ist in der folgenden von Quintilian zitierten Stelle statt *in duas partes divisam esse* ›daß... in zwei Teile zerfällt‹ die Gruppe *in duas partes* ›in zwei Teile‹ durch das eingeschobene Prädikat *divisam esse* getrennt:

(15) animadverti, iudices, omnem accusatoris orationem in duas divisam esse partes (Cicero)
    ›Ich habe gemerkt, meine Herren Richter, daß die ganze Rede des Klägers in zwei Teile zerfiel‹ (Quint. 8, 6, 65).

Drittens ist schließlich die Auffassung, welche umgangssprachliche Parataxe und hochsprachliche Hypotaxe quasi als Gegensatz darstellt, mit allem Nachdruck zurückzuweisen, da auch die Umgangssprache die Hypotaxe kennt und da davon auszugehen ist, daß die Hypotaxe auch in der Umgangssprache wesentlich häufiger ist als die Parataxe, wie es zuletzt Herman (1997, 108) für das Vulgärlatein betont hat. So ist u.a. daran zu erinnern, daß auch in asyndetischen Fällen wie den bei Väänänen (1985, § 368) genannten *volo facias* ›ich will, daß du es tust‹ und *cave cadas* ›paß auf, daß du nicht fällst‹ Hypotaxe vorliegt.

Wir schließen hier noch die sog. »Parahypotaxe« als typisches Merkmal des späten Vulgärlateins an. Mit diesem von L. Sorrento eingeführten Terminus bezeichnet man die Konstruktion komplexer Sätze, bei der auf einen Nebensatz eine koordinierende Konjunktion und dann ein Hauptsatz folgen, wie in dt. umgangssprachlich *wenn ich mit dem Zug fahr'*, und *dann schau' ich gern aus dem Fenster*; es handelt sich also um eine »Kombination« von Hypotaxe und Parataxe. Dieser Konstruktionstyp »ist dem archaischen und klassischen Latein unbekannt«, im späten Vulgärlatein und in den altromanischen Sprachen dagegen ganz geläufig (Durante 1993, 56 = 1981, 57). Im folgenden Passus wurde die Konjunktion *et* von verschiedenen Herausgebern zu unrecht gestrichen.

(16) cum modo incuboni pilleum rapuisset, *et* thesaurus invenit (Petr. 38, 8) ›Als er einem Hein-
zelmännchen die Zipfelmütze weggenommen hat, *und* da hat er einen Schatz gefunden‹.

Diese Konstruktion ist nicht nur im Vulgärlatein, wo sie aus dem Griechischen stammt, und
in allen altromanischen Sprachen belegt, sondern ebenso im Hebräischen, Arabischen und
Deutschen.[6] Im Lateinischen und entsprechend in den romanischen Sprachen finden sich
als Konjunktionen *et* ›und‹ und *sic* ›so‹. Dem Beispiel (17) entspricht hochsprachliches
Pharisaei autem videntes dixerunt ei mit einem Part. Präsens in der *Vulgata*.

(17) Pharisei autem, cum vidissent illos, *et* dixerunt illi: (*Vetus Latina* Matth. 12, 2)
   ›Da das die Pharisäer sahen, sprachen sie zu ihm:‹ (Wehr 1984, 175).
(18) At ubi autem sexta hora se fecerit, *sic* itur ante Crucem (*Peregr.* 37, 4: Väänänen 1985,
   § 369) ›wenn aber die sechste Stunde kommt, und dann geht man zum Kreuz‹.

In bezug auf die romanischen Sprachen spricht Meyer-Lübke von »doppelter
Verknüpfung« (1899, 696); hierbei sei *sic* ›so‹ »am häufigsten« bei Temporal-, Kausal- und
Konditionalsätzen, seltener bei Kompletivsätzen. In älterer Zeit finde sich häufig ET,
während dieser Gebrauch »heute wohl kaum mehr üblich« sei (ib. 699).

(19) afr. in quant Deus savir et podir me dunat, *si* salvarai eo cist meon fradre Karlo (*Straßburger
   Eide*, 842) ›soweit Gott mir das Wissen und die Macht gibt, und so werde ich diesen meinen
   Bruder Karl unterstützen‹.
(20) ait. se tu nol sapevi, *e* tu l'appura (Meyer-Lübke 1899, 698)
   ›wenn du es nicht wußtest (weißt), und dann prüfe du es nach‹.
(21) asp. como los neblis son blancos, *e* son los baharis entre bermejos e amariellos (ib. 699) ›wie
   die Falken (sp. *neblíes*) weiß sind, und so sind die Baumfalken (sp. *baharíes*) rot bis gelb‹.

Die Frage, ob parahypotaktische Fügungen in den heutigen romanischen Sprachen
existieren, ist noch nicht untersucht. Möglicherweise gibt es sie in den Umgangssprachen,
die ja insgesamt noch relativ wenig erforscht sind. Jensen bringt immerhin ein Beispiel aus
dem Neuspanischen (22), Rohlfs ein neuitalienisches (23).

(22) a quien quiere *y* es a su primo ›wen sie liebt, [und] das ist ihr Vetter‹ (Jensen 1929, 59).
(23) quando credo che egli si metta al buono, *e* allora fa peggio (Rohlfs 1969, 164)
   ›wenn ich denke, daß er sich verbessert, und dann macht er's schlimmer‹.

7.2.2. Kompletivsatz

Vom Blickpunkt der romanischen Sprachen aus sind im Bereich der Kompletivsätze vier
wichtige Veränderungen festzustellen: die Ausweitung des Gebrauchs von *quod* und die
Ersetzung des Akkusativs mit Infinitiv, die Konstruktion des indirekten Fragesatzes und die
Verbindung von Infinitiv und finitem Verb. Im Zusammenhang mit dem Schwund der

---

[6] Zur Parahypotaxe s. Bourciez (1967, §§ 255, 324, 451, 534, 567); Durante (1981, 57–58, 110–118);
   Havers (1931, 9, 52); Jensen (1929); Meyer-Lübke (1899, 696–700); Pasquali (1929); Rohlfs
   (1969, 164); Sorrento (1950, 25–91); Väänänen (1985, § 369); Wehr (1984, 150–181).

meisten unterordnenden Konjunktionen (*cum, ne, ut* usw., s. oben S. 63) steht die Gebrauchsausweitung von *quod* ›weil; daß‹ mit Indikativ oder Konjunktiv zur Einleitung finiter Nebensätze. Wie in den heutigen romanischen Umgangssprachen das »polyvalente *que*« praktisch alle Arten von Nebensätzen einleiten kann (Kiesler 1999, 313–318), wurde *quod* im Spätlatein als »Universalkonjunktion« verwendet, also nicht nur kompletiv, sondern auch final, konsekutiv, komparativ und temporal, s. Herman (1997, 108–109). Insofern als *quod* zunächst kausale und kompletive Konjunktion war, konnte es auch das eigentlich kausale *quia* ›weil, da‹ in den kompletiven Bereich ziehen; so findet sich bei Cicero teils *laudo quod* ›ich lobe (dich), daß‹, teils *laudo quia* ›ich lobe (dich), weil‹ (Väänänen 1985, § 374). Kompletivsätze mit *quod* und *quia* haben dann nach und nach die AcI-Konstruktionen ersetzt, selbst nach *verba dicendi* (ib.). Das älteste Beispiel (24) stammt aus Plautus (*Asinaria*), das zweite aus dem *Bellum Hispaniense* (dazu Durante 1981, 27; Norden 1971, 211), bei Petron finden sich mehrere Fälle (s. oben S. 35 und Anh. II, 1).

> (24) equidem scio iam, filius quod amet meus istanc meretricem (Plautus)
> ›ich meinerseits weiß schon, daß mein Sohn diese Hetäre da liebt‹.
> (25) legati renuntiaverunt, quod Pompeium in potestate haberent (*Bell. Hisp.* 36, 1)
> ›die Gesandten berichteten, daß sie Pompeius in ihrer Gewalt hätten‹ (Durante 1993, 32).

Im Spätlatein wird die Konstruktion mit *quod* und *quia* allgemein üblich, besonders bei den christlichen Autoren und in den alten Bibelübersetzungen ab dem 2. Jh. n. Chr.; hierbei hat auch der Einfluß des griech. *hóti* ›daß; weil‹ eine Rolle gespielt (Väänänen 1985, § 374).

> (26) Scimus quia hic est filius noster ›Wir wissen, daß dieser unser Sohn ist‹ (*Vulg.* Joh. 9, 20).
> (27) Creditis, quia hoc possum facere vobis?
> ›Glaubt ihr, daß ich euch solches thun kann?‹ (*Vulg.* Matth. 9, 28).

Im Latein der Merowingerzeit erscheint seit dem 6. Jh. *que* neben *quod* – gesprochen [ke] bzw. [ko] (Herman 1963, 129) –, seltener in Norditalien und auf der Iberischen Halbinsel (Väänänen 1985, § 375). Dazu kam im 5. und 6. Jh. noch das ursprüngliche Fragepronomen *quĭd*: *quĭd credis?* ›was glaubst du?‹ → CREDO QUĬD ›ich glaube, daß‹ (Bourciez 1967, § 254; s. oben S. 63).

Im klassischen Latein steht der AcI nach *verba dicendi, sentiendi* und *affectūs* sowie nach bestimmten unpersönlichen Ausdrücken (Rubenbauer/Hofmann 1995, 191–199). In manchen Fällen ist schon klassisch neben dem AcI eine finite Konstruktion möglich, z.B. bei *gaudēre* ›sich freuen‹: *gaudeo quod vales* ›ich freue mich, daß es dir gut geht‹ neben *gaudeo te valere* ›id.‹. Die finite Konstruktion setzt sich schließlich durch: *patrem advenisse* (Inf. Perf.) *scio* (Herman 1997, 105) ›ich weiß, daß (mein) Vater angekommen ist‹ → *SAPIO QUID MEU PATRE ADVENTU EST*: sp. *sé que mi padre ha llegado*, fr. *je sais que mon père est arrivé*, it. *so che mio padre è arrivato; scio eum dixisse* ›ich weiß, daß er es gesagt hat‹ → *SAPIO QUID DIXIT* ›id.‹. Diese Konstruktion setzt sich nach dem Fall des Imperiums durch. Während bei den Schriftstellern des 3. und 4. Jh. nach deklarativen und perzeptiven Verben lediglich ein Konjunktionalsatz zehn AcI-Konstruktionen gegenübersteht, stellen die Konjunktionalsätze in der zweiten Hälfte des 1. Jahrtausends die deutliche Mehrheit dar (Herman 1997, 107). Dabei hat nach Herman auch die Wortstellung eine

Rolle gespielt. Der AcI konnte vor oder nach dem Hauptverb stehen (*patrem advenisse scio ~ scio patrem advenisse*), während der Konjunktionalsatz gewöhnlich nachsteht.

In den romanischen Sprachen nun ist der AcI im allgemeinen auf Perzeptionsverben beschränkt, also z.B. VIDEŌ EUM VENĪRE ›ich sehe ihn kommen‹ → sp. *lo veo venir*, fr. *je le vois venir*, it. *lo vedo venire*; daneben sind andere Konstruktionen möglich: *VIDEO QUID VENIT > sp. *veo que viene*, fr. *je vois qu'il vient*, it. *vedo che viene* ›ich sehe, daß er kommt‹ und der sog. »prädikative Relativsatz« sp. *lo veo que viene*, fr. *je le vois qui vient*, it. *lo vedo che viene* ›ich sehe ihn kommen‹. Nur das Italienische »kennt in einigen hochsprachlichen Stilen bestimmte AcI-Konstruktionen, die den Schwestersprachen wie auch der it. Alltagssprache fremd sind« (Kiesler 1999, 23): *so te essere una persona molto onesta* (wie lat. *scio te personam honestissimam esse*) neben *so che tu sei una persona molto onesta* ›ich weiß, daß du ein sehr rechtschaffener Mensch bist‹ vs. sp. **sé te ser...*, fr. **je sais t'être...*

Beim indirekten Fragesatz unterscheidet man wie beim direkten Fragesatz zwischen Gesamt- und Teilfragesatz: *quaero num veniat* ›ich frage, ob er kommt‹ vs. *quaero quis veniat* ›ich frage, wer kommt‹. Im klassischen Latein stehen grundsätzlich alle indirekten Fragesätze im Konjunktiv, also z.B. *nescio quid velit* (Konj. Präs.) ›ich weiß nicht, was er will‹, *quaero ubi fuerit* (Konj. Perf.) ›ich frage, wo er gewesen sei‹. Im Vulgärlatein findet sich nun erstens der Indikativ, und zweitens werden die Konjunktionen des indirekten Gesamtfragesatzes durch SI ›ob‹ ersetzt. So schon um 120 in den Briefen des Claudius Terentianus (zu Claudius Terentianus s. oben S. 35):

(28) vide si potes imbenire minore pretium (6, 6: Durante 1981, 9)
    ›schau mal, ob du einen besseren Preis bekommen kannst‹.

Im späten Vulgärlatein wird diese Verwendung verallgemeinert. Die Entwicklung ist also klt. *quaero num veniat* → spätlat. QUAERO/DEMANDO SI VENIT ›ich frage, ob er kommt‹, woraus dann die romanischen Formen entstehen: fr. *je demande s'il vient* ›id.‹ usw. Erleichternd kam hinzu, daß indirekte Fragesätze sich oft kaum von Relativsätzen unterscheiden, so z.B. *dicam quid sentiam* ›ich werde sagen, was ich denke‹ (Fragesatz mit Konj.) und *dicam quod sentio* ›id.‹ (Relativsatz mit Ind.: Väänänen 1985, § 378). Bei den Übersetzern und den christlichen Autoren tragen Volkssprache und griechischer Einfluß zur Verallgemeinerung des Indikativs und des einleitenden *sī* ›ob‹ bei (ib.; unten S. 95). Durch Kontamination aus *nescio quid dicam* ›ich weiß nicht, was ich sagen soll‹ und *nescio dicere* ›id.‹ ist die Konstruktion NESCIO QUID DICERE ›id.‹ entstanden, die im Romanischen fortlebt: sp. *no sé (lo) qué decir*, fr. *je ne sais que dire*, it. *non so che dire* (Väänänen 1985, § 378).

In der Verbindung von Infinitiv + Verb wurde der Infinitiv im klassischen Latein ohne Präposition an übergeordnete Verben angeschlossen; nach *dare* ›geben‹ und nach Bewegungsverben drückt er den Zweck bzw. die Absicht aus: *dăre bĭbĕre* ›zu trinken geben, donner à boire, dar de beber, dare a bere‹; *eximus ... ludos visere* (Plautus) ›wir gehen aus..., um die Spiele zu sehen, nous sortons pour voir les jeux, salimos... para ver los juegos‹ (Väänänen 1967/1985, § 325). Das Gerundium kann dagegen klassisch-lateinisch mit Präpositionen konstruiert werden: *laboro ad vivendum* ›ich arbeite, um zu leben‹.

Durch Kontamination aus *aggrĕdior dicĕre* ›ich beginne zu sagen‹ und *aggrĕdior ad dicĕndum* ›ich schicke mich an zu sagen‹ ist der Typ *AGGREDIOR AD DICERE ›id.‹ entstanden (Bourciez 1967, § 120). Im Vulgärlatein werden also die Präpositionen AD und DE zur Einleitung von Infinitiven benutzt. So z.B. *dare ad manducare* (*Itala* Joh. 6, 52) ›zu essen geben‹, wo die *Vulgata* Präposition + Gerundium hat: *dare ad manducandum*. Ebenso *ipsum elegit ad offerre sacrificium deo* ›er wählte ihn aus, um dem Herrn das Opfer darzubieten‹ (*Itala* Sirac. 45, 20: Bourciez 1967, § 120; dagegen *ipsum elegit eum adferre sacrificium Deo* in der *Vulgata*). Lat. AD mit finalem Infinitiv anstelle des Gerundiums ist charakteristisch für die *Itala* (Durante 1981, 39). Wie bei **aggredior ad dicere* konnte auch aus *cōgitat resistĕre* ›er erwägt sich zu widersetzen‹ und *de resistendo cōgitat* ›id.‹ die Konstruktion *COGITAT DE RESISTERE entstehen (Bourciez 1967, § 120).

Nach Vincent (1988, 68) ist der Gebrauch von AD beim Infinitiv semantisch motiviert und findet sich insbesondere bei »zukunftsorientierten« Verben, die im klassischen Latein häufig mit finalen *ut*-Sätzen konstruiert werden, so etwa bei sp. *enseñar a* ›lehren (zu)‹; fr. *hésiter à* ›zögern zu‹; it. *cominciare a* ›anfangen zu‹. Die Verbreitung von DE + Infinitiv sei dagegen eher strukturell bedingt und hänge mit der Entwicklung der Konjunktion *quod* bzw. *quid* ›daß‹ zusammen. Parallel zu dem Muster des finiten Kompletivsatzes habe sich eine komplementäre Konstruktion aus DE + Infinitiv entwickelt, wie aus der komplementären Verteilung von sp. *antes de* + Inf. vs. *antes que* + finiter Nebensatz, fr. *avant de* + Inf. vs. *avant que* + finiter Nebensatz, it. *prima di* + Inf. vs. *prima che* + finiter Nebensatz zu ersehen sei. Vincent nennt it. *più ricco di me* ›reicher als ich‹ gegenüber *più ricco che non si pensi* ›reicher als man denkt‹ und fr. *il a décidé de nous accompagner* ›er hat beschlossen, uns zu begleiten‹ vs. *il a décidé que son fils nous accompagnera* ›er hat beschlossen, daß sein Sohn uns begleiten wird‹ (Vincent 1988, 69). Entsprechend der Verbreitung des durch Präposition eingeleiteten Infinitivs lebt der uneingeleitete Infinitiv im Romanischen bei einer weit geringeren Zahl von Verben als im klassischen Latein fort. Am häufigsten findet er sich noch im Spanischen, weniger im Französischen und Italienischen. Cf. lat. *contendō vincĕre* ›ich versuche zu siegen‹ vs. fr. *j'essaye de triompher* (*vaincre*), it. *tento di vincere*, sp. *trato de vencer*, aber auch *intento vencer* ›id.‹ ohne Präposition.

7.2.3. Relativ- und Adverbialsatz

Beim Relativsatz sind im Vulgärlatein im Gegensatz zum klassischen Latein vier wichtige Veränderungen festzuhalten. Erstens wird das System des Relativpronomens vereinfacht: den 17 Formen des klassischen Lateins (*quī* ›welcher‹, *quae* ›welche‹, *quod* ›welches‹ usw.) stehen in den romanischen Sprachen jeweils lediglich zwei bis drei gegenüber, die Verteilung ist unterschiedlich. Lat. QUI ist in Subjektfunktion erhalten im Französischen (*qui*), im Iberoromanischen bis ins 14. Jh. (asp. *qui*), im Neuitalienischen nur als Relativum ohne Antezedens (it. *chi*). Auf lat. QUEM gehen sp. *que, quien* und fr. *que* zurück, und lat. CUI > afr. *cui*, it. *cui* (Väänänen 1985, § 288). Das it. *che* ~ ait. *ched* stammt aus dem Neutrum des ursprünglichen Interrogativpronomens QUĬD ›was?‹. Zweitens ist entsprechend der

Ersetzung des AcI durch Konjunktionalsätze auch die Fügung *quem credo fuisse* (Inf. Perf.) ›von dem ich glaube, daß er war‹ durch *QUEM CREDO QUOD/QUIA FUIT ›id.‹ ersetzt worden (Bourciez 1967, § 252). So z.B. *Pater meus... quem vos dicitis quia Deus vester est* (*Vulg.* Joh. 8, 54) ›mein Vater... welchen ihr sprecht, er sey euer Gott‹ (Luther).

Drittens erscheint im Relativsatz öfters ein pleonastisches Demonstrativum, das die syntaktische Funktion des Relativpronomens anzeigt. So z.B. *hominem quem ego beneficium ei feci* (Bourciez 1967, § 252) ›der Menn, dem ich (ihm) eine Gefälligkeit erwiesen habe‹ statt klass.-lat. *cui beneficium feci; de Grimaldo, quem ei sustulisti sua uxore* (ib.) ›von Grimaldo, dem du (ihm) die Frau genommen hast‹. Diese Konstruktion ist in den romanischen Umgangssprachen – und darüber hinaus – weit verbreitet, z.B. sp. *un problema que no llega a definirlo*, fr. *un problème qu'elle arrive pas à le définir*, it. *un problema che non riesce a definirlo* ›ein Problem, das sie schafft's nicht, es zu bestimmen‹ (Kiesler 1999, 291–310; Schafroth 1993). Viertens wird im verallgemeinernden Relativsatz der Indikativ des klassischen Lateins durch den Konjunktiv ersetzt, möglicherweise nach griechischem Vorbild (s. unten S. 96). Einem klass.-lat. *quisquis amat* ›wer auch immer liebt‹ entsprechen sp. *quienquiera que ame*, fr. *qui que ce soit qui aime*, it. *chiunque ami* ›id.‹.

Die sog. »selbständigen« Relativsätze in der Funktion des Subjekts vom Typ *qui deum amat virtutem amat* ›wer Gott liebt, liebt die Tugend‹ (Pinkster 1988, 138) sind mit Ausnahme des Ostens in der ganzen Romania erhalten: *Qui bene amat bene castigat*, fr. *Qui aime bien châtie bien* (Famerie et al. 1989, 321), sp. *Quien bien te quiere te hará llorar*, it. *Chi ben ama ben castiga* ›wer sein Kind liebhat, züchtigt es‹ (s. S. 87).

Bei den Adverbialsätzen gibt es drei wichtige Veränderungen, nämlich die Ersetzung klassisch-lateinischer Konjunktionen, Veränderungen im Gebrauch der finiten Modi und Ersetzungen finiter Konstruktionen durch infinite Fügungen (s. unten S. 96), die allerdings noch wenig untersucht sind, so daß hier einige Hinweise zu den einzelnen Typen des Adverbialsatzes genügen müssen. In den Temporalsätzen werden *ut* ›sobald als‹ und *cum* ›als‹ usw. durch QUANDŌ ›als, da‹ und QUŌMODO ›(so)wie‹ (>*QUOMO > sp. *como*, afr. *com*, it. *come*) ersetzt. Lat. *quando* wurde ursprünglich nur in Fragesätzen gebraucht, konnte aber schon im Altlatein auch Temporalsätze einleiten. So wird klt. *cum Rōmam vēnit* ›als er nach Rom kam‹ durch *QUANDO AD ROMA(M) VENIT ersetzt, woraus dann die romanischen Formen entstehen: sp. *cuando vino a Roma* ›id.‹ usw.

> (29) quomodo audierunt verba ista (*Itala* Acta 5, 24: Väänänen 1985, § 376)
> ›als sie diese Worte hörten‹ (dagegen in der *Vulgata*: ut *audierunt autem hos sermones*).

Lat. *dum* ›während‹ wird oft durch *interim* ›inzwischen‹ ergänzt (S. 63), für *antequam* ›bevor‹, *postquam* ›nachdem‹ treten *antea quod* und *postea quod* ein (Bouet et al. 1975, 202).

Bei den Kausalsätzen wird die klassisch-lateinische Unterscheidung zwischen Hauptsätzen mit *nam* ›denn‹ und Nebensätzen mit *quia, quod* ›weil‹ weitgehend aufgegeben. Innerhalb der modernen romanischen Schriftsprachen ist sie praktisch nur im Französischen erhalten, das zwischen *parce que* ›weil‹ und *car* ›denn‹ trennt. Fr. *car* stammt aus lat. QUĀRE ›weswegen‹, das seit der Kaiserzeit synonym mit *quia* in der Bedeutung ›weil, denn‹ verwendet wurde (Stefenelli 1981, 66; Väänänen 1985, § 370).

(30) ita tu qui legis, bona vita vive, sodalis, quare post obitum nec risus nec lusus nec ulla
voluptas erit (Grabinschrift aus den Abruzzen: Väänänen 1985, § 370) ›du, Kamerad, der du
dies liest, genieße dein Leben, denn nach dem Tod wird es weder Lachen noch Spiel noch
sonstiges Vergnügen geben‹.

Lat. *quod, quia, quoniam* ›weil ja‹ werden durch verschiedene Zusammensetzungen ersetzt,
so durch *prō eō quod, in eō quod, ab eō quod, per id quod,* PER/*POR HOC QUID, woraus afr.
por ço que, ait. *per cio che,* sp. *porque* ›weil‹ entstehen. Wir haben also z.B. für klt. *quod
non volo* ›well Ich nicht mag‹ vlt. *POR HOC QUID NON VOLEO/QUAERO ›* fr. *parce que je ne
veux pas,* it. *perché* (ait. *perocché*) *non voglio,* sp. *porque non quiero* ›id.‹.

In den Finalsätzen werden *ut* ›damit, auf daß‹ und *nē* ›damit nicht‹ u.a. durch *quod,
quōmodo, per hōc quod* ersetzt (Bouet et al. 1975, 202): klt. *ut scias* ›damit du es weißt‹ →
vlt. *PER HOC QUOD/QUID SAPIAS → sp. *para que lo sepas,* fr. *pour que tu le saches,* it.
perché tu lo sappia ›id.‹.

(31) hoc dico quomodo scias ›ich sage es so, daß du es weißt‹ > ›damit du es weißt‹
(Bourciez 1967, § 255).

Bei den Konsekutivsätzen wird *ut* ›daß‹ durch *quod* bzw. *quid* ersetzt, als Korrelativa
fungieren SIC ›so‹, TANTUM ›so sehr, so viel‹, TĀLIS ›so (beschaffen)‹, daher afr. *si... que,* it.
sicché, talché usw. (Bouet et al. 1975, 202). Der klassisch-lateinische Konjunktiv wird
durch den Indikativ ersetzt: klt. *tantum labōrāvit ut aegrōtet* (Konj. Präs.) ›er hat so viel
gearbeitet, daß er krank ist‹ → vlt. *TANTUM LABORAVIT QUID AEGROTAT und entsprechend
sp. *ha trabajado tanto que está enfermo* ›id.‹ usw. Zu den asyndetischen Konsekutivsätzen
s. Anh. II, 2 und Hofmann (1978, 108).

(32) ita pulchra est ut omnes deam putent (Vincent 1988, 71)
›sie ist so schön, daß alle sie für eine Göttin halten‹.

Dem Beispiel (32) entsprechen romanische Konstruktionen wie sp. *es tan guapa que todos
la creen una diosa,* fr. *elle est si belle que tous la croient une déesse,* it. *è così bella che
tutti la credono una dea.* Diese Konstruktionen setzen vulgärlateinische Formen wie
*(ECCU)SIC BELLA EST QUID TUTTOS ILLA(M) CREDUNT DEA(M) u.ä. voraus.

In den Komparativsätzen werden *ut* ›wie‹ und *quemadmodum* ›id.‹ durch *quōmodo*
ersetzt (Bouet et al. 1975, 202). Klt. *ut vidētur* ›wie es scheint‹ → vlt. QUOMODO SIMILAT >
it. *come sembra* ›id.‹; sp. *según parece* ›id.‹ setzt ein vlt. SECŬN(DUM) *PARĒSCIT voraus.

(33) solebat sic cenare quomodo rex
›Getafelt hat er immer so wie ein König‹ (Petr. 38, 15).

Die korrelativen Adjektive und Adverbien bleiben erhalten: QUANTO PLUS BIBIT, TANTO
PLUS SITIT ›je mehr er trinkt, desto durstiger ist er‹ > it. *quanto più beve, tanto più ha sete,*
sp. *cuanto más bebe, tanto más tiene sed,* rum. *cu cît bea, cu atît ĭ-e sete,* fr. *il a d'autant
plus soif qu'il boit davantage* ›id.‹ (Bourciez 1967, § 135), im Französischen auch *plus il
boit, plus il a soif* (cf. Kiesler 1999, 260).

Die konzessiven Konjunktionen *quamquam* ›obgleich, obwohl‹, *quamvīs* ›wie sehr
auch‹, *etsī* ›wenn auch‹ sind schon früh außer Gebrauch gekommen. Geläufig waren die

Konstruktionen mit *etiamsī* ›auch wenn‹ wie in Beispiel (34): in dem hier in Anh. II, 1 abgedruckten Stück der *Cena Trimalchionis* finden sich drei Beispiele. Im Romanischen entsprechen analoge innersprachliche Bildungen: sp. *aunque* ›obgleich, wenn auch‹ ← *aun* ›auch‹ + *que*, fr. *quoique* ›obgleich, wenn auch‹ ← *quoi* ›was‹ + *que*, it. *anche se* ›obgleich, wenn auch‹ ← *anche* ›auch‹ + *se*. So entspricht klt. *quamquam pluit* ›obgleich es regnet‹ vlt. *etiam si pluit* ›auch wenn es regnet‹ und dann sp. *aunque llueve* (*lluev*a), fr. *quoiqu'il pleuve*, it. *anche se piove* ›id.‹ (cf. S. 64).

> (34) belle erit, etiam si omnia hoc anno tempestas depravavit
> es wird nett werden, obschon das Wetter heuer alles verdorben hat (Petr. 46, 2)

Cf. die romanischen Übersetzungen des Beispiels (34): sp. *lo pasaremos bien, aunque este año el mal tiempo lo ha estropeado todo* (Väänänen 1985, 304); fr. *on y sera gentiment, quoique cette année le mauvais temps ait tout abîmé* (Väänänen 1967, 238); it. *sarà bello, anche se quest'anno il cattivo tempo lo ha distrutto tutto.*

Die Konzessivsätze sind generell in der Umgangssprache wenig beliebt. Nach Herman (1963, 233) gab es lange Zeit keine allgemein verbreiteten und systematisch verwendeten konzessiven Konjunktionen; insbesondere seien die Versuche, romanische Konjunktionen wie sp. und fr. *bien que*, it. *benchè* ›obwohl‹ auf eine vulgärlateinische Basis *BENE (HABET) QUOD zurückzuführen, »völlig aus der Luft gegriffen«. Es handele sich vielmehr um Fälle paralleler Entwicklung und Entlehnung. Dies ist deswegen von Bedeutung, weil gerade ein vlt. *BENE (HABET) QUOD nicht nur bei Bourciez (1967, § 256), sondern auch noch bei Bouet et al. (1975, 203) als Etymon der romanischen Formen angeführt wird.

Bei den Konditionalsätzen bleibt die Konjunktion *sī* ›wenn‹ überall erhalten: *SI > *SE > it., afr. *se*, sp. *si* ›wenn‹, rum. *să* ›daß, um zu‹ (Bouet et al. 1975, 202); dagegen ergeben sich wichtige Veränderungen im Gebrauch der Modi und Tempora. Das klassische Latein unterscheidet drei Arten des Konditionalsatzes (Rubenbauer/Hofmann 1995, 311–317).

Realis: *sī* mit allen Tempora im Indikativ
    Sī possum, faciam ›wenn ich kann, werde ich tun‹ [Ind. Präs. + Ind. Futur]
    Sī habúerō, dābō ›wenn ich haben werde, werde ich geben‹ [Ind. Fut. II + Ind. Fut.]
Potentialis: *sī* + Konjunktiv Präsens oder Konjunktiv Perfekt
    Sī possim, faciam ›wenn ich könnte, würde ich tun‹ [Konj. Präs. + Konj. Präs.]
    Sī habúerim, dederim ›wenn ich hätte, würde ich geben‹ [Konj. Perf. + Konj. Perf.]
Irrealis: (a) Gegenwart: *sī* mit Konjunktiv Imperfekt
    Sī possem, facerem ›wenn ich könnte, würde ich tun‹ [Konj. Imperfekt + Konj. Imperfekt]
    Sī habērem, darem ›wenn ich hätte, würde ich geben‹ [Konj. Imperfekt + Konj. Imperf.]
    (b) Vergangenheit: *sī* mit Konjunktiv Plusquamperfekt
    Sī potuissem, fecissem ›wenn ich gekonnt hätte, hätte ich getan‹ [Konj. Plusquamperfekt]
    Sī habuissem, dedissem ›wenn ich gehabt hätte, hätte ich gegeben‹
Abb. 19: Arten des Konditionalsatzes im klassischen Latein.

Dieses Schema wurde jedoch weder im klassischen Latein noch in der Alltagssprache streng befolgt (Väänänen 1985, § 380). Im Übergang zu den romanischen Sprachen sind fünf wichtige Veränderungen festzustellen. Erstens die Ersetzung des Konjunktiv Präsens durch das Futur II, also eine »Verwechslung« von Realis und Potentialis; zweitens die

Ersetzung des Konjunktiv Imperfekt durch den Konjunktiv Plusquamperfekt; drittens die Verwendung des Indikativ Plusquamperfekt anstelle des Konjunktiv Plusquamperfekt im Hauptsatz; viertens die alternative Verwendung der Futurperiphrase *datūrus eram* ›ich wollte geben‹ anstelle des Konjunktiv Plusquamperfekt, die ihrerseits durch den neuen Konditional ersetzt wird; und schließlich fünftens die Verwendung des Indikativ Imperfekt im *si*-Satz.

Seit Vitruv (1. Jh. v. Chr.) und Columella (1. Jh. n. Chr.) findet sich für den Potentialis häufig der Typ *si fuerit, erit/est* ›wenn er wäre, wird er sein/ist er‹ (Futur II + Futur/Ind. Präs.: anstelle von *si fuit, est, si sit, est/erit* usw.), der besonders in juristischen Texten geläufig ist: *si quis fecerit* [Futur II] ›wenn einer tun sollte‹ (Bourciez 1967, § 257). Dieser Typ bleibt bis in die Zeit des Übergangs zu den romanischen Sprachen erhalten. In der Iberoromania ist das Futur II bewahrt: sp. *si el tiempo fuere bueno, iremos a pasear* ›wenn schönes Wetter ist, werden wir spazierengehen‹, pg. *se chover esta noite não saio* ›wenn es heute nacht regnet, gehe ich nicht aus‹ (Väänänen 1985, § 380).

Im Irrealis der Gegenwart (Typ: *si haberem darem*) war gegen Ende des Imperiums überall – mit Ausnahme von Sardinien – der Konjunktiv Imperfekt durch den Konjunktiv Plusquamperfekt ersetzt worden, also: SI HABUISSEM DEDISSEM (Bourciez 1967, § 136). Dieser Typ ist nun für die Gegenwart und für die Vergangenheit im Süditalienischen, Rätoromanischen und Altfranzösischen erhalten (Väänänen 1985, § 381):

(37) afr. se je pëusse je le feïsse (Bourciez 1967, § 325) ›wenn ich könnte, würde ich es tun‹.

(38) siz. si facissi tiempu buonu iu cantassi (ib. § 452)
›wenn schönes Wetter wäre, würde ich singen‹.

Im Hauptsatz konnte statt des Konjunktiv Plusquamperfekt (*dedissem*) auch der Indikativ Plusquamperfekt (*dederam*) stehen, der mit der Zeit gebräuchlicher wurde (Typ: SI HABUISSEM DEDERAM).

(39) praeclare viceramus [Ind. Plusquamperfekt], nisi... Lepidus recepisset Antonium (Cic. *Epist.* 12, 10, 3: Väänänen 1985, § 381) ›wir hätten einen glänzenden Sieg errungen, wenn Lepidus nicht Antonius aufgenommen hätte‹.

(40) si timuissem..., occideras (Val. Fl. 7, 440: ib.).
›wenn ich mich gefürchtet hätte, hättest du mich umgebracht‹.[7]

Dieser im Spätlatein geläufige Typ findet sich im Mittelalter im Okzitanischen, Italienischen und Spanischen und ebenso noch heute in der spanischen Hochsprache: *si tuviese diera* ›wenn ich hätte, würde ich geben‹ (cf. Kiesler 1999, 348).

Statt des Konjunktiv Plusquamperfekt konnte neben dem Indikativ Plusquamperfekt auch die Futurperiphrase *datūrus eram* ›ich wollte geben‹, war im Begriff zu geben‹ eintreten (Typ: *si habuissem daturus eram*; cf. Rubenbauer/Hofmann 1995, 314).

(41) Si tacuisset, tamen ego eram dicturus (Plautus, *Cist.* 154: Bourciez 1967, § 136)
›wenn er geschwiegen hätte, wollte ich doch sagen‹.

---

[7] Väänänen (1967, § 381) übersetzt »si j'avais eu peur, tu m'aurais tué, tu me tuais«; dagegen falsch bei Väänänen (1985, § 381): »si hubiese tenido miedo, te habrías muerto«.

Gegen Ende des Imperiums wurde *daturus eram* in Gallien und Hispanien durch DARE HABEBAM, in Italien durch DARE HABUI ersetzt (Bourciez 1967, § 257). Wir haben somit einerseits den Typ SI HABUISSEM DARE HABEBAM:

> (42) afr. se je pëusse je le feroie (ib. § 325) ›wenn ich könnte, würde ich es tun‹.
> (43) sp. si tuviese daría ›wenn ich hätte, würde ich geben‹.

Und andererseits den Typ SI HABUISSEM DARE HABUI, der dem it. *se io avessi darei* ›wenn ich hätte, würde ich geben‹ zugrundeliegt. Im Merowingerlatein findet sich schließlich auch *si* mit Indikativ Imperfekt:

> (44) Si iubebas, accederemus ad prilium (Fredeg. 80, 11: Väänänen 1985, § 381)
> ›wenn du befehlen würdest, gingen wir in den Kampf‹.

Daraus entsteht der im Französischen fortgesetzte Typ SI HABEBAM, DARE HABEBAM:

> (45) afr. se je l'avoie, je le doneroie (Bouet et al. 1975, 203)
> ›wenn ich es hätte, würde ich es geben‹.
> (46) fr. si je l'avais, je le donnerais ›id.‹.

Innerhalb der romanischen Schriftsprachen hat nur das Französische im irrealen Bedingungssatz den Indikativ, während umgangssprachlich Entsprechendes ebenso in den Schwestersprachen auftritt (Vincent 1988, 72); zu den verschiedenen umgangssprachlichen Typen des Konditionalsatzes im Französischen, Italienischen und Spanischen s. Kiesler (1999, 344–355).

Arbeitsaufgaben

1. Informieren Sie sich anhand der in Anm. 2 genannten Literatur über die lateinischen Satzbaupläne.
2. Vergleichen Sie die lateinischen Satzbaupläne mit denen Ihrer romanischen Sprache. Welche Veränderungen können Sie feststellen?
3. Informieren Sie sich über die Hyperbata im Lateinischen. Gibt es Vergleichbares in den romanischen Sprachen?
4. Diskutieren Sie die Entwicklungen von Prä- und Postdetermination im Lateinischen. Kann man eindeutige Tendenzen feststellen?
5. Diskutieren Sie die Frage, ob und inwieweit zwischen Hochsprache und Umgangssprache Unterschiede in der Verwendung von Para- und Hypotaxe bestehen. Gehen Sie z.B. von den gegensätzlichen Behauptungen Tagliavinis und Hermans aus (oben 7.2.1).

8. Lexikon, Wortbildung und Phraseologie

Wie in den anderen sprachlichen Teilsystemen gibt es im Lexikon einen stilistisch neutralen Kernbereich, der grundsätzlich erbwörtlich in allen romanischen Sprachen fortlebt. Dieser Bereich der lexikalischen Kontinuität umfaßt Wörter des Grundwortschatzes wie AQUA ›Wasser‹, FĪLIUS ›Sohn‹, BŎNUS ›gut‹, CALĬDUS ›warm‹, BĬBERE ›trinken‹, LEGĔRE ›lesen‹, BĔNE ›gut‹ und HŎDIĒ ›heute‹. In der Entwicklung zum Romanischen sind »von den tausend häufigsten klass. Wörtern etwa ein Drittel, vom Gesamtwortschatz ein wesentlich höherer Anteil ganz zurückgetreten« (Stefenelli 2002, 350). Bei den lexikalischen Neuerungen im Vulgärlatein werden vier Prozesse unterschieden: Selektion, Bedeutungswandel, Wortbildung und Entlehnung.[1] Abschließend bringen wir einige Bemerkungen zur Phraseologie.

8.1. Selektion

Bei der Selektion wird eines von zwei oder mehreren bedeutungsähnlichen Wörtern fortgesetzt. Herman unterscheidet hierbei drei Fälle, die sich teilweise überschneiden, und zwar die Ersetzung unregelmäßiger Wörter durch regelmäßige, die Ersetzung kurzer Wörter durch längere und die Ersetzung neutraler Wörter durch expressive. Als viertes kann man den bei Stefenelli behandelten »Verzicht auf lexikalische Oppositionen« anführen.

Die Ersetzung unregelmäßiger Wörter durch regelmäßige betrifft insbesondere unregelmäßige Verben wie edĕre ~ esse ›essen, fressen‹, das bei Plautus noch sehr häufig ist und fast konkurrenzlos neben comedĕre ›aufessen, verzehren‹ steht, während in den spätlateinischen Texten comedĕre deutlich überwiegt. Dazu kommt mandūcāre ›kauen‹ (← mandĕre ›kauen, beißen‹), das im Spätlatein häufig wird. In der *Vulgata* stehen comedĕre und mandūcāre als geläufige Formen einigen wenigen Fällen von esse gegenüber, und diese Entwicklung spiegeln dann auch die romanischen Sprachen wider: hier ist edĕre ~ esse aufgegeben, fortgesetzt werden COMEDĔRE (> sp. comer) und MANDŪCĀRE (> fr. manger, rum. mînca: Herman 1997, 118); nach Stefenelli (1981, 24–25) war edĕre »zur Zeit Petrons

---

[1] Lit. zum Wortschatz und zur Wortbildung: Berschin et al. (1978, 83–86); Bourciez (1967, §§ 59–79, 182–202); Herman (1997, 117–129); Iliescu (2000); Lüdtke (1968); Maurer (1959, 231–280); Rohlfs (1971); Stefenelli (1981, 18–88; 1992a; 1992b); Tagliavini (1998, 168–181); Väänänen (1985, §§ 138–210); Voßler (1953, 142–180 zur Wortbildung). – Es gibt kein Wörterbuch des Vulgärlateins; man muß auf die lateinischen und mittellateinischen sowie die großen etymologischen Wörterbücher des Romanischen zurückgreifen. Lateinische Wörterbücher: Du Cange (1883–1887); Georges (1913); Habel (1931); Stowasser (1980); der *Thesaurus Linguae Latinae* (ThLL); Walde/Hofmann (1938–1954); s. weiter Stotz (2002, 182–193 »Wörterbücher zur antiken Latinität« und 193–204 »Wörterbücher zum mittelalterlichen Latein«). Romanische etymologische Wörterbücher sind DCEC; DELI; FEW; LEI; REW; TLF.

offenbar schon in der Spontansprache aller Schichten weitgehend durch *comedĕre* ersetzt«. Weitere Beispiele sind *fĕrre* ›tragen‹ → PORTĀRE > fr. *porter* ›id.‹; *loquī* ›sprechen‹ → PARABOLARE, PARAULARE > fr. *parler*, it. *parlare*, FABULARE > sp. *hablar* ›id.‹. Die Formen von *īre* ›gehen‹ wurden mehrheitlich durch solche von VĀDĔRE ›wandeln, schreiten‹ und AMBULĀRE ›spazierengehen‹ ersetzt (Herman 1997, 119).

Kurze, leicht verwechselbare Wörter werden durch längere ersetzt. So wird *ōs, ōris* ›Mund, Maul‹, das besonders nach dem Quantitätenkollaps der partiellen Homonymie mit *ŏs, ŏssis* ›Knochen‹ ausgesetzt war, schon früh durch BŬCCA ›Backe‹ ersetzt, und dieses lebt im Romanischen fort (> sp. *boca*, fr. *bouche*, it. *bocca* ›Mund‹), während *ōs* ganz untergeht. Durante (1981, 49–50) sieht in der Ausschließung betonter Einsilber, die sich seit dem 4. Jh. als »regelrechtes rhythmisches Gesetz manifestiert«, einen Beleg für das »endgültige Auseinanderdriften der beiden lateinischen Traditionen« im 4. und 5. Jh. Als Ersatz finden sich entweder Erweiterungen oder (Quasi-) Synonyme. Die *Erweiterung* ist – neben Verschleiß und Verschmelzung – einer der drei unumkehrbaren Vorgänge in der Entwicklung der Moneme (Lüdtke 1996, 531, von dem wir die schematische Darstellung übernehmen):

	schematisch	Beispiel
Erweiterung	□ → □□	lat. *aes* ›Kupfer‹ → spätlat. *aeramen* ›id.‹;
		lat. *vĕr* n. ›Frühling‹ → *primus, prima ver* ›id.‹;
Verschmelzung	□□ → □	lat. *prima ver* → vlt. *PRIMAVERA ›id.‹;
Verschleiß	□ → □	spätlat. AERAME(N) > it. *rame* ›Kupfer‹.

Weitere Beispiele für Erweiterungen sind: *aes* ›Erz, Kupfer‹ → *aeramen, fax* ›Kienspan, Fackel‹ → *facŭla* (Diminutiv, s. unten 8.3), *nō* ›ich schwimme‹ → *natō, ter* ›dreimal‹ → *per ter, vĕr* ›Frühling‹ → *primus, -a ver, quŏt* ›wieviele‹ → *quanti, tŏt* ›so viele‹ → *tanti*. (Quasi-) Synonyme sind z.B.: *ōs* → *bŭcca* (s. oben), *crūs* ›(Unter-) Schenkel, Schienbein‹ → *camba, rēs* ›Gut; Sache‹ → *causa, vīs* ›Kraft‹ → *fortia, vĭr* ›Mann‹ → *homo, ĭs* ›dieser‹ → *ille, ĭt* ›er geht‹ → *vādit*.

Konkrete, oft expressive Wörter ersetzen neutrale, so CABĂLLUS ›Arbeitspferd, Gaul‹ (> sp. *caballo*, fr. *cheval*, it. *cavallo*), das für klt. *equus* ›Pferd, Roß‹ eintritt (Herman 1997, 122). Auch die Ersetzung von *părvus* ›klein‹ durch ursprünglich »kindersprachliche« Ausdrücke wie PITINNUS, PISINNUS (Herman 1997, 122) bzw. lautsymbolische Bildungen zu PITT-, PIKK-, aus denen sp. *pequeño* (< *PIKKINNU), fr. *petit*, it. *piccolo* entstehen, gehört hierher. Weitere Beispiele bringt Stefenelli (1981, 33–41): u.a. *oriri* ›aufgehen‹ → SE LEVARE, *urbs* ›Stadt‹ → CIVITAS ›Bürgerschaft‹, *tutus* ›sicher‹ → SECURUS › sorglos‹.

Der Verzicht auf lexikalische Oppositionen betrifft Fälle wie *alius* ›ein anderer‹ : *alter* ›der eine (von zweien), der andere‹ (cf. Anh. II, 1), *āter* ›glanzlos schwarz, dunkel‹ : *nĭger* ›glänzend schwarz, dunkel‹ und *patrŭus* ›Onkel väterlicherseits‹ : *avuncŭlus* ›Onkel mütterlicherseits‹, in denen jeweils nur das zweite Wort fortgesetzt wird. Das läßt sich schematisch wie folgt darstellen (Stefenelli 1981, 50):

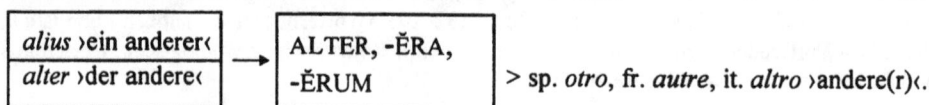

alius ›ein anderer‹	→	ALTER, -ĔRA, -ĔRUM	> sp. *otro*, fr. *autre*, it. *altro* ›andere(r)‹.
alter ›der andere‹			

8.2. Bedeutungswandel

Die verschiedenen Fälle von Bedeutungswandel überschneiden sich oft und werden in der Literatur unterschiedlich klassifiziert. Wir folgen hier Stefenelli (1981; 1992a, 160–178) und Väänänen (1985) und greifen nur einige Beispiele heraus.

Bedeutungserweiterung oder Generalisierung liegt vor in *ADRIPARE ›ans Ufer (rīpa) kommen‹ > fr. *arriver*, it. *arrivare* ›ankommen‹; hierbei wird ein semantisches Merkmal aufgegeben, in diesem Fall das Merkmal [Seeweg]. Ebenso erweitert sich die Bedeutung von STĀRE ›stehen‹ zu ›sich befinden, sein‹, und diese Bedeutung ist die von sp. *estar*, afr. *ester*, it. *stare*. Bedeutungserweiterung liegt ebenfalls vor in PLICARE ›falten, beugen‹ (> fr. *plier*, it. *piegare* usw.), das im Sp. *llegar* die Bedeutung ›ankommen‹, im Rum. *pleca* dagegen ›abfahren, abreisen‹ annimmt; die Erklärung von Meyer-Lübke (REW, s.v. *plicare*: »ursprünglich wohl ›die Zelte zusammenschlagen‹«), die sich noch bei Tagliavini findet (1998, 174 »etwa *plicare tentoria* ›die Zelte abbrechen‹«) ist nach Väänänen (1985, § 208 Anm.) »nicht überzeugend«, da *plicare* diese Bedeutung im Lateinischen nicht kannte und man *tentōrium dētendĕre* ›das Zelt abbrechen‹ sagte.

Das Gegenstück ist die Bedeutungsverengung oder Spezialisierung, bei der zu der ursprünglichen Bedeutung noch ein semantisches Merkmal hinzukommt. Dies ist der Fall bei NECĀRE ›töten‹, das über *aquā necāre* »durch Wasser töten« u.ä. die Bedeutungen ›ersticken‹ und ›ertränken‹ erhält (> sp. *anegar*, fr. *noyer*, it. *annegare*: Väänänen 1985, § 207). Ähnlich verengt sich die Bedeutung von TEMPESTĀS ›Wetter, Witterung‹ zu ›Unwetter, Sturm‹ schon bei Plautus, und dies ist die einzige im Romanischen bewahrte Bedeutung (ib.): fr. *tempête*, it. *tempesta* ›Unwetter, Sturm‹ (sp. *tempestad* ›id.‹ ist dagegen Latinismus). Lat. PŪLLU(M) ›(Tier-) Junges‹ wird auf das ›Huhn‹ spezialisiert und entwickelt sich zu sp. *pollo*, it. *pollo*; fr. *poule* ›Huhn‹ < PŪLLA(M).

Bedeutungsübertragung liegt vor in CŌXA(M) ›Hüfte‹ > fr. *cuisse*, it. *còscia* ›Schenkel‹; ebenso in sp. *muslo* ›Schenkel‹ < MŪSCŪLU(M) ›Muskel‹ < ›Mäuschen‹, ursprünglich Diminutiv zu lat. *mūs* ›Maus‹. Affektive Bedeutungsübertragungen liegen auch der Verallgemeinerung ursprünglicher Kraftausdrücke zugrunde, so bei TESTA ›Tongefäß‹, ›Scherbe‹, das seit dem 4. Jh. für ›Hirnschale‹ steht und schließlich zum derb-scherzhaften Kraftausdruck für ›Kopf‹ wird (> fr. *tête*, it. *testa*), s. Väänänen (1985, § 153); Goldberger (1930). Das Verb MINARI ›drohen‹ wird spezialisiert auf ›(Vieh unter Drohungen) antreiben‹ und von hier aus auf Menschen übertragen zu ›treiben, führen‹ > fr. *mener* ›bringen, führen‹ (Stefenelli 1981, 59).

Die Sprache des Christentums (s. oben S. 22) hatte bedeutenden Einfluß auf die Entwicklung der »protoromanischen Gemeinsprache« (Stefenelli 1981, 60): SENIOR ›der Ältere‹ erscheint seit dem 2. Jh. in der Bedeutung ›Gemeindeältester‹ und wird besonders in der Kirchensprache zur Respektsbezeichnung neben klt. DOMINUS (ib. 61). Als Bezeichnung für ›Sonntag‹ verdrängt das christliche DIES DOMINICUS, DIES DOMINICA ›Tag des Herrn‹ das ältere *solis dies* (nach welchem u.a. dt. *Sonntag* gebildet wurde: ib.).

Unter der Überschrift »sachgeschichtliche Gründe bzw. Voraussetzungen« verweist Stefenelli (1981, 62) auf mögliche Zusammenhänge u.a. zwischen dem Ersatz von *emĕre*

84

durch COMPARARE, *ACCAPTARE (> fr. *acheter* ›kaufen‹) »und dem Rückgang geregelter Handelsbeziehungen«; zwischen dem Bedeutungswandel von CASA ›Hütte‹ zu ›Haus‹ und »dem sinkenden Niveau der Wohnverhältnisse«; und zwischen dem Schwund zahlreicher Wörter der klassischen Militärterminologie (*bellum* ›Krieg‹, *exercitus* ›Heer‹, *pugnare* ›kämpfen‹ u.a. > Ø) und »der Auflösung der traditionellen römischen Heeresorganisation.«

8.3. Wortbildung

Die zahlreichen Wortbildungen des Vulgärlateins lassen sich in fünf Gruppen einteilen, und zwar: Erweiterungen ohne Wortartwechsel, Ableitungen mit Wortartwechsel, Zusammensetzungen, onomatopoetische Bildungen und Bildungen durch Ellipse (cf. Stefenelli 1981, 66–80; 1992a, 179–191).

Erweiterungen ohne Wortartwechsel und Bedeutungsveränderung (s. S. 82) sind erstens neue Präfixformen wie *CUMINITIARE ›anfangen‹ ← *initiare*; *CUMINITIARE > sp. *comenzar*, fr. *commencer*, it. *cominciare* ›id.‹. Zweitens neue Inchoativformen[2] wie *PARESCĒRE ›(er)scheinen‹ ← *parēre*, woraus sp. *parecer* und fr. *paraître* ›id.‹ entstanden; ebenso *apparēre → *APPARESCĒRE ›erscheinen‹ > sp. *aparecer*, fr. *apparaître* ›id.‹. Drittens finden wir Neubildungen auf der Basis des Partizip Perfekts: zu klassisch-lateinischem *oblivisci* ›vergessen‹ gehört das Partizip *oblītus* ›vergessen‹, und von diesem wird nun vlt. *OBLITARE ›id.‹ gebildet, worauf sp. *olvidar*, fr. *oublier* ›id.‹ beruhen. Ebenso tritt vlt. *USARE ›gebrauchen‹ ← *ūsus* ›gebraucht‹ an die Stelle des klassischen *uti* (Stefenelli 1981, 68), und auf diese Form *USARE gehen die romanischen Wörter zurück: sp. *usar*, fr. *user*, it. *usare* ›id.‹. Viertens gehören hierher erweiterte Adjektive wie EXTRANEUS ›auswärtig, fremd‹ (> sp. *extraño*, fr. *étrange*, it. *strano*) für *exter* ›id.‹. Auch die zahlreichen zusammengesetzten Präpositionen wären hier zu nennen (s. S. 63), ebenso verschiedene Verbindungen wie AC SIC ›so‹, wörtlich »und so«, das dem fr. *ainsi* zugrundeliegt, und klt. *aliquis* ›irgendein(er)‹ + *unus* ›einer‹ → vlt. *ALICUNUS ›irgendein(er)‹ > sp. *alguno*, fr. *aucun* (afr., mfr. ›irgendein(er)‹ ib. 71), it. *alcuno*. Fünftens fällt unter die Erweiterung schließlich auch die Ersetzung von Grundwörtern durch ursprüngliche Diminutiva wie bei *fax* ›Fackel‹ → *facŭla* ›id.‹. Es handelt sich hierbei um eine typische Erscheinung der vulgärlateinisch-romanischen Sprachentwicklung, die sich ebenso in anderen Sprach- und Kulturkreisen beobachten läßt;[3] in der *Appendix Probi* heißt es »auris non oricla«, d.h. ›Ohr‹ heißt klassisch-lateinisch *auris*, die vulgärlateinische Form, die den romanischen Entsprechungen zugrundeliegt, ist aber das Diminutiv ORICLA (oben S. 33). Es finden sich verschiedene Diminutivsuffixe: *-ulus*: klt. *unguis* ›Nagel‹ → UNGULA(M) ›Klaue, Kralle, Huf‹ (Stefenelli 1981,

---

[2] *Inchoativa* (zu lat. *inchoare* = *incohare* ›anfangen‹) sind Verben, die einen »Beginn« ausdrücken und das Suffix *-sc-* enthalten, z.B. *decrēscĕre* ›abnehmen, kleiner werden‹, *florēscĕre* ›aufblühen‹, *obdormīscĕre* ›einschlafen‹, *quiēscĕre* ›ausruhen; verstummen‹ (Väänänen 1985, § 316).
[3] Cf. Havers (1931, 35); Hakamies (1951); Herman (1997, 120–121); Rohlfs (1971, 65–71); Stefenelli (1981, 45–47); Väänänen (1985, §§ 162, 189–190); Voßler (1953, 144–148).

48) > sp. *uña*, fr. *ongle*, it. *unghia*; *-culus*: klt. *genū* ›Knie‹ → GENUCULU(M) > asp. *hinojo*, fr. *genou*, it. *ginocchio*; klt. *sōl* ›Sonne‹ → *SOLICULU(M) > fr. *soleil*; *-(c)ellus*: klt. *ăvis* ›Vogel‹ → AUCELLU(M) > fr. *oiseau*, it. *uccello*. Cf. noch *casula* ›Häuschen‹ und *Graeculis litteris* ›in die griechischen Buchstaben‹ bei Petron (hier Anh. II, 1).

Zahlreich sind die Ableitungen mit Wortartwechsel. Hierbei werden z.B. Verben von Substantiven abgeleitet (denominale Verben): so *passus* ›Schritt‹ → *PASSARE ›überschreiten, vorübergehen u.ä.‹ > fr. *passer* ›überschreiten‹; *parabola* ›Rede‹ → PARABOLARE ›sprechen‹ (7. Jh.; s. oben S. 82). Bei gleichzeitiger Prä- und Suffigierung spricht man von parasynthetischen Bildungen, so bei *rīpa* ›Ufer‹ → *ADRIPARE ›ans Ufer kommen, landen‹ (S. 83) und bei *via* ›Weg‹ → *INVIARE ›schicken‹ > sp. *enviar*, fr. *envoyer* (Stefenelli 1981, 74). Auch von Adjektiven und Adverbien werden Verben abgeleitet: *securus* ›sicher‹ → *ASSECURARE ›sicher machen‹, ›versichern‹ > fr. *assurer*, it. *assicurare* ›id.‹; *abante* ›vor‹ → *ABANTIARE ›vorwärts bringen‹ > fr. *avancer*, it. *avanzare*, kat. *avançar* (s. S. 38, 63). Abgeleitete Substantive sind z.B. spätlat. CAMPANEA ›Ebene‹ (6. Jh.), kollektiver Plural zu *campaneus* (Stefenelli 1981, 76), woraus sp. *campaña*, afr., mfr. *champagne* und it. *campagna* entstanden, und spätlat. COQUĪNA, COCĪNA ›Küche‹ ← *coquinus* ›zum Kochen gehörig‹, das klassisch-lateinisches *culina* ›Küche‹ ersetzt (Stefenelli 1981, 76) und sp. *cocina*, fr. *cuisine* und it. *cucina* ›id.‹ zugrundeliegt.

Zusammensetzungen und periphrastische Verbindungen, d.h. mehrwortige Kombinationen mit einheitlicher Bedeutung, sind z.B. *companio* ›Gefährte‹ (*Lex Salica*) ← *cum + panis* »Brotgenosse«, das klassisches *sodalis* ›Kamerad, Gefährte‹ und *socius* ›id.‹ ersetzt (Stefenelli 1981, 78); *vicem* ›Wechsel‹, ›Mal‹, das in Verbindungen wie *una vice* ›einmal‹ klassisch-lateinische Zahladverbien wie *semel* ›einmal‹, *bis* ›zweimal‹, *ter* ›dreimal‹ usw. ersetzt. PRO QUOD ›weil‹ erscheint seit dem 6. Jh. für *pro eo quod* und ergibt afr. *por (ce) que* ›id.‹; PRO QUID ›warum‹ > fr. *pourquoi*; *ANTE TOTUM und *SUPER TOTUM u.a. ersetzen klassisch-lateinisch *imprīmīs* ›besonders‹, *potissimum* ›hauptsächlich‹, *praecipuē* ›vorzugsweise‹, *praesertim* ›zumal, besonders‹. Schließlich gehören hierher auch die Bezeichnungen der Wochentage wie DIES LUNAE (*LUNIS), DIES MARTIS usw. (ib. 79).

Onomatopoetische Bildungen sind MUTTUM ›Muckser‹ (seit Hieronymus) > ›Wort‹ > fr., kat. *mot* ›id.‹ (Stefenelli 1981, 79) und *TOCCARE, das zunächst ›schlagen (von Glocken u.ä.)‹ bedeutet, dann abgeschwächt ›berühren‹ und weithin zum Ersatzwort für klt. *tangĕre* ›id.‹ wird (ib. 80). *TOCCARE > sp. *tocar*, fr. *toucher*, it. *toccare* ›id.‹. Weitere Beispiele bringt Väänänen (1985, § 172).

Schließlich sind die Bildungen durch Ellipse zu nennen. Hierbei übernehmen meist Adjektive in Syntagmen aus Substantiv + Adjektiv die Bedeutung des Syntagmas: MEDIUS (DIES) ›Mittag‹ > fr. *midi* (Stefenelli 1981, 43), HIBERNUM (TEMPUS) ›Winter‹ > fr. *hiver*, (CASEUS) FORMATICUS »geformter Käse« > fr. *fromage*. Ebenso in den Schwestersprachen: FOCĀCIA (PASTA) ›Fladen‹ (Bourciez 1967, § 79) > it. *focaccia*, BAIĀNA (FABA) ›Bohne‹ > it. *baggiana*, spätlat. (VĪA) STRĀTA ›gepflasterte Straße‹ > it. *strada*; spätlat. (FARTA) SALSĪCIA ›gesalzene Wurstwaren‹ > sp. *salchicha*, (HORA) SĒXTA ›sechste Stunde (d.h. 12h)‹ > sp. *siesta*, (FRATER) GERMĀNUS ›leiblicher Bruder‹ > sp. *hermano* (ib. § 202).

8.4. Entlehnung

Die größte Zahl der Lehnwörter stammt aus dem Griechischen (s. Kap. 9). Belegte Entlehnungen aus anderen Sprachen sind bis zum Fall des Imperiums sehr selten (Herman 1997, 128). Es finden sich einerseits Keltismen, von denen einige in Folge des Kelteneinfalls in Oberitalien seit dem 4. Jh. v. Chr. auch dem gemeinvulgärlateinischen Wortschatz vermittelt und daher in der ganzen Romania fortgesetzt wurden, andererseits Germanismen. Zu den Keltismen gehören *PĔTTIA ›Stück‹ (*petia* um 800: Stefenelli 1992a, 194) > sp. *pieza*, fr. *pièce*, it. *pèzza* ›id.‹; CAMBIARE ›tauschen, wechseln‹ (2. Jh., Apuleius: ib.) > sp. *cambiar*, fr. *changer*, it. *cambiare* ›id.‹. Weitere Keltismen sind *CAMMINUS ›Weg‹ (*caminus* 7. Jh.: ib.), CARRUS ›vierrädriger Wagen‹, CEREVISIA ›Bier‹, BRACA ›Art Hose‹, CAMISIA ›Hemd‹, ALAUDA ›Lerche‹, BETULLA ›Birke‹ und LEUCA ›Meile‹ (ib.; cf. Bourciez 1967, § 65; Väänänen 1985, § 171).

Die Zahl der Germanismen ist ebenfalls sehr gering.[4] Die gesicherten Germanismen beschränken sich »auf insgesamt höchstens dreißig Beispiele« (Stefenelli 1981, 84). Da rumänische Entsprechungen in der Regel nicht existieren, kommen als Zeitpunkt der Übernahme »vor allem das 4. und 5. Jh. in Betracht« (ib.). Beispiele sind *FRISK ›frisch‹ > afr. *frois*, fr. *frais*, sp., it. *fresco* ›id.‹; *BLANK ›weiß‹ > sp. *blanco*, fr. *blanc*, it. *bianco* ›id.‹; weiter *MARKA ›Grenze; Grenzgebiet‹, RAUBA ›Geraubtes, Beute‹ (7. Jh.), sekundär ›(geraubte) Kleidung‹ (ib.), *WĪSA ›(Art und) Weise‹, BURGUS ›befestigte Ortschaft, kleine Stadt‹, SUPPA ›in Brühe eingetunkte Brotschnitte‹ (s. Anh. II, 2), TAXO ›Dachs‹, GANTA ›Wildgans‹, BARO ›freier, tapferer Mann‹. Als »wahrscheinlich parallele Mehrfachentlehnung aus verschiedenen germanischen Dialekten« nennt Stefenelli (1992a, 196) german. *RIKJA ›mächtig; reich‹, das für »zunächst verallgemeinertes« lat. *dives* ›reich‹ eintritt. Auf german. *RIKJA gehen zurück fränk. *RĪKI (> fr. *riche*), got. REIKS [rīks] (> sp. *rico*) und langob. RĪHHI > it. *ricco* ›reich‹. Bei *BOSK, *BUSK ›Busch, Wald‹, FRANCUS ›freier Mann; frei‹ und *LAID ›widerwärtig, häßlich‹ handelt es sich nach Stefenelli wohl um fränkische Superstrat-Entlehnungen, »die erst über sekundäre Ausstrahlung eine großräumigere romanische Relevanz erlangen« (ib.).

8.5. Phraseologie

Die Phraseologie oder Idiomatik des Vulgärlateins wirft eine ganze Reihe von Problemen auf. Einerseits sind dies die theoretischen Probleme der Abgrenzung, die hier noch deutlicher sind als in anderen Bereichen: »die Idiomatik unserer Sprachen ist noch viel unberechenbarer als ihre Lexik und Grammatik« (Wandruszka 1979, 278; cf. Häussler 1968, X–XI). Das sind die Probleme der Definition und Klassifikation. Im allgemeinen versteht man unter *Phraseologie* alle feststehenden Ausdrücke wie Redensarten mit figürlicher, d.h. bild-

---

[4] Zu den Germanismen s. Rohlfs (1971, 106–133); Väänänen (1985, § 171); Voßler (1953, 190–203).

lich übertragener Bedeutung (*mit seinem Latein am Ende sein*), idiomatische Wendungen (*tiefer Schlaf*), formelhafte Ausdrücke (*um so besser*), Zwillingsformeln wie it. *sano e salvo* ›unversehrt‹ (< lat. SĀNUS AC SĀLVUS »gesund und unverletzt«) u.ä. Andererseits haben wir die praktischen Probleme der Sammlung und Darstellung. Es gibt keine umfassende Darstellung der vulgärlateinischen Phraseologie. Eine Untersuchung der lateinischen Phraseologismen mit Bezug auf die romanischen Sprachen fehlt vollends. Hier können nur einzelne Arbeiten wie der nach wie vor grundlegende Aufsatz von Wagner (1933) oder die Untersuchung der sprichwörtlichen Vergleiche von Klein (1937) genannt werden. Die Sammlungen lateinischer Phraseologismen (Otto 1890; Häussler 1968) behandeln nicht speziell das Vulgärlatein, obgleich sie viel Umgangssprachliches enthalten.[5] Die Handbücher zum Vulgärlatein gehen in der Regel nicht auf die Phraseologie ein, so etwa Väänänen (1985), Herman (1997), Voßler (1953). Neuerungen, wie wir sie aus der Phonologie (Quantitätenkollaps, 5.2), Morphologie (Kasusreduktion, 6.1), Syntax (Konjunktionalsätze statt AcI-Konstruktionen, 7.7.2) und Lexik (Bedeutungswandel, 8.2) kennen, können wir im Bereich der Phraseologie nicht feststellen.

Für das Vulgärlatein und die romanischen Sprachen ergibt sich als weiteres Problem die Frage, ob bei den Phraseologismen jeweils volkstümliche Übernahme oder gelehrter Einfluß vorliegt, das heißt, ob die Redensarten »erbwörtlich« weitergegeben wurden oder auf späterer Entlehnung beruhen (cf. Otto 1890, XVIII; Wagner 1933, 16). Diese Frage betrifft erstens ursprünglich lateinische Redensarten, zweitens die Nachahmung griechischer Phraseologismen. Erbwörtliche Entwicklung lateinischer Redensarten dürfte bei alltäglichen Formeln wie lat. *tanto melior* ›ganz ausgezeichnet‹ (Petr. 69, 5; wörtlich »um so besser«) vorliegen, das z.B. in sp. *tanto mejor*, fr. *tant mieux*, it. *tanto meglio* ›um so besser‹ weiterlebt (Wagner 1933, 5). Ebenso bei vielen Sprichwörtern wie lat. *qui fugit patellam, cadet in prunes* (ib. 2) ›wer der Schale entflieht, fällt in die glühende Kohle‹, das dem it. *cadere dalla padella nella brace* ›vom Regen in die Traufe kommen‹ und sp. *saltar de la sartén* (= ›Bratpfanne‹) *y dar en la brasa* ›id.‹ entspricht (cf. S. 76 zu QUI).

Die Nachahmung griechischer Phraseologismen im Vulgärlatein betrifft z.B. Ausdrücke wie lat. *sŏmnus profŭndus* ›tiefer Schlaf‹ und *victōriam reportāre* ›den Sieg davontragen‹, die nach griechischen Mustern gebildet sind. Tallgren-Tuulio weist in seiner grundlegenden Untersuchung bildlicher Redensarten darauf hin, daß diese die Sprachgrenzen »mit einer weit größeren Leichtigkeit [!] als die einfachen stofflichen Wortschatzelemente überspringen« (Tallgren-Tuulio 1932, 279; cf. Kramer 1983; Wagner 1933, 17). So etwa im Fall von gr. *bathỳs hýpnos* ›tiefer Schlaf‹ → lat. *sŏmnus profŭndus* → fr. *profond sommeil* → dt. *tiefer Schlaf* (Tallgren-Tuulio 1932, 285, 299); gr. *tēn níkēn anelómenos* (*anairein* ›davontragen‹) → lat. *victoriam reportare* ›den Sieg davontragen‹ (ib. 297) → fr. *remporter la victoire*, it. *riportare la vittoria* ›den Sieg davontragen‹ (nicht in DELI).

---

[5] Lit. zur Phraseologie: Büchmann (1964); Olbrich (1956); Otto (1890); dazu Häussler (1968); Heraeus (1937a); Hofmann (1978, pass.); Klein (1937); Röhrich (1994); Tallgren-Tuulio (1932); Thiele (1996); Wagner (1933); Wandruszka (1979, 267–294 und pass.); Weise (1891, pass.).

Ein weiteres Problem betrifft die Rekonstruktion. Hier fehlt es noch an der grundlegenden Voraussetzung, nämlich an der vergleichenden Untersuchung der romanischen Phraseologie (cf. Thiele 1996, 430). Wagner nennt eine Reihe von Redensarten, »für die uns zwar das lateinische Vorbild fehlt, die aber doch wohl nach ihrer Verbreitung auf die Antike zurückgehen dürften« (1933, 19). Darunter auch die weitverbreitete Wendung it. *guardare colla coda dell'occhio* ›verstohlen hinblicken‹, wörtlich »mit dem Schweif des Auges«, sp. *mirar con el rabo del ojo*, und entsprechend in den Schwestersprachen (ib. 20). Peruzzi hat dagegen gezeigt, daß diese Redensart nicht aus dem Lateinischen, sondern aus dem Arabischen stammt (Peruzzi 1957; cf. Kiesler 1998, 468), was zeigt, daß das geographische Kriterium der Verbreitung allein keine sichere Grundlage für die Etymologie bietet.

Im Fall von it. *alzare il gomito* ›einen heben, zu viel trinken‹ erscheint die Herkunft aus dem Vulgärlatein sehr wahrscheinlich. In den Schwestersprachen gibt es genau entsprechende Wendungen, u.a. sp. *alzar, empinar, levantar el codo* ›id.‹ und fr. *hausser, lever le coude* ›id.‹. Bei dieser Redensart, die sich ebenso in vielen anderen romanischen Sprachen und Dialekten findet, führt die Rekonstruktion sowohl durch die wörtliche Übersetzung als auch durch die Etymologie der Einzelwörter auf eine nicht belegte Basis *ALTIARE, LEVARE ILLUM CŪBĬTUM: sp. *alzar*, fr. *hausser*, it. *alzare* ›heben‹ < vlt. *ALTIARE (Ableitung von *altius* ›höher‹); sp. *codo*, fr. *coude*, it. *gomito* ›Ellenbogen‹ < lat. CŪBĬTUM; wir haben also »den Ellenbogen heben« = ›einen heben, zechen‹. Die Geschichte bleibt im einzelnen weiter zu erforschen. Das FEW (s.v. *cubitus*) belegt fr. *hausser le coude* ›sich berauschen‹ 1694, *lever le coude* für 1752 (ebenso TLF, s.v. *coude*). Das LEI (s.v. **altiāre*) belegt it. *alzare il gomito* seit 1742, aber – wie FEW und TLF – ohne lateinisches Vorbild.

So bleibt auf dem Gebiet der historisch-vergleichenden Phraseologie des Lateinischen, des Vulgärlateinischen und der romanischen Sprachen noch fast alles zu tun. Von einem romanistischen Werk, das sich mit der beeindruckenden Sammlung Röhrichs (1994) für das Deutsche vergleichen könnte, sind wir noch weit entfernt.

Arbeitsaufgaben

1. Vergleichen Sie die Einteilungen von Herman (1997) und Stefenelli (1981; 1992a) im Bereich der Selektion. Berücksichtigen Sie dabei auch die Kriterien von Iliescu (2000).
2. Lesen Sie den Abschnitt zum »Verzicht auf lexikalische Oppositionen« bei Stefenelli (1981, 48–52). Gibt es vergleichbare Fälle in Ihrer romanischen Sprache?
3. Untersuchen Sie anhand der in Anm. 3 genannten Literatur die Verteilung der Diminutivsuffixe in einer oder mehreren romanischen Sprachen.
4. Vergleichen Sie die sprachlichen Merkmale der Phraseologismen Ihrer romanischen Sprache (z.B. anhand des entsprechenden Artikels im *Lexikon der Romanistischen Linguistik*) mit denen der lateinischen Redensarten bei Otto (1890, XXIX–XXXIV).

9. Griechische Einflüsse im Vulgärlatein

Lateinische Sprache und römische Kultur standen von Anfang an unter starkem griechischen Einfluß.[1] Literatur und Wissenschaft, tägliches Leben und höhere Bildung, Kunst und Handwerk, Religion und Philosophie, Sport und Körperkultur, Musik und Sprache – überall zeigt sich der Einfluß des Griechischen. Dieses ist Adstrat des Lateinischen, zunächst durch die Kolonien in Süditalien (wo bis heute noch griechische Sprachinseln bestehen), dann als Kultursprache im westlichen Teil des römischen Reichs und als Verkehrssprache des Fernhandels und im Osten des Reichs (cf. Zgusta 1980). Voraussetzung jeder Art sprachlicher Beeinflussung ist Zweisprachigkeit. Und diese war in Rom – und in weiten Teiles des Reichs – in sehr hohem Maße gegeben. Es ist nicht einfach, sich ein Bild des Ausmaßes dieser Zweisprachigkeit zu machen. Der oft beklagte Einfluß des Englischen auf die heutigen europäischen (und außereuropäischen) Sprachen ist zweifellos wesentlich geringer als derjenige des Griechischen auf das Lateinische und im allgemeinen auf Fachtermini und Modeausdrücke beschränkt. »Denn auch mit der Zweisprachigkeit ist es heute selbst in gebildeten Schichten nicht so weit her, wie dies für das antike Rom anzunehmen ist [!]« (Dietrich 1998, 122). Und noch etwas kommt hinzu. Wenn die Einflüsse des Griechischen auf die lateinische Gemein- und Hochsprache schon sehr tiefgreifend waren, so sind diejenigen auf das kaiserzeitliche und späte Vulgärlatein noch einmal viel stärker (cf. Dietrich 1998, 122; Herman 1997, 127; Zgusta 1980, 138).[2] Von enormer Bedeutung für die Verbreitung der Gräzismen ist schließlich das Christentum, dessen Sprache zunächst das Griechische war (s. S. 23). Und die Sprache des Christentums ist wesentlich von Tertullian (160–nach 220) geprägt worden, bei dem wiederum der griechische Einfluß besonders tiefgreifend war, so daß wir davon ausgehen müssen, daß er vielen Gräzismen den Weg in die Kirchensprache öffnete, welche diese dann weiter ins späte Vulgärlatein und damit ins Urromanische getragen hat: »Die Einwirkung seiner Neuerungen auf die Nachwelt ist eine unberechenbar große gewesen« (Norden 1971, 609; zu Tertullian s. Devoto 1968, 266–271; Norden 1971, 606–615). Die gewaltige Bedeutung des griechischen Einflusses zeigt sich auch in den ganz verschiedenen Typen der Entlehnungen. Sie betreffen praktisch alle sprachlichen Ebenen, ganz besonders den Wortschatz, die Phraseologie und die Syntax, aber auch die Namengebung, die Morphologie und die Grammatik »bis hin zur Phonetik«

---

[1] Lit. zu den griechischen Einflüssen: Bonfante (1983, 436–448); Bork (1982); Coseriu (1971); Dietrich (1998); Devoto (1968, pass.); Kahane/Kahane (1980); Löfstedt (1936, 197–216; 1956 II, 406–457; 1959, 88–119); Lüdtke (1968 I, 32–38, 48–53); Narr (1971); Pasquali (1929); Stolz/Debrunner (1966, 51–57); Stotz (2002, 509–591); Süß (1933, 40–46); Väänänen (1985, §§ 13–14, 170); Voßler (1953, 20–24); Winkelmann (1833b); Zgusta (1980, 138–141). – Griechische Wörterbücher: Chantraine (1968); Gemoll (1954); Liddell/Scott (1940).

[2] Der Ausschluß der Gräzismen stellt eine Norm des klassischen Lateins dar, d.h. je höher der Stil, desto weniger griechische Einflüsse: »in der Tat ist die plautinische Sprache noch reich an Gräzismen, während bei Terenz nur sehr wenige zu finden sind. In den Briefen Ciceros gibt es 850 griechische Wörter, in den Dialogen [sic, l.: Reden] nur drei« (Durante 1993, 18 = 1981, 10).

(Dietrich 1998, 122). Im folgenden werden einige Beispiele griechischen Einflusses auf das kaiserzeitliche und spätere Vulgärlatein gegeben, zuerst aus dem Bereich des Wortschatzes, dann aus der Grammatik (nach Dietrich 1998, 122–128; zu den Lehnwendungen s. S. 87).

9.1. Lexikon

Beim Wortschatz kann man zunächst zwischen dem christlichen und dem profanen Bereich unterscheiden, wenngleich die Grenzen fließend sind. Dem Latein der Christen kommt hier eine besondere Bedeutung zu, da es in hohem Maße durch das Griechische beeinflußt war und so auch zur Verbreitung »der allgemeinen, d.h. nicht speziell kirchlichen Gräzismen beigetragen« hat (Dietrich 1998, 127). Vom Standpunkt der romanischen Sprachen sind die Fälle gelehrter Entlehnung von volkstümlicher Entwicklung zu unterscheiden (ib. 128).

gelehrte Entlehnung	volkstümliche Entwicklung
evangelium > sp. *evangelio*, fr. *évangile* ›Evangelium‹	*VANGELUM > it. *Vangèlo* ›id.‹
ecclesia > sp. *iglesia*, fr. *église* ›Kirche‹	*CLESA > it. *chiesa* ›id.‹
epiphanía > sp. *epifanía*, fr. *épiphanie* ›Dreikönigsfest‹	*(E)BIFAN(I)A > it. *befàna* ›id.‹
episcopus > sp. *obispo*, fr. *évêque* ›Bischof‹	*(E)BISCOPUS > it. *véscovo* ›id.‹
presbyter > sp. *presbítero*, *preste*, fr. *prêtre* ›Priester‹	PRE(VI)TER > it. *prète* ›id.‹

Öfters haben die romanischen Wörter halbgelehrten Charakter, weil sie in der Kirchensprache häufig in ihrer klassischen Form gehört wurden (ib. 128), so z.B. *angelus* (*ángelos*) > sp. *ángel*, afr. *angele*, fr. *ange*, it. *àngelo* ›Engel‹; *diabolus* (*diábolos*) > sp. *diablo*, fr. *diable*, it. *diavolo* ›Teufel‹; *baptizare* (*baptízein*) > sp. *bautizar*, fr. *baptiser*, it. *battezzare* ›taufen‹.

Schließlich gibt es Wörter, die zunächst aus dem kirchlichen Bereich stammen, dann aber diese Konnotation aufgegeben haben. Die wichtigsten sind folgende: gr. *parabolē* ›Vergleichung, Gleichnis‹ > lat. PARABOLA ›Gleichnis‹ > ›Bibelwort‹ > ›Wort‹ > sp. *palabra*, fr. *parole*, it. *parola* ›Wort‹. Von lat. *parabola* ist das Verb PARABOLARE ›sprechen‹ abgeleitet (7. Jh.: Stefenelli 1981, 73), woraus fr. *parler*, it. *parlare*, kat. *parlar* (> sp. *parlar* ›geläufig reden; plappern‹) entstanden sind (S. 82, 85). Auf SABBATUM (gr. *sábbaton*) gehen sp. *sábado*, it. *sabato* zurück, während fr. *samedi* ›Samstag‹ auf einer byzantinischen Variante *sámbaton* beruht, »die durch die Christianisierung über den Balkan vermittelt worden sein muß« (Dietrich 1998, 128). Auch den Begriff der ›Woche‹ haben die Römer von den Griechen übernommen. Im Griechischen wurde die ›Woche‹ als *hebdomás*, wörtlich »die Siebenzahl, die Zahl von sieben Tagen« bezeichnet, Akk. *hebdomáda* (die Endungen *-ás*, *-áda* entsprechen denen der dt. Fremdwörter *Trias*, *Dekade*: Lüdtke 1968 I, 52). Im Lateinischen wurden die beiden griechischen Formen als *hebdomas* und *hebdomada* übernommen. Dazu wurde eine Lehnübertragung gebildet, d.h. eine freie Übersetzung des gr. *hebodmás*, nämlich lat. SEPTIMANA (← *septem* ›sieben‹ + *mane* ›morgen‹): lat. HEBDOMADA > afr. *domée*, HEBDOMAS > ait. *èdima*, SEPTIMANA > sp. *semana*, fr. *semaine*, it. *settimana* ›Woche‹ (Lüdtke 1968 I, 53; Dietrich 1998, 128).

Häufig finden sich Lehnbedeutungen nach griechischem Vorbild, und zwar sowohl im christlichen als auch im profanen Bereich (Debrunner 1916; Löfstedt 1959, 99–104). Dabei übernimmt ein Wort eine Bedeutung eines fremdsprachigen Wortes, welchem es in anderen Bedeutungen entspricht (Typ dt. *realisieren* ›verwirklichen‹ = engl. *realize* ›id.‹; bemerken‹ → dt. *realisieren* ›bemerken‹). Beispiele aus dem christlichen Latein sind *dominus* ›Hausherr‹ + ›Christus; Gott‹ ← *kýrios* ›id.‹ (Lüdtke 1968 I, 51); (*se*) *vexare* ›(sich) quälen‹ + ›(sich) bemühen‹ ← *skýllein, skýllesthai* ›id., (sich) zerreißen, plagen‹, etwa in *kýrie, mē skýllou* → lat. *Domine, noli vexare* (*Vulg.* Luc. 7, 6) ›ach Herr, bemühe dich nicht‹ (Debrunner 1916, 25–26; Stolz/Debrunner 1966, 55). Beispiele aus dem profanen Bereich: lat. *cāsus* ›Fall, Sturz‹ + ›Kasus‹ nach gr. *ptōsis* ›id.; Kasus‹; lat. *ărs* ›Bestrebung; Mittel‹, im Plural ›Verfahren‹ + ›Kunst‹ nach gr. *téchnē* ›id., Geschicklichkeit, Kunstfertigkeit‹.

Im profanen Bereich offenbart sich die Popularität des Griechischen auch im westlichen Teil des römischen Reichs der Kaiserzeit in der Entlehnung von Wörtern, zu denen schon mehr oder weniger genaue lateinische Entsprechungen existieren, so daß eine Bezeichnungsnotwendigkeit nicht zu erkennen ist und »als Auslöser nur die Annahme eines ›modischen Jargons‹ in Frage kommt« (Dietrich 1998, 123). Solche Entlehnungen werden als »Luxus-« oder »Modelehnwörter« bezeichnet (Tagliavini 1998, 214). Es spricht für ihre Beliebtheit und Verwurzelung, daß gerade die Modelehnwörter im Romanischen fortgeführt werden.

klass.-lat.	griech. >	vulgärlat. >	spanisch	franz.	ital.
ĭctus ›Schlag, Stoß‹	*kólaphos*	COLAP(H)US ›id.‹	*golpe*	*coup*	*cólpo*
lăpis ›Stein‹	*pétra*	PETRA ›id.‹	*piedra*	*pierre*	*pietra*
fūnis ›Seil‹	*chordē*	CHORDA ›Schnur‹	*cuerda*	*corde*	*corda*
glădius ›Schwert‹	*spáthē*	SPATHA ›id.‹	*espada*	*épée*	*spada*
avuncŭlus ›Onkel mütterlicherseits‹	*theîos*	THIUS ›Onkel‹	*tío*	——	*zio*
amĭta ›Tante väterlicherseits‹	*theîa*	THIA ›Tante‹	*tía*	——	*zia*
pūmilus ›Zwerg‹	*nãnos*	NĀNUS ›id.‹	*enano*	*nain*	*nano*
vŭltus ›Gesicht‹	*kára*	CARA ›id. ‹	*cara*	afr. *chiere*	——
iĕcur ›Leber‹	*sykōtón* ›Leber‹	FÍCATUM ›Leber‹	*higado*	*foie*	*fégato*

Lat. *ficatum* ist Lehnbildung nach griechischem Muster (Dietrich 1998, 124; Rohlfs 1971, 92–93 und Karte 40; Stefenelli 1981, 75); fr. *oncle* ›Onkel‹ und *tante* ›Tante‹ sind Erbwörter aus lat. AVUNCŬLUM und AMĬTAM, it. *vólto* ›Gesicht‹ < lat. VŬLTUM.

Lehnwörter ohne genaue lateinische Entsprechung wie lat. *ĭdea* < gr. *idéa* ›Aussehen, Urbild‹ werden als »Bedürfnislehnwörter« bezeichnet. Es folgen einige Beispiele solcher Gräzismen (Dietrich 1998, 123):
– gr. *stríx* bzw. *strínx* > STRIGA (griech. Akk. zu klt. *strix, strigis* ›Käuzchen‹ ib.) > it. *strega* ›Hexe‹, afr. *estrie* ›id.‹;
– gr. *kathédra* ›Stuhl, Sessel‹ > CATHÉDRA > afr. *cha(i)ere* ›Sitz, Thron‹, fr. *chaire* ›Kanzel‹, *chaise* ›Stuhl‹. Die Bedeutung von sp. *cadera* ›Hüfte‹ geht auf die schon in der Antike belegte sekundäre Bedeutung ›Gesäß‹ zurück (Dietrich 1998, 123);
– gr. *pápyros* > PAPYRUS > kat. *paper* (> sp. *papel*), fr. *papier* ›Papier‹;

– gr. *chártēs* ›Papyrusblatt, -rolle‹ > CHARTA > it. *carta* ›Papier‹, sp. *carta* ›Brief‹, fr. *char-te* ›Urkunde‹, rum. *carte* ›Buch‹;

– gr. *sínapi, sínapy* ›Senf‹ > SÉNAPE > it. *senape*, afr. *sanv(r)e*, kirchensprachl. fr. *sénevé* ›Senfkorn‹ (Dietrich 1998, 124);

– gr. *kochliárion* ›Löffel‹ > COCHLEAR, COCHLEARIUM ›id.‹ > sp. *cuchara*, fr. *cuiller*, it. *cucchiaio* ›id.‹;

– gr. *dáktylos* > DACTYLUS ›Dattel‹ > sp. *dátil*, fr. *datte*, it. *dattero* ›id.‹;

– gr. *phásēlos* > klt. *phaselus* > vlt. PHASEÓLUS > kat. *fesol* (> sp. *frijol*), it. *fagiolo* ›Bohne‹;

– gr. *platýs* > PLATTUS ›flach‹ > sp. *chato*, fr. *plat*, it. *piatto* ›id.‹;

– gr. *zēlos* > ZELUS ›Eifer(sucht)‹ > fr. *zèle*, it. *zelo*, »weniger hochsprachlich sp. *celo*« (Dietrich 1998, 124).

Darunter finden sich nur relativ wenige Verben wie gr. *chalãn* > CALARE ›herablassen‹ > sp. *calar* ›id.‹ (und *CALLARE ›die Stimme senken‹ > sp. *callar* ›(ver)schweigen‹), aokz. *calar* (> fr. *caler* ›blockieren‹), it. *calare* ›herablassen; hinuntergehen; nachlassen‹ (Dietrich 1998, 124); gr. *gỹros* ›Ring, Kreis‹ > GYRUS ›Drehung‹ → GYRARE > sp. *girar*, afr. *girer*, it. *girare* ›drehen‹.

Auffällig ist, daß das Rumänische relativ wenige aus dem Vulgärlateinischen ererbte Gräzismen im lexikalischen Bereich aufweist. Dies erklärt sich dadurch, daß das Rumänische recht früh (275 n. Chr.) vom Verkehr mit Rom und somit von seinem Einfluß abgeschnitten wurde, und dies zeigt, daß die Mehrzahl der lexikalischen Gräzismen offensichtlich erst danach in das Vulgärlatein übernommen wurde (Dietrich 1998, 125).

9.2. Grammatik

In der Grammatik ist der Einfluß des Griechischen schwieriger nachzuweisen als im Wortschatz, da es sich hier zumeist nicht um materielle Entlehnungen handelt, sondern um rein inhaltliche Übernahmen. Diese führen entweder neue Funktionen in die lateinische Grammatik ein, oder sie geben den Anstoß zur Entwicklung neuer Formen oder Funktionen, die vom Sprachsystem her möglich sind, aber in der Norm nicht genutzt werden (Dietrich 1998, 125). Tatsächlich ist die Frage nach dem Ausmaß gerade der syntaktischen bzw. grammatischen Entlehnungen sehr umstritten (cf. Zgusta 1980, 141) – und eine zusammenfassende Beurteilung fehlt. Väänänen (1985, §§ 13–14) äußert sich zurückhaltend bezüglich des griechischen Einflusses auf die lateinische Syntax, unterschätzt aber möglicherweise die Rolle der Umgangssprache, in der ja der griechische Einfluß viel stärker ist als in der Literatursprache (oben S. 89). Nach Kontzi (1978a, 15) spricht die große Zahl der syntaktischen Übereinstimmungen »gegen selbständige Herausbildung im Lateinischen« (cf. noch Bonfante 1983, 452).

Selbstverständlich muß jeder einzelne Fall eines syntaktischen Parallelismus zwischen dem Griechischen und dem späten Vulgärlatein bzw. den romanischen Sprachen für sich eingehend untersucht werden. Hierbei ist auch mit graduellen Unterschieden bezüglich der »Stärke« des Einflusses zu rechnen, von eindeutigen, direkten materiellen Übernahmen wie lat. *īdea* ›Urbild‹ < gr. *idéa* über Lehnprägungen wie lat. *mordēre arēnam* ›ins Gras beißen‹ ← gr. *gaîan odax heleîn* ›id.‹ und lat. *admórdium* ›Zukost‹ ← gr. *ópson* ›id.‹[3] bis zur Verstärkung sprachlicher Möglichkeiten, die im System angelegt sind, in der Norm aber nicht genutzt werden, etwa bei den aspektuellen Verbalperiphrasen des Typs lat. *sum* + Part. Präs. zum Ausdruck der »Winkelschau« ← gr. *eimí* + Part. Präs. ›id.‹ (s. unten). So ist wohl bei der Entstehung des bestimmten Artikels im späten Vulgärlatein nicht von einer direkten Entlehnung dieser grammatischen Kategorie *tout court* auszugehen (wie es Bonfante 1983, 437 will), sondern eher von einem komplexen und langwierigen Prozeß, der im Zusammenspiel von Übersetzungen christlicher und technischer Werke und der denn doch direkten mündlichen Nachahmung fremdsprachlicher Vorbilder zur Ausbildung einer neuen Kategorie führt (oben S. 53).

> Daß auf lateinischer Seite die erst im Romanischen deutlich vollendete Gesamtschöpfung des Artikels überhaupt, wenn auch sicherlich nicht durch griechischen Einfluß hervorgerufen, so doch durch ihn gefördert und beschleunigt worden ist, halte ich für mindestens nicht unwahrscheinlich. Gerade das pronominale Gebiet scheint solchem Einflusse leicht zugänglich (Immisch 1912, 140).

Ein besonderes Problem ist hierbei die Beleglage. Gerade bei umgangssprachlichen Entlehnungen ist davon auszugehen, daß sie weder in den überlieferten Texten noch in Abhandlungen der Grammatiker erscheinen, da diese in der Antike noch mehr an der Hochsprache orientiert waren als heute. Wenn also Konstruktionen wie das periphrastische Futur oder andere Verbalperiphrasen erst spät belegt sind, so ist die Beweiskraft dieser Fakten gering, worauf schon Maurer (1962, 73) hingewiesen hatte. Bestimmte Konstruktionen und einzelne Wörter können jahrhundertelang existiert haben, ohne daß wir einen Beleg dafür haben. Ein Beispiel aus dem Wortschatz ist das vlt. CAMPSARE ›abbiegen‹ < gr. *kámpsai* ›beugen, biegen‹. Das lateinische Verb ist bei Ennius (239–169 v. Chr.) belegt, und dann erst wieder fünf Jahrhunderte später [!] im *Itinerarium Egeriae* (Löfstedt 1911, 109–110; 1959, 48). Neben vielen anderen zeigt dieses Beispiel »wieder einmal mit schlagender Deutlichkeit, wie wenig uns eigentlich von der lateinischen Volkssprache überliefert ist« (Löfstedt 1911, 110 Anm).

Neben der Entwicklung des bestimmten Artikels nennt Dietrich (1998) vier Fälle möglichen griechischen Einflusses, die sich der Morphologie zuordnen lassen, und zwar die Bildung von Indefinitpronomina mit gr. *katá* ›je nach‹, die Entstehung des zusammengesetzten Perfekts, diejenige des Futurs und die Ausbildung der Verbalperiphrasen. Dazu kommen die Fälle möglichen Einflusses in der Syntax (s. unten).

Die griechische Präposition *katá* wird im Vulgärlatein entlehnt und dient hier zur Bildung von Indefinitpronomina wie CATAUNUS ›ein jeder‹ ← gr. *katá* ›je nach‹ + lat. *ūnus* ›einer‹;[4] vlt. CATAUNUS, -A lebt fort in sp. *cada uno* ›ein jeder‹, it. *cadaùno* ›jeder‹, afr. *cadhuna* ›jede‹ in den Straßburger Eiden. Durch Kontamination von vlt. CATAUNUS und

---

[3] Knobloch (1996b, 35); lat. ADMÓRDIUM > sp. *almuerzo* ›Frühstück‹.
[4] Zu weiteren hybriden Bildungen s. Hofmann (1965, 763; 1978, 88, 91).

*QUISCUNU(S) entstanden afr. *chascun(s)*, fr. *chacun*, it. *ciascuno* ›jeder‹. Griech. *katá* > vlt. CATA > sp., pg., kat. *cada* ›jeder‹ (Dietrich 1998, 126; Väänänen 1985, § 289)

Bezüglich des zusammengesetzten Perfekts (Kap. 6.2) ist verschiedentlich auf den Parallelismus zwischen lat. *habeo* ›ich habe‹ + Part. Perf. Passiv und gr. *échō* ›ich habe‹ + Partizip hingewiesen worden, »doch ist die Konstruktion im Griechischen nie sehr populär gewesen. Die Funktion eines Rückschautempus im Zeitraum Gegenwart (passé composé, passato prossimo, pretérito compuesto) ist erst romanisch« (Dietrich 1998, 126).

Bei der Herausbildung des neuen vulgärlateinischen Futurs mit HABĒRE ›haben‹, DEBĒRE ›müssen‹, VĒLLE ›wollen‹ + Infinitiv kann die griechische Parallele des Typs *échō eipeĩn* ›ich habe zu sagen, habeo dicere‹ bzw. *phileĩn échō* ›ich habe zu lieben, amare habeo‹ »verstärkend gewirkt haben. In beiden Sprachen war die Bedeutung zunächst nicht rein futurisch, sondern obligativ (›ich habe zu + Inf.‹)« (Dietrich 1998, 126). Durante spricht sich dagegen im Fall des Futurs deutlich für die Annahme griechischen Einflusses aus (1981, 48 = 1993, 49). Auch bei der Entstehung des romanischen periphrastischen Futurs der »nahen Zukunft« ist von griechischem Einfluß auszugehen. Für diese sekundäre prospektive Perspektive – Typ sp. *voy a cantar*, fr. *je vais chanter* ›ich werde (gleich) singen‹ –[5] gibt es im klassischen Latein kein Vorbild, das Griechische hatte dafür »jedoch seit altersher eine periphrastische Bildung« (Dietrich 1998, 126; s. oben S. 60 Anm. 14): *érchomai* ›ich gehe/komme‹ + Partizip Futur bedeutet das gleiche wie die entsprechenden romanischen Konstruktionen mit ›gehen‹ (+ AD) + Infinitiv. Die Belege für eine Übernahme im Lateinischen sind spärlich,[6] und auch in den romanischen Sprachen gibt es nur späte Belege. »Wie in anderen Fällen ist hier ganz besonders mit einer rein sprechsprachlichen Übernahme zu rechnen« (Dietrich 1998, 126).

Im Bereich der aspektuellen Verbalperiphrasen (oben S. 60) war der Einfluß des Griechischen auf das gesprochene Latein nach Dietrich »am umfassendsten und systematischsten« (Dietrich 1998, 126). Im klassischen Latein gab es solche Periphrasen gar nicht, und sie wurden auch nach griechischem Muster nicht zugelassen (ib.). Griechische Vorbilder finden sich für fast alle Subkategorien der »Schau«:

– gr. *eimí* ›ich bin‹ + Part. Präs. → lat. SUM ›ich bin‹ + Part. Präs. (*sunt permanentes* ›sie bestehen weiter‹ bei Vitruv, 1. Jh. v. Chr.: Durante 1981, 48), teils auch STŌ ›ich stehe‹ (> ›ich bin‹) + Gerundium im Ablativ → romanisch STARE + Gerundium (im Lateinischen »besonders in der christlichen Literatur häufig belegt« Dietrich 1998, 126).

– gr. *érchomai* ›ich gehe, ich komme‹, *ĕimi* ›ich gehe‹, *hēkō* ›ich bin gekommen‹ + Part. Präs. → christliches Latein, spätlateinisch EŌ ›ich gehe‹, ›ich komme‹, VENIŌ ›ich komme‹ + Part. Präs. bzw. Gerundium im Ablativ. In den mittelalterlichen romanischen Sprachen ist dieser Typ »der weitaus häufigste. Die Differenzierung der Funktionen (sp. *voy pensando*

---

[5] Das Ital. »kannte *andare a* + Inf. in prospektiver Funktion zwischen dem 15. und 18. Jh.« (Dietrich 1996, 234).

[6] In der *Vulgata*-Stelle *Dicit eis Simon Petrus*: Vado piscari. *Dicunt ei: Venimus et nos tecum* (*Vulg.* Joh. 21, 3) ›Spricht Simon Petrus zu ihnen: Ich will hin fischen gehen. Sie sprachen zu ihm: So wollen wir mit dir gehen‹ (Luther) kann *vado piscari* »neben der lexikalischen Bedeutung unter Umständen auch prospektiven Sinn haben« (Dietrich 1973, 317).

›prospektiv‹, *vengo pensando* ›retrospektiv‹, [it.] *andò pensando* ›komitativ‹) geschieht erst im späteren Verlauf der romanischen Sprachen« (Dietrich 1998, 126).[7]
– *diágō* (mit Part. ›fortwährend‹), *diaménō* ›ich verbleibe‹, *epiménō* ›id.‹ u.ä. + Part. Präs. entspricht z.B. sp. *sigo* ›ich setze fort‹, *continúo* ›id.‹, *(me) quedo* ›ich bleibe‹ + Gerundium in der Funktion der »kontinuativen Schau« (Dietrich 1998, 126).
– *elthōn, iōn* ›gehen‹, ›kommen‹ in kopulativer Konstruktion in der Funktion der »globalen Schau« entsprechen z.B. sp. *tomar y* ›nehmen und‹ + finites Verb. Die Belege in lateinischen Texten sind »wenig eindeutig, was aber bei dieser besonders sprechsprachlichen Kategorie nicht verwundert« (Dietrich 1998, 126). Auch im Romanischen finden sich solche Periphrasen fast nur in »gesprochener Sprache«.[8] Nach Dietrich kann das Griechische bei der »globalen Schau« nur »den Anstoß zur Möglichkeit der Ausbildung der Funktion und zum Typ seiner Ausgestaltung (kopulative Konstruktion) gegeben haben« (ib. 126–127).

In der Syntax im engeren Sinne gibt es zahlreiche Parallelen zwischen dem Griechischen und den romanischen Sprachen, worauf schon lange immer wieder hingewiesen wurde. Was diese Parallelen so interessant macht, ist die Tatsache, daß sowohl das Griechische als auch die romanischen Sprachen diesbezüglich vom klassischen Latein abweichen – was zu der oben erwähnten Norm des Ausschlusses der Gräzismen aus dem klassischen Latein paßt (Anm. 2). Allerdings sind die meisten Fälle »im Hinblick auf einen möglichen Einfluß des Griechischen nicht untersucht« (Dietrich 1998, 127). Dietrich nennt fünf Fälle, die wir hier wiedergeben: Konjunktionalsätze nach *verba dicendi*, Indikativ in indirekten Fragesätzen, die Konjunktion SI ›ob‹ in indirekten Satzfragen, Konjunktiv nach verallgemeinernden Relativa und verschiedene Infinitivkonstruktionen. Für weiteres s. die Literaturhinweise in Anm. 1; Durante (1981, 71); zur Parahypotaxe S. 71.

Objektsätze nach *verba dicendi* haben im klassischen Latein AcI, im Griechischen gab es neben dem AcI schon immer die Möglichkeit der Konstruktion mit *hóti* ›daß‹ mit finitem Verb. Im Lateinischen ist *quod* ›daß‹ »erst kaiserzeitlich bzw. christlich« (Dietrich 1998, 127), so daß also z.B. lat. *dico quod* ›ich sage, daß‹ vermutlich durch gr. *legō hóti* ›id.‹ beeinflußt ist. Die romanischen Sprachen haben nur den Typ mit *quod* (s. Kap. 7.2.2).

In indirekten Fragesätzen hat das klassische Latein Konjunktiv, das Griechische dagegen den Indikativ, und ebenso die romanischen Sprachen, z.B. sp. *quiero saber qué haces* ›ich möchte wissen, was du machst‹ vs. klt. *scire velim, quid facias* ›id.‹ (s. S. 74).

Indirekte Satzfragen wurden klassisch-lateinisch durch *-ne, num* ›ob (nicht)‹ und andere Konjunktionen eingeleitet, nur nach Verben des Wartens und Versuchens durch *si* ›für den Fall, daß‹ (Väänänen 1985, § 379). Unter dem Einfluß von griech. *ei* ›ob‹ breitet sich lat. *si* ›id.‹ im christlichen Latein auch nach deklarativen Verben aus: *dic mihi, si...* ›sag mir, ob...‹ (ib.). Der romanische Gebrauch von SI ›ob‹ entspricht genau dem griechischen von *ei: ouk*

---

[7] Cf. venit *Johannes baptista* praedicans *in deserto Iudaeae et* dicens (*Vulg.* Matth. 3, 1, gr. *paraginetai kērýssōn*), sp. *viene predicando y diciendo* (Dietrich 1973, 309) ›[...] kam Johannes der Täufer, und predigte in der Wüste des jüdischen Landes, und sprach‹ (Luther).

[8] Oft genug verzeichnen ja noch nicht einmal die modernen Grammatiken und Wörterbücher die entsprechenden Wendungen der romanischen Sprachen wie eben z.B. sp. *tomar y* + Indikativ. Das gleiche gilt für die dt. umgangssprachl. Konstruktionen *hergehen und* + Ind., *hingehen und* + Ind.

oȋda ei ›ich weiß nicht, ob‹ (Dietrich 1998, 127) wie sp. *no sé si*, fr. *je ne sais pas si*, it. *non so se* vs. klt. *haud scio an... non* ›id.‹.

Nach verallgemeinernden Relativpronomina und -adverbien wie *quisquis, quīcumque* ›wer auch immer‹, *quandōcumque* ›wann auch immer‹, *ubicumque* ›wo auch immer‹, *utcumque* ›wie auch immer‹, *quidquid* ›was auch immer‹ steht im klassischen Latein der Indikativ; das Griechische und die romanischen Sprachen haben in entsprechenden Fällen den Konjunktiv (Dietrich 1998, 127): klt. *quisquis amat* ›wer auch immer liebt‹ vs. *hóstis àn philḗ* ›id.‹, sp. *quienquiera que ame*; klt. *ubicumque amat* ›wo auch immer er liebt‹ vs. *hopoudḗ àn philḗ* ›id.‹, sp. *dondequiera que ame* ›id.‹ u.ä. (ib.; oben S. 76).

Eine Reihe verschiedener finiter Fügungsweisen des klassischen Lateins wird vulgärlateinisch-romanisch durch Infinitivkonstruktionen ersetzt, welche wiederum genaue Parallelen im Griechischen haben. Dietrich nennt die folgenden vier Typen:

– it. *pensa prima di parlare*, fr. *pense avant de parler*, sp. *piensa antes de hablar* ›denke nach, bevor du sprichst‹ entspricht gr. *phróntize prin légein* ›id.‹ (wörtlich »vor dem Sprechen«) vs. klt. *cogita ante quam loquaris*;

– fr. *pour ainsi dire*, it. *per così dire*, sp. *por así decir* ›sozusagen‹, ›um (es) so zu sagen‹ entspricht gr. *hōs eipeĩn* ›id.‹ vs. klt. *ut ita dicam*;

– sp. *por ser difícil* ›weil es schwierig ist/war‹ (wörtlich »durch schwierig sein«) entspricht gr. *dià tò chalepòn eĩnai* ›id.‹ vs. klt. *cum esset difficile* ›id.‹ (sog. »*cum* causāle«);

– sp. *es demasiado joven para saber*, fr. *il est trop jeune pour savoir*, it. *è troppo giovane per sapere* ›er ist zu jung um zu wissen‹ entspricht gr. *neōterós estin ē hōste eidénai* ›id.‹ vs. klt. *iunior est quam ut sciat* ›er ist zu jung, als daß er wüßte‹.

Abschließend weißt Dietrich darauf hin, daß diese Redeweisen nicht direkt auf das Griechische zurückgehen; dieses kann aber die Konstruktion mit dem Infinitiv angeregt haben, die es im Lateinischen in dieser Form nicht gab (Dietrich 1998, 127).

Arbeitsaufgaben

1. Diskutieren Sie die Frage der syntaktischen bzw. grammatischen Übereinstimmungen: parallele Entwicklung/Polygenese oder Entlehnung/Monogenese? Suchen Sie analoge Fälle aus anderen Sprachen (cf. z.B. Noll 2001, 102 zum Spanischen in den USA).
2. Informieren Sie sich über die verschiedenen Klassifikationen des sprachlichen Lehnguts (cf. z.B. Holtus 1989; Kiesler 1993).
3. Informieren Sie sich über die Anpassung der Lehnwörter; cf. z.B. die verschiedenen Aussprachen für dt. *Pommes frites* [pom'frit, pom'frits, 'pomes...]. Gibt es Vergleichbares bei den Gräzismen des Lateinischen (cf. Devoto 1968, 249 zu den Gräzismen der *Appendix Probi*) oder Ihrer romanischen Sprache?

10. Zur Typologie des Vulgärlateins

Die Sprachtypologie untersucht die den besonderen Eigenschaften der Sprachen zugrunde-
liegenden Bauprinzipien, und zwar ohne Bezug auf Verwandtschaftsverhältnisse oder
räumliche Beziehungen. Dabei gibt es mehrere unterschiedliche Ansätze.[1] Wir skizzieren
im folgenden drei dieser Ansätze mit bezug auf das Vulgärlatein und die romanischen
Sprachen. Hierbei ist zu beachten, daß es in der Typologie nur um Tendenzen geht, da reine
Sprachtypen nicht existieren.

In der traditionellen, auf Schlegel zurückgehenden, morphologisch orientierten Typologie unterscheidet man u.a. analytische und synthetische Sprachen. Synthetische Sprachen
sind solche, in denen grammatische Funktionen wie »Futur« und »Genitiv« innerhalb eines
Wortes, also durch Flexion ausgedrückt werden, wie in klt. *cantābō* ›ich werde singen‹,
(filia) rēgis ›(die Tochter) des Königs‹; in analytischen Sprachen werden die Funktionen
dagegen durch mehrere getrennte Wörter ausgedrückt, so in vlt. CANTARE HABEO ›ich
werde singen‹ und (ILLA FILJA) DE ILLO REGE ›(die Tochter) des Königs‹.[2] Die traditionelle
These der Entwicklung vom synthetischen klassischen Latein zu den analytischen
romanischen Sprachen wird heute oft kritisiert. Nach Herman kann diese These als
»bequeme Vereinfachung« bezeichnet werden, »die in gewisser Hinsicht die wirklichen
Charakteristika des Übergangs verfälscht« (Herman 1997, 144, Übers. R. K.; cf. auch
Wanner 2001, 1696). Herman weist darauf hin, daß die romanischen Sprachen sogar neue
synthetische Formen haben, nämlich beim Futur und Konditional.

Dennoch enthält die traditionelle These viel Wahres, da das Vulgärlatein tatsächlich
häufig analytische Ausdrucksmittel verwendet, wo das klassische Latein synthetisch
kodiert. Abb. 20 zeigt immerhin 14 solcher Fälle, und zwar: Kasus, Stoffadjektiv,
Komparativ, Superlativ, Demonstrativum, Adverb, Präposition, Konjunktion, Passiv,
Plusquamperfekt, Futur, Infinitiv Perfekt, Gerundium im Genitiv und Präposition +
Infinitiv. Dazu kommen wenigstens weitere fünf Fälle analytischer Ausdrucksweisen für
neue Funktionen im Vulgärlatein, nämlich Artikel, Klitika, Konditional,
zusammengesetztes Perfekt und verschiedene Verbalperiphrasen: diese sind in Abb. 20
durch ein Plus-Zeichen markiert. Tatsächlich sind die analytischen Ausdrucksmittel im
Vulgärlatein noch wesentlich zahlreicher, da ja mehrere klassisch-lateinische Kasus durch
Präpositionalphrasen ersetzt wurden, allein 24 finite Passivformen durch Periphrasen
ersetzt wurden, zahlreiche Neubildungen mit ECCE, ECCU ›da (ist)‹ hinzukamen (S. 62) usw.
Eine vollständige Aufzählung der vulgärlateinischen Periphrasen stellt ein Desiderat der
Forschung dar. Von den angeführten 19 analytischen Ausdrucksmitteln sind in den
romanischen Sprachen aber lediglich fünf re-synthetisiert – Demonstrativum, Adverb,
Präposition, Futur und Konditional. Und diese Synthetisierung ist zumindest in einigen
Sprachen noch nicht abgeschlossen. So können die *mente*-Adverbien u.a. in den

---

[1] Cf. Bossong (1998); Ineichen (1991; 1999); Jacob (2003); Haspelmath et al. (2001).
[2] Zu den Begriffen ›analytisch‹ und ›synthetisch‹ s. Geckeler/Dietrich (2003, 144–146, 164, 207–
209); Herman (1997, 144); Ineichen (1991, 52–54); Jacob (2003, 141–142); Lausberg (1972, § 834).

iberoromanischen Sprachen noch getrennt werden, insofern bei Koordinierung das Suffix nur einmal gesetzt wird: sp. *pura y simplemente* ›bloß, lediglich‹ vs. fr. *purement et simplement* (cf. Lausberg 1972, § 701). Und beim Futur und Konditional werden noch im heutigen Portugiesisch Stamm und Endung durch klitische Pronomina getrennt, z.B. in pg. *fá-lo-ei* ›ich werde es tun‹, *fá-lo-ia* ›ich würde es tun‹ vs. sp. *lo haré, lo haría* (ib. § 846).

Funktion	klassisch-lateinisch	vulgärlateinisch	romanisch
Kasus	*rēgis fīlia* →	FILIA DE REGE ›die Tochter des K.‹ >	fr. *la fille du roi* ›id.‹
Stoffadjektiv	*fālx aurea* →	FALCE DE AURO ›die goldene Sichel‹ >	sp. *la hoz de oro* ›id.‹
Komparativ	*fŏrtior* ›stärker‹ →	PLUS FORTE ›id.‹ >	it. *più forte* ›id.‹
Superlativ	*altissimus* → ›der höchste‹	*ILLE PLUS ALTUS ›id.‹ >	fr. *le plus haut* ›id.‹
+ Artikel	*dŏmus* ›das Haus‹ →	ILLA CASA ›id.‹ >	sp., it. *la casa* ›id.‹
Demonstrativ	*hĭc* ›dieser‹ →	ECCU ISTU ›id.‹ >	it. *questo* ›id.‹
+ klit. Pron.	*cantā* ›singe es‹ →	CÁNTA (IL)LU ›id.‹ >	sp., it. *cántalo* ›id.‹
Adverb	*făcile* ›leicht‹ →	FACILE MENTE ›id.‹ >	sp., it. *fácilmente* ›id.‹
Präposition	*prō* ›vor‹ →	*DE ABANTE »von von vor« >	fr. *devant* ›id.‹
Konjunktion	*quod* ›weil‹ →	*POR HOC QUID u.ä. ›id.‹ >	fr. *parce que* ›id.‹
Passiv	*amor* → ›ich werde geliebt‹	AMATUS SUM ›id.‹ >	fr. *je suis aimé(e)* ›id.‹
+ zus. Perfekt	*dīxī* ›ich sagte‹, ›ich habe gesagt‹	+ HABEO DICTU ›ich habe gesagt‹ >	sp. *he dicho* ›id.‹
Plusquamperf.	*cantāveram* → ›ich hatte gesungen‹	HABEBA(M) CANTATU ›id.‹ >	it. *avevo cantato* ›id.‹
Futur	*cantābō* ↗ ›ich werde singen‹ ↘	HABEO AD CANTARE ›ich habe zu...‹ > CANTARE HABEO ›ich habe zu...‹ >	südit. *aggio a canta(re)* it. *canterò* ›ich werde...‹
+ Konditional	... →	CANTARE HABEBA(M) ›ich hatte zu...‹ >	fr. *je chanterais*
Inf. Perfekt	*cantāvisse* → ›gesungen zu haben‹	*HABERE CANTATU ›id.‹ >	sp. *haber cantado* ›id.‹
Ger. Genitiv	*ars scribendi* ›die → Kunst des Schreibens‹	*ARTE DE SCRIBERE ›id.‹ >	fr. *l'art d'écrire* ›id.‹
Verb + Inf.	*dăre bĭbĕre* → ›zu trinken geben‹	*DARE AD BIBERE ›id.‹ >	it. *dare a bere* ›id.‹
+ Aspekt (Verbalperiphrasen)	...→	*STAT CANTANDO ›er ist am Singen‹ >	sp. *está cantando* ›id.‹

Abb. 20: Analytische Ausdrucksmittel im Vulgärlatein.

Eine Richtung der syntaktischen Typologie, die im wesentlichen auf Greenberg (1963) zurückgeht, klassifiziert Sprachen nach den vorherrschenden Wortstellungstypen (cf. Ineichen 1991, 107–122; Jacob 2003, 143). Die Stellung der »Hauptkonstituenten« nominales Subjekt (S), Verb (V) und nominales direktes Objekt (O) ist in verschiedenen Sprachtypen unterschiedlich. Das Italienische rechnet Greenberg (1963, 107) zu den SVO-Sprachen, während das Lateinische allgemein als SOV-Sprache gilt, cf. Hofmann (1965, 397): »Usuelle Folge im Lateinischen ist Subjekt – Objekt – Praedikat«. Da die romanischen Sprachen allgemein als SVO-Sprachen gelten, spricht man auch von einem Wandel vom Typ SOV zu SVO (Voßler 1953, 186). Wie oben dargestellt (S. 67) überwiegt zu Beginn unserer Zeitrechnung auch in der lateinischen Umgangssprache die Stellung des Objekts vor dem Verb deutlich über diejenige des Verbs vor dem Objekt, während in spätlateinischer Zeit der Stellungstyp mit dem Verb im Satzinneren zunimmt. So finden sich denn typischerweise zahlreiche Fälle, in denen klassisch-lateinischem SOV im Romanischen SVO entspricht wie in dem Sprichwort *manus manum lavat* ›eine Hand wäscht die andere‹. Die romanischen Formen lauten sp. *una mano lava la otra*, fr. *une main lave l'autre*, it. *una mano lava l'altra*; sie setzen vulgärlateinisch *MANU(S) LAVA(T) MANU(M) bzw. *UNA MANO(S) LAVA(T) (IL)LA ALT(Ē)RA voraus.

Die verschiedenen Wortstellungstypen implizieren nun bestimmte weitere sprachliche Eigenheiten. So haben SOV-Sprachen typischerweise keinen Artikel, stellen das Genitivattribut vor das Substantiv und den Relativsatz vor den Hauptsatz und haben Postpositionen (Blasco Ferrer 1994, 92). SVO-Sprachen haben dagegen Artikel, stellen das Genitivattribut nach dem Substantiv und den Relativsatz nach dem Hauptsatz und haben Präpositionen (ib. 93). Diese Eigenschaften finden sich teilweise im klassischen Latein als SOV-Typ bzw. im Italienischen als SVO-Typ. So entspricht klt. *ăqua* ›das Wasser‹ dem it. *l'acqua* ›id.‹, klt. *rēgis fīlia* ›die Tochter des Königs‹ entspricht it. *la figlia del re* ›id.‹, klt. *quem vides, eum ignoras* ›wen du siehst, kennst du nicht‹ entspricht it. *ignori chi vedi* ›id.‹ und klt. *mēcum* ›mit mir‹ dem it. *con me* ›id.‹. Diese Eigenschaften gelten allerdings nicht absolut; z.B. ist die Stellung des Relativsatzes vor dem Hauptsatz im klassischen Latein seltener als im Altlatein: bei Plautus und Terenz steht der Relativsatz in 20 % der Fälle vor dem Hauptsatz, bei Cicero in 10 % der Fälle (Durante 1993, 58 = 1981, 60). Das klassische Latein kennt auch Präpositionen, und diese stehen häufig vor ihrem Bezugswort. Man hat daher nach anderen typologischen Prinzipien gesucht.

In der integralen Typologie von Coseriu lautet das allgemeine Gestaltungsprinzip des Vulgärlateins und der romanischen Sprachen:

> innere, paradigmatische materielle Bestimmungen für gleichfalls innere, nicht-relationelle Funktionen und äußere syntagmatische materielle Bestimmungen für gleichfalls äußere, relationelle Funktionen (Coseriu 1988, 213; cf. Ineichen 1991, 26; Jacob 2003, 142–143).

Hierbei steht »materielle Bestimmung« für den Ausdruck bzw. die Form, »Funktion« für den grammatischen Inhalt. Das Prinzip läßt sich am Beispiel des Superlativs erläutern. Der Superlativ ist die höchste Steigerungsstufe; im klassischen Latein wird er meist durch das Suffix *-issimus* gebildet. Diese Form hat aber im klassischen Latein zwei Funktionen: sie steht für den *absoluten Superlativ*, der einen »sehr hohen Grad« ausdrückt, und zwar ohne Vergleich, und für den *relativen Superlativ*, der den »höchsten Grad von allen verglichenen Einheiten« ausdrückt. Der absolute Superlativ ist eine »nicht-relationelle Funktion«, z.B. klt. *arbor altissima* ›ein sehr hoher Baum‹; der relative Superlativ ist eine »relationelle Funktion«, da er einen Vergleich ausdrückt, z.B. klt. *altissima arborum* ›der höchste der Bäume, der höchste Baum‹. Im späten Vulgärlatein und in den romanischen Sprachen wird nun der absolute Superlativ als nicht-relationelle Funktion durch »innere, paradigmatische materielle Bestimmungen« gekennzeichnet, d.h. durch Veränderungen innerhalb des Wortes bzw. durch Flexion: vlt. *ARBORE ALTISSIMU, it. *un albero altissimo*, sp. *un árbol altísimo* ›ein sehr hoher Baum‹; der relative Superlativ als relationelle Funktion wird dagegen durch »äußere syntagmatische materielle Bestimmungen« ausgedrückt, d.h.

periphrastisch bzw. durch Hilfswörter: vlt. *ILLE ARBORE PLUS/MAGIS ALTUS, it. *l'albero più alto*, sp. *el árbol más alto* ›der höchste Baum‹.

Während also relationelle oder äußere Funktionen immer einen Bezug zu etwas anderem, in der konkreten Äußerung genanntem oder nicht genanntem implizieren, ist dies bei nicht-relationellen oder inneren Funktionen eben nicht der Fall. Relationelle Funktionen sind neben dem »relativen Superlativ« z.B. »Kasus«, »Komparation«, »Passiv« und »temporale Beziehung zwischen zwei Zeitpunkten«. Diese Funktionen werden im Vulgärlatein und in den romanischen Sprachen syntagmatisch oder periphrastisch ausgedrückt: DE ILLO REGE ›des Königs‹, PLUS ALTUS ›höher‹, AMATUS EST ›er wird geliebt‹, HABEO DICTUM ›ich habe gesagt‹.

Nicht-relationelle Funktionen sind neben dem »absoluten Superlativ« z.B. »Numerus«, »Genus«, »Diminution« und »Situierung der Handlung in einem einzigen Zeitraum«; diese Funktionen werden im Vulgärlatein und in den romanischen Sprachen innerhalb des Wortes ausgedrückt, also in Paradigmen wie vlt. CASA ›Haus‹ – CASE ›Häuser‹, SŎCER ›Schwiegervater‹ – SOCRA ›Schwiegermutter‹,[3] CASA ›Haus‹ – CASULA ›Häuschen‹, DĪCŌ ›ich sage‹ – DĪXĪ ›ich sagte‹. Nach Coseriu kündigt sich dieses Prinzip der Unterscheidung relationeller und nicht-relationeller Funktionen im Vulgärlatein an, und zwar etwa ab dem 2. Jahrhundert n. Chr., während das klassische Latein, in dem die »paradigmatische Bestimmung der grammatischen Funktionen« vorherrscht (Coseriu 1988, 211), diese Unterscheidung nicht kennt. Im Vulgärlatein und in den romanischen Sprachen ist sie dagegen in allen Bereichen der Grammatik zu beobachten.

So entspricht der formalen Einheit »Wort« auf der Satzebene der »Satzkern«, der aus Subjekt und Prädikat besteht (oben S. 65), und die Bestimmungen dieses Satzkerns werden ihm im klassischen Latein als »innere, paradigmatische« Bestimmungen eingefügt, also in Paradigmen des Typs *homo scribit* ›der Mann schreibt‹ – *homo litteras scribit* ›der Mann schreibt einen Brief‹ – *homo litteras amico scribit* ›der Mann schreibt seinem Freund einen Brief‹. Im Vulgärlatein und in den romanischen Sprachen werden die Bestimmungen des Satzkerns diesem als relationelle Funktionen »außen«, d.h. syntagmatisch hinzugefügt: vlt. HOMO BONUS SCRIBIT LITTERAS AD AMICUM, sp. *el hombre bueno escribe una carta al amigo*, it. *l'uomo buono scrive una lettera all'amico* (Coseriu 1988, 219) ›der gute Mann schreibt seinem Freund einen Brief‹. Die Eigenschaftsbestimmung zum Subjekt (*bonus* als Modifikation des Subjekts) steht als nicht-relationelle Funktion innerhalb des Satzkerns. Ebenso stehen die Modalverben als Bestimmungen des Verbs innerhalb des Satzkerns, z.B. fr. *Jean doit écrire*, sp. *Juan debe escribir* ›Hans muß schreiben‹ (ib. 220) wie vlt. DEBET SCRIBERE ›er muß schreiben‹ (s. oben S. 67).

Dasselbe Prinzip gilt nach Coseriu auch für den komplexen Satz. Hier entspricht dem Satzkern des einfachen Satzes der übergeordnete Satz, also der Hauptsatz. Im klassischen Latein zeigt sich die »innere materielle Bestimmung« dadurch, daß die Nebensätze in den Hauptsatz eingefügt werden: *homo qui scit scribit* ›der Mensch (der Mann), der weiß (oder:

---

[3] Für klass.-lat. *sŏcrus* f. ›Schwiegermutter‹: *App. Pr.* 170 »socrus non socra« (Väänänen 1985, § 232).

Kenntnis hat), schreibt‹, *homo id quod scit scribit* ›der Mann schreibt das, was er weiß‹, *homo cum vult scribit* ›der Mann schreibt, wenn er will‹ (Coseriu 1988, 220). Im Vulgärlatein und Romanischen wird der Nebensatz eingefügt, wenn er »eine nähere Bestimmung zum Subjekt des Hauptsatzes ist«: fr. *l'homme qui sait écrit* ›der Mensch, der weiß, schreibt‹. Wenn der Nebensatz aber »eine nähere Bestimmung des ganzen Hauptsatzes darstellt, so steht er außerhalb«: fr. *l'homme écrit ce qu'il sait* ›der Mensch schreibt, was er weiß‹. Klassisch-lateinisch *homo cum vult scribit* erlaubt zwei Interpretationen, die Coseriu anhand der italienischen Entsprechungen erläutert: in *l'uomo quando vuole scrive* »stellt der Ausdruck *quando vuole* eine nähere Bestimmung des Subjekts dar und bedeutet ›wenn den Mensch Willen hat‹, ›wenn der Mensch guten Willens ist‹«. In *l'uomo scrive quando vuole* ist dagegen *quando vuole* »eine nähere Bestimmung des ganzen Hauptsatzes und drückt die Umstände aus, unter denen die Schreibtätigkeit abläuft: ›zu jedem Zeitpunkt, zu dem er (der Mensch) es will‹, ›zu jedem beliebigen Zeitpunkt‹.« (ib. 221).

Abschließend weist Coseriu auf zwei wichtige Fakten hin. Einerseits folgt kein Sprachsystem absolut und ausschließlich einem einzigen Prinzip, denn »in den historisch gewordenen Systemen sind immer zugleich auch Überreste aus älteren Systemen sowie die Vorläufer neuer Systeme enthalten« (ib. 222). So kannte das Lateinische trotz des Vorherrschens paradigmatischer Bestimmungen auch die Verwendung von Präpositionen zum Ausdruck der Kasusfunktionen und periphrastische Ausdrucksmittel bei der Komparation und im Passiv. Ebenso wurden bestimmte Typen von Nebensätzen wie kausale, konsekutive oder finale, »sehr oft und sogar üblicherweise außerhalb des Hauptsatzes angesiedelt« (ib. 223).

Andererseits kann sich in der Entwicklung einer Sprache »das typologische Gestaltungsprinzip des Systems ändern [...], noch bevor es vollständig realisiert wurde« (ib.). Dies ist der Fall beim Französischen, das im Mittelalter seinen Schwestersprachen noch viel ähnlicher war, sich aber seit mittelfranzösischer Zeit sehr stark von ihnen entfernt hat und »mehr und mehr für alle grammatischen Funktionen syntagmatische Determinationen« vorzieht (ib.).[4]

Zusammenfassend läßt sich folgendes festhalten. In der Entwicklung vom klassischen zum Vulgärlatein und zu den romanischen Sprachen ist eine Zunahme analytischer Ausdrucksmittel zu konstatieren, die nur zu einem geringen Teil re-synthetisiert worden sind. Um das Ausmaß dieser Analytisierung exakter bestimmen zu können, wären einerseits alle Fälle neuer analytischer Ausdrucksmittel, andererseits auch die Fälle des Erhalts synthetischer Ausdrucksweisen genau zu beschreiben. Eine entsprechende umfassende Untersuchung steht allerdings noch aus. Dies gilt ebenso für die Entwicklung der Wortstellung bzw. der Stellung der Satz-Konstituenten. Die Übergänge zwischen klassisch-lateinischen SOV- und romanischen SVO-Mustern müßten aufgrund umfangreicher Statistiken festgestellt werden, welche bisher jedoch nicht vorliegen. Die Zusammenhänge zwischen zunehmender Analytisierung und SVO-Mustern müßten unter Berücksichtigung der neuen

---

[4] Zu dem typologischen Wandel im Mittelfranzösischen s. Geckeler/Dietrich (2003, 207–209).

102

Unterscheidung relationeller und nicht-relationeller Funktionen im einzelnen beschrieben werden.

Arbeitsaufgaben

1. Vertiefen Sie anhand der oben (Anm. 2) genannten Literatur Ihre Kenntnisse bezüglich analytischer und synthetischer Sprachen. Vergleichen Sie entsprechende Ausdrucksmittel des klassischen Lateins und Ihrer romanischen Sprache.
2. Stellen Sie ergänzend zu den in Abb. 20 gesammelten Erscheinungen die wichtigsten vulgärlateinischen Veränderungen in den Bereichen der Phonologie, der Syntax und des Lexikons zusammen.
3. Klassifizieren Sie die wichtigsten Veränderungen nach den Parametern Konservation vs. Innovation und Vereinfachung vs. Komplexierung.
4. Informieren Sie sich anhand von Lüdtke (1996) über die Theorien des Sprachwandels.

11. Zusammenfassung und Ausblick: Probleme des Vulgärlateins

11.1. Allgemeines

Das Vulgärlatein wirft eine ganze Reihe von Problemen auf, sowohl in theoretischer Hinsicht als auch bezüglich seiner Beschreibung. Es gibt bisher keine umfassende und systematische Bibliographie zum Vulgärlatein. Ebenso fehlt eine systematische Zusammenstellung der Quellen des Vulgärlateins; eine solche Zusammenstellung, nach Orten und Zeiten sortiert, muß aber die Grundlage der systematischen Beschreibung bilden.

Unsere Kenntnisse hinsichtlich der Variation im Vulgärlatein sind sehr begrenzt, was u.a. auch mit dem Problem seiner Definition zusammenhängt: wenn man das Vulgärlatein z.B. als auf bestimmte soziokulturelle Schichten beschränkt versteht, verschiebt sich die Perspektive bezüglich der Variation. Wie die Definition in der Literatur ganz unterschiedlich gehandhabt wird, so ist auch die Periodisierung der lateinischen Sprachgeschichte uneinheitlich. Hinzu kommt, daß manche das Vulgärlatein zeitlich begrenzt verstehen. Einigkeit scheint hier kaum zu erreichen; das ist einerseits auch nicht notwendig und möglich, da eine Übereinstimmung aller Wissenschaftler nicht zu erlangen ist. Andererseits erfordert eine angemessene Beschreibung einen einheitlichen und kohärenten Blickpunkt. So bedingen die Fragen der Theorie – beispielsweise bezüglich der Definition des Vulgärlateins und seiner Variation: wie viele Dimensionen sind sinnvollerweise anzusetzen? – auch die Probleme und Lösungsmöglichkeiten der Beschreibung. Eine ausführliche Darstellung der Etymologie und Begriffsgeschichte des ›Vulgärlateins‹ fehlt.

Was die Beschreibung der Strukturen des Vulgärlateins betrifft, so ist die Forschungslage sehr unterschiedlich. In einigen Bereichen sind wir relativ gut informiert, insbesondere bezüglich der gemäß junggrammatischer Tradition stärker berücksichtigten Phonologie und Morphologie sowie des Lexikons, wenngleich auch hier noch Desiderata zu verzeichnen sind, zum Beispiel in bezug auf die Entwicklung des Artikels, der Verbalperiphrasen, der Interjektionen und der Wortfelder.[1] In anderen Bereichen ist dagegen trotz der teils schon umfangreichen Literatur die Beschreibung lückenhaft bis vollständig unzureichend, vor allem hinsichtlich der Phraseologie, der Syntax, der Typologie und der griechischen Einflüsse. In der Phraseologie ist noch fast alles zu tun. Aus der Syntax sei nur an die Satzbaupläne, die Wortstellung oder die Infinitivkonstruktionen erinnert, die nach wie vor nicht befriedigend beschrieben sind, und zwar teils noch nicht für das (Vulgär-) Lateinische, teils noch nicht bezüglich der lateinisch-romanischen Entwicklungen. So ist beispielsweise die Frage, ob die Parahypotaxe in den modernen romanischen Sprachen überhaupt existiert, noch völlig offen. Die Typologie arbeitet bisher, so weit sie sich des Vulgärlateins angenommen hat, zumeist mit wenigen Parametern; wünschenswert wäre aber eine Einbeziehung einer größeren Anzahl sprachlicher Merkmale, wie sie ansatzweise S. 98 zusammengestellt ist. Schließlich ist auch bezüglich der griechischen Einflüsse noch sehr viel

---

[1] Ansätze zur Entwicklung der Wortfelder finden sich in den Arbeiten von Stefenelli (1981; 1992a).

104

Detailarbeit zu erbringen. Eine systematische Untersuchung der griechischen Einflüsse auf die Grammatik des Vulgärlateins stellt nach wie vor ein Forschungsdesiderat dar. Eine zusammenfassende Beurteilung fehlt vollends.

11.2. Das Problem der Rekonstruktion[2]

Wie wir gesehen haben (Kap. 4), sind Rekonstruktionen wahrscheinlich, wenn die entsprechenden Basen entweder in allen romanischen Sprachen oder in geographisch benachbarten Sprachen existieren.

> Das Prinzip der Rückerschließung ist grundsätzlich mit Umsicht zu handhaben; es setzt voraus, daß die entsprechenden romanischen Formen nicht auf paralleler Einzelentwicklung oder auf innerromanischer Entlehnung beruhen können [!] und daß die rekonstruierte Form in Einklang mit der vulgärlateinischen Wortbildung bzw. mit belegten Parallelen steht. Die prinzipielle Berechtigung der Methode jedoch wurde auch dadurch bekräftigt, daß mehrere zunächst nur erschlossene Formen nachträglich tatsächlich belegt werden konnten (Stefenelli 1981, 21).

In der Erforschung des Vulgärlateins ist die Rekonstruktion eine unerläßliche Methode, da einerseits nur die romanischen Sprachen die allgemeine Verbreitung vulgärlateinischer Formen belegen. So zeigen sie z.B., daß *EO ›ich‹ allgemein gebräuchlich war, da es praktisch von allen romanischen Sprachen vorausgesetzt wird: klt. ĒGO ›ich‹ > vlt. *ĔO > afr. *jo* (> fr. *je*), it. *io*, sp. *yo* ›id.‹ (Lausberg 1972, § 708; Maurer 1962, 47). Andererseits sind unsere Kenntnisse des Vulgärlateins aufgrund der überlieferten Texte sehr begrenzt (oben S. 93), und nur die romanischen Sprachen zeigen uns nicht Belegtes. Die Rekonstruktion ist in allen sprachlichen Teilsystemen anzuwenden. Wir geben jeweils nur ein Beispiel.

- Phonologie: vlt. /ʎ/ ist nur rekonstruiert, z.B. in klt. FĪLIA ›Tochter‹ > vlt. *[fiʎʎa] > sp. *hija*, fr. *fille*, it. *figlia* (s. 5.3).
- Morphologie: viele analogische Formen sind nur rekonstruiert, z.B. klt. *posse* ›können‹ → vlt. *POTĒRE > sp. *poder*, fr. *pouvoir*, it. *potere* ›id.‹ (s. 6.2).
- Syntax: klt. *aggrĕdior dicĕre* ›ich beginne zu sagen‹ → vlt. *AGGREDIOR, CUMINITIO AD DICERE → sp. *comienzo a decir*, fr. *je commence à dire*, it. *comincio a dire* (s. 7.2.2). In der Syntax ist ein noch höherer Anteil protoromanischer Phänomene als im Wortschatz »vorwiegend nur durch Rekonstruktion erschließbar (d.h. in den lateinischen Quellen höchstens in Ansätzen nachzuweisen)« (Stefenelli 2003, 532). Das gilt z.B. für die Verbalperiphrasen.
- Lexikon: viele Wörter des Vulgärlateins sind nur rekonstruiert, z.B. klt. *initiare* ›einweihen‹ > ›anfangen‹ → vlt. *CUMINITIARE > sp. *comenzar*, fr. *commencer*, it. *cominciare* (s. oben S. 84). Nach Stefenelli (2003, 532) verzeichnet das REW etwa 1600 rekonstruierte Formen.
- Phraseologie: klt. *potāre* ›trinken, zechen‹ ~ vlt. *ALTIARE (ILLUM) CŬBĬTUM ›id.‹ > sp. *alzar el codo*, fr. *hausser le coude*, it. *alzare il gomito* (s. 8.5).

---

[2] S. Maurer (1962, 45–52); Stefenelli (1981, 20–21; 2003, 531–532); Väänänen (1985, § 31); Voßler (1953, 72–76).

Neben den Vorteilen der Rekonstruktion zeigen sich auch Begrenzungen; Maurer (1962, 45–52) führt sechs Einschränkungen an: (a) die Rekonstruktion führt lediglich zu wahrscheinlichen, nicht zu gesicherten Ergebnissen; schließlich ist Polygenese wohl nie ganz auszuschließen, cf. oben (5.2) zur Monophthongierung von lat. *au*. (b) Rekonstruieren läßt sich nur, was romanisch ist, nicht das ganze Vulgärlatein; so kann man Elemente oder Regeln, die nicht fortgesetzt wurden, nicht mehr rekonstruieren. (c) Die Rekonstruktion erlaubt nur Schlüsse auf den unmittelbar vor der Entstehung der romanischen Sprachen liegenden Zeitraum, aber nicht weiter zurück. (d) Die Rekonstruktion ist immer lückenhaft: man kann nicht alle lautlichen, grammatischen und lexikalischen Eigenheiten des Vulgärlateins rekonstruieren. (e) Die vulgärlateinische Variation ist nicht rekonstruierbar, jedenfalls nicht in ihren Einzelheiten. (f) Die Rekonstruktion führt nicht zu den exakten Aussprachformen.

So müssen sich bei der Beschreibung des Vulgärlateins Rekonstruktion und schriftliche Belege immer ergänzen. Ein praktisches Problem kommt aber noch hinzu. Die Rekonstruktion vulgärlateinischer Formen und Regeln setzt den systematischen Vergleich der romanischen Sprachen und Dialekte voraus. Dieser ist aber bisher nur unvollständig durchgeführt, insbesondere bezüglich der Bereiche, in denen eben auch die Beschreibung des Vulgärlateins noch lückenhaft ist, nämlich der Syntax und der Phraseologie, aber beispielsweise auch bezüglich der Verbalperiphrasen. Im Bereich der Umgangssprache steckt der romanische Sprachvergleich noch in den Anfängen (cf. Kiesler 1999; 1999a).

11.3. Der Übergang vom Lateinischen zum Romanischen[3]

Ein wesentliches Problem faßt Väänänen in der folgenden Frage: »wie, aufgrund welcher Ursachen und zu welcher Zeit haben sich die örtlichen Unterschiede zunächst angezeigt und dann eingebürgert?« (Väänänen 1985, § 33, Übers. R. K.). Es geht hier letztlich um das zentrale Problem der Ausgliederung bzw. Entstehung der romanischen Sprachen. Die Beschreibung der Struktur und der Entwicklung des Vulgärlateins als Grundlage der romanischen Sprachen stellt in gewisser Hinsicht das Kernproblem der Romanistik dar. Dieses Problem involviert eine ganze Reihe weiterer Fragen. Sie betreffen (1) die lokalen und regionalen Unterschiede innerhalb des Lateins; (2) die Faktoren, welche zur Differenzierung des Lateins beitragen: Väänänen (1985, § 36) nennt ethnische, soziale und chronologische Faktoren, dazu ist die Frage nach den hauptsächlichen Entwicklungstendenzen zu stellen; (3) die Frage, ab welchem Zeitpunkt man von *romanischen Sprachen* sprechen kann und die Frage nach den entsprechenden Kriterien; und schließlich (4) die Frage nach der Filiation.

---

[3] S. Herman (1997, 131–138); Ineichen (1987); Lausberg (1969, § 29: »Die Entstehung und Gliederung der romanischen Sprachen beginnt im Grunde bereits mit der Romanisierung Italiens und des Imperiums«); Väänänen (1985, §§ 33–41).

(1) Was die lokalen und regionalen Divergenzen betrifft, so finden sich Anspielungen auf dialektale Unterschiede nach Väänänen erst bei Hieronymus (um 348–420 n. Chr.), der in seinem Kommentar zum Brief des Paulus an die Galater schreibt, daß ›das Lateinische sich nach Region und Zeit verändert‹: »et ipsa Latinitas et regionibus quotidie mutetur et tempore«.[4] Eine Sprache wie das Lateinische, die in einem so weiten Gebiet wie dem Imperium Romanum mit einer Ausdehnung von etwa drei Millionen km^2 und von den verschiedensten Völkern gesprochen wurde, mußte logischerweise ein gewisses Maß an innerer Variation aufweisen. Dagegen steht nun die relative Einheitlichkeit der überlieferten Texte zumindest bis ins 6. oder 7. Jh.[5] Diese kommen aber nicht als Quellen der Alltagssprache der Masse der Bevölkerung in betracht: »natürlich kann das Zeugnis der überlieferten Texte für die Sprache des Volks abgewiesen werden« (Väänänen 1985, § 34, Übers. R. K.; cf. oben S. 11). So können wir einerseits davon ausgehen, daß in den verbreitetsten Formen der Umgangssprache die Variation wesentlich größer war, als dies aus den Texten hervorgeht. Andererseits zeigt das Kriterium der gegenseitigen Verständlichkeit, daß die entsprechenden Divergenzen die lateinische Kommunikation vermutlich nicht wesentlich beeinträchtigten (s. unten). Als Beispiel der diatopischen Variation seien einige Unterschiede zwischen der Zentral- und der Randromania genannt (Abb. 21). Die *Zentralromania* umfaßt Katalonien, Gallien und Italien, die *Randromania* Hispanien (außer Katalonien) und Dakien. Die Randromania bewahrt öfters ältere Sprachzustände, während sich im Zentrum Neuerungen einbürgern (Rohlfs 1971, 78–88). Das ist der Fall bei den Bezeichnungen für ›Tag‹, ›Tisch‹, ›Vogel‹, ›Schulter‹, ›stärker‹ und ›ich trinke Wasser‹. In anderen Fällen zeigt die Randromania Neuerungen, so beim präpositionalen Akkusativ (oben S. 66) und bei der Wahl des Hilfsverbs HABERE ›haben‹ beim zusammengesetzten Perfekt (oben S. 58).

klt.		Hispanien	Gallien & Italien	Dakien
diēs	›Tag‹	DIES	DIURNUM	DIES
mēnsa	›Tisch‹	MENSA	TABULA	MENSA
avis	›Vogel‹	AVIS, PASSER	AUCELLUS	PASSER
(h)umĕrus	›Schulter‹	HUMERUS	SPATULA	HUMERUS
fŏrtior	›stärker‹	MAGIS FORTE	PLUS FORTE	MAGIS FORTE
aquam bibō	›ich trinke Wasser‹	BIBO AQUAM	*BIBO DE AQUA	BIBO AQUAM
vēnī	›ich bin gekommen‹	*HABEO VENITU	*SUM VENUTU	*HABEO VENITU
frātrem videō	›ich sehe den Bruder‹	VIDEO AD FRATREM	VIDEO FRATREM	VIDEO PER FRATREM

Abb. 21: Divergenzen zwischen Zentral- und Randromania.

---

[4] *Comm. in Ep. ad Gal.* 2, 3, zitiert bei Löfstedt (1959, 39 Anm. 1) und bei Bourciez (1967, § 137); cf. Herman (1997, 139); Väänänen (1985, § 33). – Die gleiche Auffassung vertritt später Dante in seinem Werk *De vulgari eloquentia*, s. Ellena (2004, 75–76); Kontzi (1978a, 2–3).

[5] Andererseits zeigt das Beispiel der modernen Sprachen, daß die Ausbreitung über sehr große Territorien nicht notwendigerweise sehr große sprachliche Divergenzen nach sich zieht, cf. die relative Homogeneität des Spanischen in Amerika (Noll 2001), des brasilianischen Portugiesisch (Noll 1999), des Englischen in Nordamerika oder des kanadischen Französisch (Neumann-Holzschuh 2002) gegenüber der höheren Variabilität dieser Sprachen in ihren Mutterländern.

(2) Bezüglich der zur Differenzierung beitragenden Faktoren ist die Problematik der Sub-strat- (s. Kap. 3.2; Stefenelli 1996, 79–82) und Superstrateinflüsse zu nennen (s. Kap. 3.3). Hinzu kommen Adstrateinflüsse, insbesondere des Griechischen (Kap. 9). Diese Bereiche weisen noch zahlreiche ungeklärte Fragen auf. Insbesondere sind die Fragen nach den Sub-strateinflüssen auf die Aussprache und nach den Adstrateinflüssen auf die Grammatik um-stritten. Nach Lüdtke handelt es sich bei der Annahme etruskischen Einflusses auf die *gor-gia toscana*, gallischen Einflusses auf die Entwicklung [ū] > [y] und baskischen Einflusses auf diejenige von [f-] > [h-] um »Mutmaßungen«, die man heutzutage »nicht mehr ernst nehmen sollte« (Lüdtke 1996, 539; cf. Weinrich 1958). Demgegenüber vertreten andere Forscher die Ansicht, daß die Substrateinflüsse, obgleich schwer faßbar, doch einen we-sentlichen Anteil an der Differenzierung des Lateinischen und damit der Ausgliederung der romanischen Sprachen haben (so z.B. Baldinger 1958; Lausberg 1969, § 30).

Die Problematik stellt sich ebenso für die »sozialen« Faktoren. Hier sind neben dem Problem der Abgrenzung soziokultureller »Schichten« ganz verschiedene Punkte wie Her-kunft und soziale Stellung der die Romanisierung und Latinisierung tragenden Gruppen zu berücksichtigen; s. zusammenfassend Stefenelli (1996, 78–79) sowie Alföldy (1984); Her-man (1996); Seidl (2003).

Die diachronische oder chronologische Variation zeigt sich beispielsweise darin, daß früher eroberte Gebiete wie Sardinien und Hispanien ältere Züge des Lateins bewahren als später eroberte Länder wie Gallien und Dakien. So erklärt sich z.B. das ältere COMEDERE ›essen‹ des Iberoromanischen gegenüber jüngerem MANDUCARE ›id.‹ der Gallia (Väänänen 1985, §§ 38, 142; Stefenelli 1996, 76–78).

Die hauptsächlichen Entwicklungstendenzen des Vulgärlateins beschreibt Herman (1997, 143–147; cf. Stefenelli 1996, 86–87). Er nennt zwei Prozesse: in der Phonologie die prosodischen Veränderungen (Veränderung des Akzents, des Vokalsystems und zuneh-mende Bedeutung des Kontexts mit Assimilationen u.ä.); in der Grammatik den Abbau der paradigmatischen Ausdrucksmittel zugunsten der syntagmatischen sowie die Regularisie-rungen. Zu den unterschiedlichen Deutungsversuchen s. oben Kap. 10. Herman betont daneben auch die Rolle äußerer Einflüsse – besonders die Annahme des Lateins durch an-dere Völker –, die jedoch hypothetisch bleiben, denn die Überlagerung und Wechselwir-kung äußerer und innerer Faktoren in der Entwicklung vom Latein zum Romanischen »sind noch längst nicht mit wünschenswerter Genauigkeit und Strenge beschrieben« (Herman 1997, 146).

(3) Etwas ausführlicher soll die Frage nach dem Zeitpunkt des Übergangs vom Latein zum Romanischen erörtert werden.[6] Sie wurde 1931 in einem berühmten Aufsatz von Lot gestellt, der das »Ende« des Lateins für den Moment annahm, ab welchem das gesprochene Latein sich vom geschriebenen differenzierte. Diese These ist freilich, wie u.a. Herman ge-zeigt hat, so nicht annehmbar, da sie impliziert, daß die »gesprochene Sprache« gegen Ende des Imperiums kein Latein mehr gewesen sei (Herman 1997, 133). Zu diesem Zeitpunkt – etwa im 5. Jh. n. Chr. – hatten sich aber einerseits wesentliche Merkmale der romanischen

---

[6] S. dazu Banniard (2003); Bouet et al. (1975, 23–24); Herman (1997, 131–138); Lot (1931).

108

Sprachen wie der überwiegende oder ausschließliche Gebrauch von Präpositionalphrasen statt synthetischer Kasusformen, die Verwendung des Artikels und die periphrastische Konjugation noch nicht voll entwickelt (ib.). Andererseits belegen die zwar spärlichen Zeugnisse immerhin, daß im 5. und 6. Jh. n. Chr. auch das gesprochene Latein der Ungebildeten und das traditionelle, geschriebene Latein für die Sprecher einer und derselben Sprache angehörten (ib. 133–134). So wäre nach Herman (1997, 135) jeglicher scharfe Schnitt zwischen dem 4. Jh. und dem 8. Jh. »vom Blickpunkt der Sprachstruktur« aus willkürlich.[7] Um die Chronologie des Übergangs einzugrenzen könne man nur auf ein außersprachliches Kriterium zurückgreifen, das dennoch das Ausmaß der Veränderungen der Sprachstruktur verdeutlichen kann, und zwar das Kriterium der Verständlichkeit: Sobald die ungebildeten Sprecher das Latein nicht mehr *verstehen* konnten, war es eine tote Sprache. Dies war nun offensichtlich im 6. und womöglich auch zu Beginn des 7. Jh. in den romanisierten Gebieten noch *nicht* der Fall (Herman 1997, 136). In Gallien konnten allerdings das Volk und ein Teil des Klerus etwa seit der Mitte des 8. Jh. die einfachsten lateinischen religiösen Texte wie das Vaterunser oder das Credo nicht mehr verstehen (ib. 137).

> Wir wissen auch, daß im frühen Mittelalter, besonders in merowingischer Zeit [d.h. vor 751], bisweilen die Kenntnis des Lateins so herabgesunken war, daß selbst die wichtigsten sakramentalen Formeln von den Priestern nicht mehr verstanden und des öftern verhaspelt wurden (*baptizo te in nomine Patri et Filiae...*) (Mohrmann 1977, 167).

Dies führte schließlich dazu, daß auf dem Konzil von Tours im Jahr 813 n. Chr. beschlossen wurde, die Predigten in der Volkssprache abzuhalten. Es heißt da im vielzitierten Absatz 17 (Herman 1997, 137; Geckeler/Dietrich 2003, 186):

> Et ut easdem omelias quisque aperte transferre studeat in rusticam Romanam linguam aut Thiotiscam, quo facilius cuncti possint intellegere quae dicuntur. (Berschin et al. 1978, 183).
> ›Und daß jeder sich bemühen solle, diese Homilien [Predigten] in die romanische oder deutsche Volkssprache zu übertragen, damit jedermann um so leichter verstehen kann, was gesagt wird‹ (ib. 315).

Wenn dieser Text eine Situation belegt, die in Gallien schon einige Jahrzehnte vorher offenkundig war, so gilt das nicht für die ganze Romania. In Italien stammen die ersten Belege des Bewußtseins der »Trennung« von Latein und Romanisch aus der zweiten Hälfte des 10. Jh. (Herman 1997, 138), in Hispanien belegen die *Glosas emilianenses* und *silenses* dieses Bewußtsein, die unterschiedlich datiert werden (10. oder 11. Jh., s. hier Anh. II, 3). Nach Banniard (2003, 548) sind aber auch im mozarabischen Hispanien Latein und Volkssprache um die Mitte des 9. Jh. so unterschiedlich, daß eine gegenseitige Verständigung nicht möglich ist. Dem entspricht, daß im 9. Jh. das Mozarabische in Hispanien als erste romanische Volkssprache im Gegensatz zum Latein eigens benannt wird, und zwar bei Ibn Khurdādhbih (820/825–885) als arabisch *al-andalusiyya* (Noll 1998, 665). Für Italien kön-

---

[7] Bouet et al. (1975, 23 Anm. 2; 26) bezeichnen die Epoche vom 5. bis zum 8. Jh. als »la période romane« und die Alltagssprache dieser Epoche als »latin roman«; Bourciez (1967, § 137) nennt diese Epoche »phase romane primitive«.

nen wir eine Inschrift aus den Katakomben in Rom vom Ende des 8. Jh. anführen, die eindeutig romanisch ist: *Non dicere ille secrita a bboce* (Bouet et al. 1975, 24 Anm. 3) ›sage das Geheimnis nicht lautۥ. Das Beispiel zeigt NON + Inf. statt des gleichbedeutenden klass. *nē* + Konjunktiv Perfekt (*nē dīxeris* ›sage nichtۥ) bzw. *nōlī* + Inf. (*nōlī dīcere* ›id.‹), genau wie ital. *non dire* ›id.‹; weiterhin ILLE in der Funktion des bestimmten Artikels und die syntaktische Verdoppelung des Mittel- und Süditalienischen *a bboce* < A(D) VOCE statt des klass.-lat. Ablativs *magnā voce* ›mit lauter Stimme‹. Die Form *secrita* entspricht klass.-lat. *sēcrēta*, Plural zu *sēcrētum* n. ›Geheimnis‹. Die Übersetzung ins heutige Italienisch lautet *non dire il segreto a voce*.

Die regionalen Unterschiede im Zeitpunkt des Bewußtseins des Übergangs vom Latein zum Romanischen beruhen auf verschiedenen Faktoren, »die erst noch zu bestimmen sind« (Herman 1997, 138). Sie hängen sicherlich mit dem Rhythmus der Sprachentwicklung zusammen, die in Gallien eher innovativ verläuft – was gewisse konservative Züge nicht ausschließt –, in Italien und Hispanien eher konservativ.

Zusammenfassend können wir festhalten, daß je nach Region die Entwicklung vom Latein zum Romanischen zu unterschiedlichen Zeitpunkten mehr oder weniger vollzogen war. Die einzelnen sprachlichen Veränderungen haben sich in unterschiedlichen Zeiträumen vollzogen und gefestigt:

- die grundlegenden Veränderungen des Tonvokalismus (Quantitätenkollaps) fanden im 4. und 5. Jh. n. Chr. statt (Herman 1997, 135; oben 5.2);
- der Schwund des auslautenden [-m] und die Assibilierung von [t] und [k] vor Jot waren im 5. Jh. n. Chr. vollzogen (Herman 1997, 132; oben 5.3);
- die westromanische Sonorisierung der intervokalischen Verschlußlaute setzt größtenteils gegen Ende des Imperiums ein, d.h. um 500 n. Chr., während der Schwund von auslautendem [-s] und [-t] erst später beginnt (Herman 1997, 135; oben 5.3), wenngleich sich Belege für den Schwund von [-t] zu allen Zeiten finden (ib. 51);
- die Reduktion auf zwei oder drei Kasus setzt etwa ab dem 5. Jh. n. Chr. ein, der vollständige Schwund vollzieht sich aber erst in der zweiten Hälfte des ersten Jahrtausends (Herman 1997, 135; cf. 6.1); andere datieren freilich die Kasusreduktion früher (s. Liver 1994, 277);
- das Verbalsystem erscheint im 5. Jh. noch fast intakt, die Periphrasen wie Infinitiv + HABEO und Partizip Perfekt + HABEO bilden zu dieser Zeit noch keine echten Paradigmen aus (Herman 1997, 135).

(4) Bezüglich der Frage nach der Filiation lassen sich im wesentlichen zwei Auffassungen unterscheiden. Die erste geht von dem traditionellen Stammbaum »Altlatein → klassisches Latein → Vulgärlatein → romanische Sprachen« aus (Kontzi 1978a, 22), der eine zeitliche Eingrenzung des Vulgärlateins als Zwischenstufe zwischen dem klassischen Latein und den romanischen Sprachen impliziert. Diese Auffassung vertreten u.a. Bouet et al. (1975), Famerie et al. (1989, 47: explizit) und Mańczak (1987). Nach der zweiten Auffassung haben sich klassisches Latein und Vulgärlatein parallel aus dem Altlatein entwickelt. Diese These findet sich explizit bei Schuchardt: »Der Sermo plebeius [bürgerliche Sprache, Volkssprache] steht zum Sermo urbanus [gebildete Sprache] in keinem Descendenz-, in keinem Ascendenz-, sondern in einem Kollateralverhältnis« (Schuchardt 1866, 47 ap. Voßler 1953, 50). Wir haben also vereinfacht folgendes Schema:

$$\text{Altlatein} \diagdown \begin{array}{l} \nearrow \text{klassisches Latein} \\ \searrow \text{Vulgärlatein} \end{array}$$

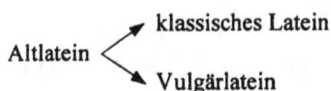

Diese Auffassung vertreten u.a. Berschin et al., Coseriu, Geckeler/Dietrich, Pulgram (s. Kap. 2.2 Abb. 2 bis 4), Voßler (1953, 50) und Wanner (1987: explizit). Innerhalb der durch diese These bezeichneten Entwicklungslinie ist allerdings nochmals zu differenzieren nach der Frage, welche Varietät – klassisches Latein oder Vulgärlatein – von der Tradition abweicht. Nach Berschin et al. und Geckeler/Dietrich (Kap. 2.2 Abb. 2 und 4) steht einer Entwicklungslinie Altlatein – klassisches Latein – Spätlatein – Mittellatein eine (oder mehrere) davon *abweichende* des Vulgärlateins und der romanischen Sprachen gegenüber. Nach Coseriu (Kap. 2.2 Abb. 3) setzt dagegen das Vulgärlatein die Entwicklung des Altlateins fort, während das klassische oder literarische Latein davon abweicht. Die verschiedentlich erhobene Forderung nach einer stärkeren Berücksichtigung der diasystematischen Variation (zuletzt etwa Banniard 2003, 549–550) läßt sich eher mit der zweiten als mit der ersten Auffassung vereinbaren. Als Basis eines neuen Modells erscheint das zuerst in Kiesler (1995, 394) vorgestellte geeignet, welches drei Stilarten, aber – zunächst – nur zwei Varietäten unterscheidet (Abb. 22).

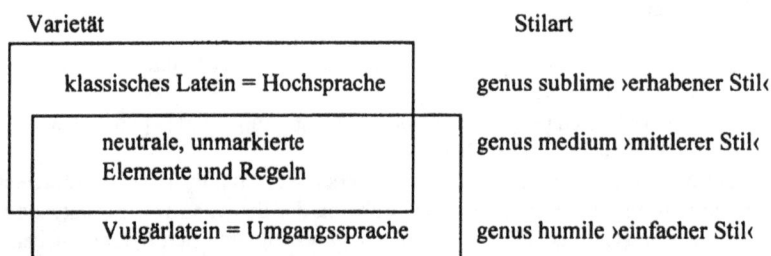

Varietät	Stilart
klassisches Latein = Hochsprache	genus sublime ›erhabener Stil‹
neutrale, unmarkierte Elemente und Regeln	genus medium ›mittlerer Stil‹
Vulgärlatein = Umgangssprache	genus humile ›einfacher Stil‹

Abb. 22: Basismodell des lateinischen Diasystems (nach Kiesler 1995, 394).

Die Ausarbeitung des Modells und die detaillierte Beschreibung der Beziehungen des lateinischen Diasystems zum Altlatein und zum Protoromanischen müssen künftigen Forschungen vorbehalten bleiben.

Mit der Entstehung der romanischen (Einzel-) Sprachen endet die Geschichte des Vulgärlateins, oder sie tritt in eine neue Phase ein. Aus einem ist viele geworden, die Namen ändern sich, aber die Kommunikation, die im Alltagsleben nie unterbrochen war, wird fortgesetzt. Die Geschichte des Vulgärlateins endet an verschiedenen Orten zu unterschiedlichen Zeiten. Sie mündet wieder ein in den ewigen Kreislauf von Kontinuität, Elimination und Innovation. Die Sprachen bewahren Formen wie COMEDERE und MANDUCARE ›essen‹, andere Formen schwinden: klass.-lat. *ignis* ›Feuer‹, *loqui* ›sprechen‹ und *pulcher* ›schön‹ sind in keiner romanischen Sprache erbwörtlich fortgesetzt; wieder andere Ausdrucksformen werden neu gebildet, z.B. sp. *dar, hacer marcha atrás* ›einen Rückzieher machen‹, fr. *faire machine arrière*, it. *fare macchina indietro* ›id.‹. Insofern sind die romanischen Sprachen in gewisser Hinsicht das Vulgärlatein von heute, aber eben nur in gewisser Hinsicht.

Anhang

I. Die einfachen Formen des regelmäßigen Verbs im klassischen Latein

1. Aktiv

• Indikativ

Präsens	Imperfekt	Futur	Perfekt	Plusquamperfekt	Futur II
amō	amābam	amābō	amāvī	amāveram	amāverō
amās	amābās	amābis	amāvístī	amāverās	amāveris
amat	amābat	amābit	amāvit	amāverat	amāverit
amāmus	amābámus	amābimus	amāvimus	amāverāmus	amāvérimus
amātis	amābátis	amābitis	amāvístis	amāverātis	amāvéritis
amant	amābant	amābunt	amāvérunt	amáverant	amáverint

• Konjunktiv

Präsens	Imperfekt		Perfekt	Plusquamperfekt
amem	amārem		amāverim	amāvissem
amēs	amārēs		amāveris	amāvissēs
amet	amāret		amāverit	amāvisset
amēmus	amārēmus		amāvérimus	amāvissémus
amētis	amārētis		amāvéritis	amāvissētis
ament	amārent		amáverint	amāvissent

• Imperativ

Präsens	
2. Sing.	amā
2. Plur.	amāte
Futur	
2. Sing.	amātō
3. Sing.	amātō
2. Plur.	amātōte
3. Plur.	amantō

• Nominalformen

Infinitiv Präsens	amāre
Gerundium Genitiv	amandī
Dativ	amandō
Akkusativ	ad amandum
Ablativ	amandō
Partizip Präsens	amāns, -tis
Partizip Futur	amātūrus, -a, -um
Infinitiv Perfekt	amāvisse

2. Passiv

• Indikativ

Präsens	Imperfekt	Futur
amor	amābar	amābor
amāris	amābāris	amāberis
amātur	amābātur	amābitur
amāmur	amābāmur	amābimur
amāminī	amābāminī	amābiminī
amantur	amābantur	amābuntur

• Konjunktiv

Präsens	Imperfekt
amer	amārer
amēris	amārēris
amētur	amārētur
amēmur	amārēmur
amēminī	amārēminī
amentur	amārentur

• Nominalformen

Infinitiv Präs.	amārī
Gerundivum	amandus
Supinum	amātum
Supinum II	amātū
Partizip Perf.	amātus, -a, -um

II. Kommentierte Texte

1. Italien: Aus der *Cena Trimalchionis* (erste Hälfte 1. Jh.)

Wir geben im folgenden einen Ausschnitt aus der *Cena Trimalchionis* des Petronius wieder (Petr. 46, 1–8), und zwar nach der Ausgabe von Müller/Ehlers (1983, 86–88); weitere Literaturangaben s. oben S. 35.

> Das Kernstück des Romans, die *Cena Trimalchionis* (*Gastmahl des Trimalchio*), ist nur durch eine einzige Handschrift (jetzt in Paris) überliefert. Geschildert ist das Gelage einer Gesellschaft von Parvenüs, deren protziger Reichtum in krassem Gegensatz zu ihrer pöbelhaften Unbildung steht. Die *Satyrica* sind das satir. Porträt einer Klasse, glanzvolle Literaturparodie und durch vulgärsprachl. Passagen Zeugnis des gesprochenen Lateins. (Brodersen/Zimmermann 2000, s.v. *Petron*).

Das hier wiedergegebene Stück ist auch abgedruckt bei Väänänen (1967, 236; mit französischer Übersetzung 238–239 und Kommentar 264) und bei Väänänen (1985, 300–301; mit spanischer Übersetzung 304–305 und Kommentar 347–348) sowie teilweise (46, 1–4) bei Iliescu/Slusanski (1991, 72–74), mit französischer Übersetzung und Kommentar. Es zeigt u.a. die Ersetzung der Deponentien durch aktive Verben, Regularisierungen und Genuswechsel, die Ausbreitung des Akkusativs nach Präpositionen, Diminutiva, die Verdrängung von *is, ea, id* ›er, sie, es‹ durch *ille* ›jener‹ und eine ganze Reihe umgangssprachlicher Ausdrücke und Wendungen.

46 [1] videris mihi, Agamemnon, dicere: »quid iste argutat molestus?« quia tu, qui potes loquere, non loquis. non es nostrae fasciae, et ideo pauperorum verba derides. scimus te prae litteras fatuum esse. [2] quid ergo est? aliqua die te persuadeam, ut ad villam venias et videas casulas nostras? inveniemus quod manducemus, pullum, ova: belle erit, etiam si omnia hoc anno tempestas depravavit: inveniemus ergo unde saturi fiamus. [3] et iam tibi discipulus crescit cicaro meus. iam quattuor partis dicit; si vixerit, habebis ad latus servulum. nam quicquid illi vacat, caput de tabula non tollit. ingeniosus est et bono filo, etiam si in aves morbosus est. [4] ego illi iam tres cardeles occidi, et dixi quia mustella comedit. invenit tamen alias nenias, et libentissime pingit. [5] ceterum iam Graeculis calcem impingit et Latinas coepit non male appetere, etiam si magister eius sibi placens fit nec uno loco consistit. scit quidem litteras, sed non vult laborare. [6] est et alter non quidem doctus, sed curiosus, qui plus docet quam scit. itaque feriatis diebus solet domum venire, et quicquid dederis, contentus est. [7] emi ergo nunc puero aliquot libra rubricata, quia volo illum ad domusionem aliquid de iure gustare. habet haec res panem. nam litteris satis inquinatus est. quod si resilierit, destinavi illum artificium docere, aut tonstrinum aut praeconem aut certe causidicum, quod illi auferre non possit nisi Orcus. [8] ideo illi cotidie clamo: »Primigeni, crede mihi, quicquid discis, tibi discis. vides Phileronem causidicum: si non didicisset, hodie famem a labris non abigeret. modo modo collo suo circumferebat onera venalia, nunc etiam adversus Norbanum se extendit. litterae thesaurum est, et artificium numquam moritur«.

46 [1] Du siehst mir so aus, Agamemnon, als ob du sagen wolltest: »Was schwätzt der lästige Mensch da?« Weil du, der's Reden versteht, nicht redst. Du bist von anderem Kaliber als wir, und deshalb lachst du über dem Plebs seine Worte. Wir wissen, du hast vor lauter gelehrtes Zeugs einen Klaps. [2] Wie stehts also? Ob ich dich eines schönen Tages herumkriege, daß du meinen Landsitz besuchst und die Buden meiner Wenigkeit besichtigst? Wir finden schon etwas zu beißen, ein Hähnchen, Eier; es wird nett werden, obschon das Wetter heuer alles verdorben hat; also, wir finden schon etwas zum Sattwerden. [3] Übrigens gibt es bald einen Schüler für dich, mein Butzelmann wächst heran. Er kann schon durch vier teilen; wenn er am Leben bleibt, wirst du an ihm einen Pikkolo zur Seite haben. Denn jede freie Stunde sitzt er mit der Nase über seiner Tafel. Er ist gescheit und kreuzbrav, obschon er einen Tick auf Vögel hat. [4] Ich habe ihm schon drei Stieglitzen umgebracht und gesagt, ein Wiesel hat sie gefressen. Trotzdem, er ist auf andere Flausen verfallen und malt liebend gern. [5] Übrigens hat er schon im Griechischen einen Anlauf genommen und ist fürs erste nicht schlecht hinter dem Latein her, obschon sein Lehrer sich etwas einzubilden beginnt und nicht bei der Stange bleibt; er hat zwar seine Weisheit studiert, will sich aber nicht plagen. [6] Es ist noch ein anderer da, nicht gerade gelehrt, aber genau, einer der mehr beibringt, als er weiß. So kommt er gewöhnlich an den Feiertagen ins Haus, und was man ihm gibt, er ist mit allem zufrieden. [7] Also habe ich jetzt dem Jungen ein paar Büchers mit roten Paragraphen gekauft, weil ich will, daß er für den Hausgebrauch ein bißchen am Jus knabbert. Damit kommt man durchs Leben. Denn mit Bildung ist er schon genug bekleckst. Wenn er abspringen sollte, steht es fest, daß ich ihm ein Handwerk beibringen lasse, entweder Friseurberuf oder Auktionator oder wenigstens Advokat, etwas, was ihm sein Lebtag keiner nehmen kann. [8] Darum predige ich ihm alle Tage: »Primigenius, glaub mir, was du lernst, lernst du alles für dich. Da sieh dir Philerosen an, den Advokaten: wenn er nicht gelernt hätte, würde er heute am Hungertuche nagen. Gerade eben ging er noch mit der Hucke auf dem Buckel hausieren, jetzt macht er sich sogar gegen Norbanus breit. Bildung ist das beste Tresor, und Handwerk stirbt nie.«

(Müller/Ehlers 1983, 86–88).

Kommentar

- *argutat*: aktiv statt klt. Deponens *argūtātur* ›er schwatzt‹.
- *loquere*: aktiv statt klt. *loquī* ›sprechen, reden‹.
- *non es nostrae fasciae*: ›du bist nicht unseres Standes‹ (Otto 1890, 132), wörtlich »unserer Bänder«.
- *pauperorum*: ›der Armen‹ = regularisierter Gen. Plural statt klt. *pauperum* (Väänänen 1985, § 234).
- *prae litteras* ›vor lauter Gelehrsamkeit‹ zeigt *prae* + Akk. (klt. mit Abl.), d.h. Ausbreitung des Akk. nach Präp. (Väänänen 1985, § 247); die klt. Kasus werden durch Präpositionalphrasen ersetzt (der Abl. wurde klt. teils ohne, teils mit Präp. verwendet):
  Genitiv: klt. *aliquid iūris* ›etwas vom Recht‹ → *aliquid de iure* ›id.‹ (Petr. 46, 7);
  Dativ: klt. *cellāriō* ›dem Kellermeister‹ → *ad illo botiliario* ›id.‹ (unten S. 118);
  Ablativ: klt. *prae litterīs* ›vor lauter Gelehrsamkeit‹ → *prae litteras* ›id.‹.

- *te persuadeam*: Konj. Präsens statt Ind. Futur *persuadebo* ›ich werde überzeugen‹; *tē persuādeō* ›ich überzeuge dich‹ statt klt. *tibi persuādeō* (intransitiv): die Konstruktion mit Akkusativ ist vor- und nachklassisch (Väänänen 1985, 348 = 1967, 264); die romanischen Formen (Latinismen) sind transitiv, also fr. *persuader quelqu'un* ›jemanden überzeugen‹ usw.

- *ad villam* ›zu meinem Landhaus‹: die Konstruktion ohne Possessivum ist typisch volkstümlich: Väänänen (1985, 348), der auf fr. *passez à la maison* ›kommen Sie bei mir vorbei‹ verweist.

- *casula* ›Häuschen‹ = »affektives Diminutiv« (ibid.).

- *inveniēmus* ›wir werden finden‹ = regelmäßiger Indikativ Futur.

- *manducēmus* = Konjunktiv Präsens, s. oben *te persuadeam*.

- *dēprāvāvit* ›hat verdorben‹: andere Lesarten bei Väänänen und bei Iliescu/Slusanski.

- *cicaro* = ›Kindchen‹, Hypokoristikum (Väänänen 1985, 348 = 1967, 264, Iliescu/Slusanski 1991, 73 Anm. 71).

- *si vīxerit* = Ind. Futur II »er wird gelebt haben«; *habēbis* = Ind. Futur ›du wirst haben‹.

- *quicquid* = *quidquid*, Relativum, ›was auch immer‹.

- *illī* ›ihm‹ (< ›jenem‹) statt klt. *eī* ›ihm‹.

- *caput de tabula non tollit* »nimmt den Kopf nicht von der Tafel auf« ist eine typisch umgangssprachliche Ausdrucksweise für ›lernt fleißig‹, cf. dt. *die Nase ins Buch stecken* (Röhrich 1994, s.v. *Nase*) u.ä., neap. *non aiza la capo da coppa a o libro* (Wagner 1933, 5). Die Präp. *dē* ›von... her‹ steht statt *ā* ›von‹ (Iliescu/Slusanski 1991, 73 Anm. 74).

- *bono filo* ›von guter Art‹ (»von gutem Faden«) ist umgangssprachliche Metapher (Väänänen 1985, 348: sp. *de buen temple* = 1967, 264 fr. *de bonne trempe* »von gutem Kaliber«).

- *in aves morbosus est* ›verrückt (»krank«) nach Vögeln ist‹: Wagner (1933, 6) vergleicht neap. *tene 'na malatia pe l'aucielle*, schriftital. *va pazzo per gli uccelli*; cf. Hofmann (1978, 157); Iliescu/Slusanski (1991, 73 Anm. 76).

- *cardeles*: *cardelis* = *carduēlis* (Väänänen 1985, § 79) ›Stieglitz‹.

- *dixi quia* ›ich habe gesagt, daß‹: Objektsatz mit Konjunktion, s. oben Kap. 7.2.2.

- *nēnia* ›(Klage-) Lied, Gedichtchen‹.

- *libentissime* ›mit größter Freude‹ = absoluter Superlativ.

- *Graeculis* (scil. *litteris*) *calcem impingit* »schlägt die Ferse in die griechischen Buchstaben«; das umgangssprachliche Diminutiv *Graeculus* ist hier despektiv (Väänänen 1985, 348: der Grundschulunterricht begann mit dem Griechischen); Otto (1890, 66) übersetzt »er hängt die Griechen (das Studium des Griechischen) an den Nagel (giebt ihm einen Fußtritt)«.

- *sibi placens fit* »sich gefällig wird«; Väänänen (1985, 348) hat *sit* ›er sei‹ (Konj. Präs.): »hyperkorrekt«. Cf. Petersmann (1977, 220 Anm. 153), der sich für die Lesart *fit* ausspricht.

- *scit quidem litteras* ›er kennt zwar seine Wissenschaft‹: andere Lesart bei Väänänen (1985, 348 = 1967, 264).

- *alter* (scil. *magister*) ›ein anderer Lehrer‹ (ibid.).

- *libra rubricata* ›Gesetzbücher (mit rot geschriebenen Titeln)‹ – *līber, -brī* ›Buch‹ ist klt. Maskulinum, Akk. Plur. *librōs* – hier als Neutrum behandelt.
- *ad domusionem* ›zum Hausgebrauch‹ = volkstümliches Kompositum ← *ad usum domesticum* (Väänänen 1985, 348).
- *habet haec res panem* »diese Sache (dieses Geschäft) hat Brot« ist umgangssprachlich, d.h. ›damit kann er seine Brötchen (seinen Lebensunterhalt) verdienen‹ (Otto 1890, 263 übersetzt »verhilft zum Brot, läßt nicht verderben«).
- *inquinatus* ›beschmutzt‹: »abgedroschener Ausdruck« Väänänen (1985, 348).
- *si resiliorit* ›wenn er (davon) ablassen sollte‹ (Konj. Perf.): »das Perfekt auf -iv- von *salio* und seinen Komposita ist nachklassisch« Väänänen (1985, 348).
- *artificium docere* ›ein Handwerk lehren‹: Väänänen (1985, 348) hat die nachklassische Konstruktion mit Gen. *artificii docere* (nach *doctus* ›gelehrt‹ + Gen.).
- *tonstrinum* ← *tōnsor* ›Barbier‹, cf. Väänänen (1985, 348).
- *causidicus* ›Rechtsanwalt‹.
- *quod illi auferre non possit nisi Orcus* ›was ihm nicht einmal Orcus (Gott der Unterwelt) wegnehmen kann‹: typisch umgangssprachlicher Ausdruck, cf. Otto (1890, 258): »was ihm nur der Tod rauben kann«: »Die Formel war wohl volkstümlich.«
- *crede mihi* ›glaub mir‹, typisch umgangssprachlich wie im Dt. usw., s. Hofmann (1978, 126).
- *si non didicisset* (Konj. Perf.)... *abigeret* (Konj. Imperf.) ›wenn er nicht gelernt hätte, würde er heute den Hunger nicht von den Lippen vertreiben (können)‹: bildhaft-umgangssprachlich für ›in ärmlichen Verhältnissen leben‹ wie dt. *am Hungertuch nagen* (Röhrich 1994, s.v. *Hungertuch*); zu klt. *nisi* und *sī nōn* ›wenn nicht‹ cf. Rubenbauer/Hofmann (1995, 315).
- *modo modo* ›gerade eben noch‹ = umgangssprachliche verstärkende Doppelung von *mōdo* ›eben noch‹, cf. Hofmann (1978, 58–61; z.B. auch: *et modo modo quid fuit?* (Petr. 37, 3) ›und noch ganz jüngst, was war sie da?‹ Hofmann 1978, 60).
- *onera venalia* »Verkaufslasten«.
- *adversus Norbanum* ›gegen Norbanus‹; die Petr. 45, 10 erwähnten Mammea und Norbanus »bewerben sich um ein städtisches Amt, wohl das Duumvirat« Müller/Ehlers (1983, 514).
- *thesaurum* ›Schatz‹ ist hier als Neutrum behandelt, klt. Maskulinum *thēsaurus* < griech. *thēsaurós*.

2. Frankreich: Die Parodie des Salischen Gesetzes (zweite Hälfte 8. Jh.)

Die *Lex Salica* ist eine Sammlung der Gesetze der salischen Franken aus dem 6. Jh. (s. oben S. 37). In dem Wolfenbütteler Kodex »Weißenburg 97«, der »zwischen 751 und etwa 780« geschrieben wurde (Beckmann 1963, 305), findet sich ein parodistischer Zusatz zur *Lex Salica*, der daraus mehrere Formeln wie *si ullus... praesumpserit* ›wenn jemand wagen sollte...‹, *solidos... componat* ›muß ... Solidi Bußgeld zahlen‹ und *culpabilis iudicetur* ›der

Schuldige werde verurteilt‹ übernimmt.[1] Die Kasus sind in der Sprache der Parodie auf zwei reduziert, *ad* + Obliquus steht für den Dativ, der bestimmte Artikel ist ausgebildet, und es finden sich einige lexikalische Besonderheiten des Galloromanischen (Väänänen 1985, 326).

Der Text der Parodie ist bei Väänänen (1985, 327; mit spanischer Übersetzung), Iliescu/Slusanski (1991, 174–177; mit französischer Übersetzung) und bei Beckmann (1963, 307) abgedruckt, Auszüge bei Väänänen (1974, 353) und bei Bouet et al. (1975, 222). Wir geben hier den Text nach Väänänen (1985, 327) wieder.

> Incipit totas malb.
>
> In nomine Dei patris omnipotentis. Sic placuit uolumtas Laidobranno & Adono, ut pactum Salicum, de quod titulum non abit, gratenter suplicibus aput gracia Fredono una cum uxore sua & obtimatis eorum, in ipsum pactum titulum unum cum Deo adiutorio pertractare debirent, ut si quis homo aut in casa aut foris casa plena botilia abere potuerint, tam de eorum quam de aliorum, in cuppa non mittant ne gutta.
>
> Se ullus hoc facire presumserit, mal. leodardi sol. XV con(ponat), & ipsa cuppa frangant la tota, ad illo botiliario frangant lo cabo, at illo scancione tollant lis potionis. Sic conuinit obseruare, apud staubo bibant & intus suppas faciant. Cum senior bibit duas uicis, sui uassalli la tercia bonum est. Ego qui scribsi mea (?) nomen non hic scripsi. Cul(pabilis) iud(icetur). (Väänänen 1985, 327).

> ›(Hier) beginnen (beginnt) alle malb(ergischen Gesetze)
>
> Im Namen Gottes, des allmächtigen Vaters. So war der Wille von Laidobrandus und Ado, da im Pactum Salicum ein Artikel darüber fehlt, auf bereitwilligen Antrag des Fredo mit seiner Ehefrau und ihrem noblen Gefolge, sie müßten in diesem Vertrag – mit Gottes Hilfe – einen Artikel verfassen, daß: wenn irgend jemand entweder in seinem Haus oder außerhalb seines Hauses ein volle Flasche hätte, sowohl in seinem Besitz als auch in fremdem Besitz, so soll er keinen Tropfen in den Becher gießen.
>
> Wenn jemand wagen sollte, dies zu tun, so soll er – wie es in der Gerichtssprache heißt: [bei] Mord – 15 Solidi Bußgeld zahlen und der (genannte) Becher soll ganz zerbrochen werden, dem Kellermeister soll man den Kopf einschlagen, dem Mundschenk soll man die Getränke wegnehmen. Es ist beschlossen worden, so zu beachten: man soll aus einer Trinkschale trinken und darin Brotschnitten eintauchen. Wenn der Herr zweimal trinkt, ist es gerecht, daß seine Vasallen beim dritten Mal (mittrinken). Ich, der ich (dies) geschrieben habe, habe es nicht unterschrieben. Der Schuldige werde verurteilt‹.

---

[1] Väänänen (1985, 326 Anm.) erinnert daran, daß der erste Text, der »die Geburt des Italienischen ankündigt« und bei dem es sich ebenfalls um einen Ulk eines Schreibers handelt, etwa aus der gleichen Zeit stammt: das »Indovinello veronese« (nach Durante 1981, 94 = 1993, 86 »aus den ersten Jahrzehnten« des 9. Jh.).

Kommentar

- *incipit* ›es beginnt‹ ist unveränderlich (cf. dt. *Incipit*, fr. *incipit* usw. ›Einleitungsformel alter Handschriften‹).
- *sic* ›so‹: das Ms. hat *sit* ›es sei‹ (Iliescu/Slusanski 1991, 175 Anm. 37).
- *uolumtas* = *voluntās* ›Wille, Entschluß‹.
- *Laidobranno, Adono, Fredono* = Gen.-Dat. der german. Namen *Laidobrannus* = *-ndus*, *Ad(d)o, Fred(d)o* (Väänänen 1985, § 239); *placet* + Dat. ›(man) beschließt‹ (klt. *cīs placuit* ›sie beschlossen‹; *placuit ei ut... legatos mitteret* ›er beschloß, Gesandte... zu schicken‹ Caes. BG 1, 34, 1), also *sic placuit Laidobranno & Adono* ›so beschlossen L. und A.‹.
- *ut pactum Salicum... in ipsum pactum* = ›(sie beschlossen), dem salischen Vertrag... (hinzuzufügen)‹.
- *de quod* ›darüber, worüber‹ = spätlat. Konjunktion, Variante zu *de eo quod* (Väänänen 1985, 356; Beckmann 1963, 309; Iliescu/Slusanski 1991, 175 Anm. 40).
- *abit* = *habet* »es hat«, ›es gibt‹.
- *gratenter* ›bereitwillig, freiwillig‹ (Väänänen 1985, 356).
- *suplicibus aput gracia Fredono una cum uxore sua & obtimatis eorum* = Abl. absolutus (Väänänen 1985, 356); *aput* = *apud* ›mit‹; *obtimatis eorum* ›leur suite de rang noble‹ (Iliescu/Slusanski 1991, 175 Anm. 44). Iliescu/Slusanski (1991, 177) übersetzen »sur leur demande faite de bon cœur près de la grâce de Fredon, ensemble avec sa femme et leur suite« – cf. dagegen Väänänen (1985, 327): »ante la petición encendida de Fredón con su esposa y sus optimates en solicitud de esta gracia«.
- *cum Deo adiutorio* ›mit Gottes Hilfe‹: *Deo* = Gen.-Dat. (Väänänen 1985, 356), cf. *pro Deo amur* ›um Gottes Liebe willen‹ in den Straßburger Eiden (842). – Zu *adiutorium* cf. in den *Glosas emilianenses* 89 die Form *aiutorio* (s. unten Anh. II, 3).
- *pertractare debirent* ›sie müßten (einen Artikel) verfassen‹ (»qu'ils doivent prendre garde (d'ajouter)« Iliescu/Slusanski 1991, 175 Anm. 45): klt. *debērent* = Konj. Imperfekt, die Schreibung ‹-i-› für *ē* ist in der Merowingerzeit geläufig: Väänänen (1985, § 54).
- *si quis homo*: substantivisches *quis* ›irgend jemand‹ und adjektivisches *qui* ›irgendein‹ wurden häufig verwechselt (*si quis* ›wenn irgend jemand‹ vs. *si qui homo* ›wenn irgendein Mensch‹, s. Beckmann 1963, 310; Väänänen 1985, 356).
- *casa* ›Haus‹: s. S. 84.
- klt. *forīs* Adv. ›draußen, außerhalb‹ > Präp. (seit Apuleius [ca. 125-170]): *foris casa* ›außerhalb des Hauses‹, daher afr. *fors de*, sp. *fuera de*, it. *fuori di* (Väänänen 1985, 356; cf. Beckmann 1963, 310).
- *botilia*: steht für [botilja] < BUTIC(U)LA, cf. spätlat. *būttis* ›Faß‹ → Dim. BŪTTĪCULA »Fäßchen« > sp. *botija* ›Krug‹, fr. *bouteille* ›Flasche‹ (> sp. *botella*, it. *bottiglia* ›id.‹).
- *si quis homo... potuerint*: Sinnkonstruktion (Subjekt Sg. + Verb Pl.), *quis homo* ›irgend jemand‹ impliziert die Möglichkeit vieler Personen (Väänänen 1985, 356; Beckmann 1963, 311). Zu *si* + Futur II s. Kap. 7.2.3.
- CŪPPA (spätlat. für klass. *cūpa* ›Tonne, Faß‹) > sp. *copa* ›(Trink-) Becher‹, fr. *coupe* ›Schüssel(chen)‹, it. *còppa* ›Becher‹.

- *mittere* ›schicken‹ > ›setzen, stellen‹ und ›(aus-, ein-) gießen, schütten (Flüssigkeiten)‹ (im 1. Jh.: Väänänen 1985, 357; Beckmann 1963, 311).

- *non mittant ne gutta* zeigt Ersatz von *ne* durch *non* und *gutta* ›Tropfen‹ zur Negationsverstärkung (oben S. 69).

- *tam de eorum... gutta*: Väänänen (1985, 328) übersetzt »tanto si está en su posesión como en posesión ajena, no deberá echar ni una sola gota en el vaso.« Dagegen Iliescu/ Slusanski (1991, 177): »qu'il n'en verse goutte ni dans leur coupe, ni dans celles des autres«.

- *se* = klt. *sī* ›wenn‹; klt. *ūllus* ›irgend jemand‹; *facire* ist »eine gewöhnliche Merowingerschreibung« (Beckmann 1963, 312), s. oben *pertractare debirent*.

- *presumserit* = *praesūmpserit* Fut. II, die Formel *si ullus... praesumpserit* ›wenn jemand wagen sollte...‹ ist aus der *Lex Salica* übernommen (Väänänen 1985, 326).

- *mal(lobergo). leodardi sol. XV con(ponat)*:
  »Die ältesten Fassungen der Lex Salica [...] enthalten volkssprachige [sic] Wörter und Sätze, die durch *in malloberg*o (›in der Gerichtssprache‹) eingeleitet werden und syntakt. unverbunden in den lat. Kontext gestellt sind.« (LexMA, s.v. *Malbergische Glossen*). Diese ›malbergischen Glossen‹ »gehören zur ältesten Schicht der germ. Rechtssprache« (ibid.). – Nach Iliescu/Slusanski (1991, 176 Anm. 53) handelt es sich um einen »spaßigen Vergleich« (»assimilation comique«) mit der Entschädigung bei Mord (= fränk. *leodardi*), die 600 denarii = 15 solidi betrug; sie notieren im Gegensatz zu Väänänen *malobergo leodardi* zwischen Kommata (»Se ullus hoc facire presumserit, malobergo leodardi, sol(idos) XV con(ponat)«) und übersetzen: »Si quelqu'un aura osé de le faire, terme juridique ›Menschenmord‹, qu'il paie XV *solidi*« (ibid. 177). Väänänen (1985, 328) übergeht die Stelle in seiner Übersetzung: »Y, si alguno se atreviera a hacer esto, pagará una multa de quince sueldos«; ebenso Väänänen (1974, 353): »Quiconque aura la présomption de ce faire, sera passible d'une amende de quinze sols.«

- *conponere* ist ein juristischer Terminus mit der Bedeutung ›Bußgeld zahlen‹ (Pirson 1913, 54).

- *frangant*: 3. P. Pl. Konj. Präs. von *frangĕre* ›zerbrechen‹.

- *la*: nimmt *ipsa cuppa* wieder auf; das Pronomen steht enklitisch (also *frangant-la*), wie es noch im Altital. möglich war (*franganla*: Väänänen 1985, 357), cf. S. 54.

- *ad illo botiliario*: analytischer Dativ (*botiliarius* ›Kellermeister‹ an Höfen und in Klöstern: Beckmann 1963, 314): »in den Urkunden überwiegt statistisch um 700 noch der synthetische, nach 750 der analytische Dativ« ib.). – Durante (1981, 43) übersetzt »al coppiere rompano la testa«.

- *scanciono*: Gen.-Dat. zu *scancio* ›Mundschenk‹ < fränk. **skankjo* (> dt. *Schenk*, fr. *échanson* ›id.‹ Väänänen 1985, 357).

- *lis potionis* ›die Getränke‹, entspricht ILLAS POTIONES, *lis* ist Schreibung für *les* (fem. Pl.: Bouet et al. 1975, 222), evtl. durch die Endung von *potionis* (Väänänen 1985, 357).

- *conuinit* = *convēnit* (Perfekt, mit ‹i› für *ē*: Väänänen 1985, 357, wie oben *pertractare debirent*) ›es ist beschlossen worden‹.

- *Sic convinit observare, ... bibant ... faciant* ›es ist so beschlossen worden, zu beachten [daß]... man trinke ... tue‹: es handelt sich nach Väänänen (1985, 357) um einen spätlateinischem Usus entsprechenden asyndetischen Konsekutivsatz.
- *apud staubo* ›mit einer Trinkschale‹, *staubo* < german. *staup* (> afr. *esteu*): Väänänen (1985, 357; cf. Iliescu/Slusanski 1991, 176 Anm. 58: fränk. *staupo* ›mesure, coupe de vin‹).
- *suppa* < german. *suppa* ›in Brühe eingetunkte Brotschnitte‹ (Stefenelli 1981, 84 Anm. 158) > spätlat. SŪPPA(M) > sp. *sopa*, fr. *soupe*, it. *zuppa*.
- *senior* ›(Lehns-) Herr‹ ist Terminus des Feudalsystems, Gegensatz ist *vassallus* ›Lehnsmann, Vasall‹ (Väänänen 1985, 357).
- *duas vicis* entspricht klt. *bĭs* ›zweimal‹, s. oben S. 85.
- *la tercia* (= *tertia*) ›das dritte (Mal)‹; zu ergänzen ist *vice(m) bibant*: Väänänen (1985, 357).
- *bonum est* ist eine feststehende Formel, s. Väänänen (1985, 357). – Zu dem Thema des dreimal Trinkens s. Väänänen (1985, 357–358) und Väänänen (1974), der u.a. auf mittelalterliche Sprichwörter wie *Ter potum ferre, lex est et regula terrae*, etwa ›dreimal trinken ist Gesetz und Erdenregel‹ verweist.
- *mea nomen*: Väänänen (1974, 353) hat *me(um) nomen* ›meinen Namen‹.
- *Culpabilis iudicetur* ist übliche Abschlußformel in der *Lex Salica*. Bei der Übersetzung »Qu'on le juge coupable« (Iliescu/Slusanski 1991, 177) handelt es sich um einen Druckfehler, cf. Väänänen (1974, 353): »Que le coupable soit jugé«.

3. Spanien: Aus den *Glosas emilianenses* und den *Glosas silenses* (10. Jh.)

Die *Glosas emilianenses* und die *Glosas silenses* sind die ersten schriftlichen Zeugnisse des »Spanischen«. Es handelt sich um Marginal- und Interlinearglossen, die lateinischen Texten hinzugefügt wurden, um Wörter oder Ausdrücke zu erklären, die nicht mehr verständlich waren. Im Gegensatz zu den *Reichenauer Glossen* (s. S. 34) zeigen diese »spanischen« Glossen »den bewußten Gebrauch der Vulgärsprache« (»representan el empleo consciente de la lengua vulgar« Väänänen 1985, 334). Lat. [ĕ] und [ŏ] sind diphthongiert, die Kasus sind vollständig reduziert, der bestimmte Artikel und die romanischen Futurformen sind entwickelt (ib.).

Die *Glosas emilianenses*, die auch Züge des Navarro-Aragonesischen zeigen, stammen aus dem Kloster San Millán de la Cogolla in der Rioja (Provinz Logroño); Menéndez Pidal (1929, 3) datiert sie auf die Mitte des 10. Jh. (die Datierung ist allerdings umstritten, cf. ib. 1–3; Wright 1982, 206: »They are probably not tenth-century but eleventh.«). Sie »enthalten mit einer kurzen Gebetsformel auch den ältesten Text in spanischer Sprache« (Berschin et al. 1987, 82). Die etwas jüngeren *Glosas silenses* stammen aus dem Kloster Silos in der Provinz Burgos, nach Menéndez Pidal (1929, 11) aus der zweiten Hälfte des 10. Jh.

Die Glossen sind vollständig wiedergegeben bei Menéndez Pidal (1929, 4–10: *emilianenses*, 10–27: *silenses*), auszugsweise bei Iliescu/Slusanski (1991, 294–299), ein Auszug der *Glosas emilianenses* bei Väänänen (1985, Anh. X), einige Beispiele bei Berschin et al. (1987, 81–82); die folgenden Beispiele sind diesen Quellen entnommen, die Numerierung ist die von Menéndez Pidal, die mit derjenigen von Iliescu/Slusanski übereinstimmt. Cf. noch Väänänen (1985, § 24) und Wright (1982, 195–207). Eine neuere ausführliche Studie fehlt: »No serious study has been given to these 513 glosses [145 Glosas emilianenses + 368 Glosas silenses] since 1926« (Wright 1982, 196).

Aus den *Glosas emilianenses*

- quidam [›ein gewisser‹] : *qui en fot* (1) = *quien fot* < QUĔM FU(I)T, d.h. ›wer (auch immer) es war‹.

- repente : *lueco* (2) < LŌCO, asp. *luego* ›sogleich‹ (heute ›nachher; sogleich‹ usw.).

- suscitabi : *lebantai* (3) = sp. *levantar* ›heben usw.‹ ← *levar* < LEVARE, mit der der lat. Endung der 1. P. Perf. (CANT-ĀVI ›ich habe gesungen‹) entsprechenden Endung.

- suscitabi : *lebantaui* (6) ist die Vorstufe zu *levantai* > *levanté*.

- indica : *amuestra* (11) = sp. *muestra* ›er zeigt‹ < MO(N)STRA(T) mit prothetischem *a-*.

- solliciti [›besorgt‹] simus : *ansiosusegamus* (39) = *ansiosu' segamus* = sp. *ansiosos seamos* ›(daß) wir ängstlich seien‹; Adj. und Perfektpartizip stehen in den Glossen gewöhnlich vor dem Verb (Iliescu/Slusanski 1991, 296 Anm. 8); *segamus* = *seyámos* (Menéndez Pidal 1929, 375 [nicht »seymos« wie Iliescu/Slusanski 1991, 296 Anm. 8 sagen: ‹g› ist die hier übliche Schreibung für [j]: Menéndez Pidal 1929, 53]) < SEDEĀMUS »wir mögen sitzen (sein)« (Konj. Präs.). – Das Beispiel zeigt die Mischung von lat. SĔDĒRE ›sitzen‹ (> ›sich befinden‹ > ›sein‹) und ĔSSE ›sein‹, deren Formen zusammen das Paradigma von sp. *ser* ›sein‹ ergeben, cf. Menéndez Pidal (1929, 375–376), Bourciez (1967, § 386).

- precipitemur [= klt. *praecipitēmur* (Konj. Präs. Passiv) ›(daß) wir (nicht) herabgestürzt werden‹] : *nos non kaigamus* (43)
  kaigamus = sp. *caigamos* ›(daß) wir fallen‹ ← *caer* < CADĔRE; das Beispiel zeigt die Negationspartikel zwischen Pronomen und Verb, eine Stellung, die sich heute noch in bestimmten Fällen im Portugiesischen findet, während die Schwestersprachen den Typ Negation + Pron. + Verb verallgemeinert haben: pg. *o rei lhes não queria dizer* (Bourciez 1967, § 382) ›der König wollte (es) ihnen nicht sagen‹ vs. sp. *el rey no se lo quería decir* ›id.‹ usw.

- pauperibus reddet : *qui dat alosmisquinos* (48) = *a los misquinos* ›wer den Armen gibt‹, sp. *a los mezquinos, mezquino* < arab. *miskīn*.

- diuersis : *muitas* (54) – *muitas* ist die aragonesische und portugiesische Form, sp. *muchas* < MŪLTAS.

- adtendat : *katet* (65) = Konjunktiv ← *catar* ›(an)sehen; nachsuchen usw.‹ < CAPTARE ›haschen (nach)‹; das Wort kommt am Anfang des Cid vor: *De los sos ojos tan fuertemientre llorando / tornava la cabeça i estavalos catando.*[2]
- jmplere dissimulant : *tardarsan por jnplire* (70) = *tardar se (h)an por inplire* ›se retrasan o descuidan en cumplirlo‹ (Menéndez Pidal 1929, 372), d.h. etwa ›sie versäumen es zu erfüllen‹; lat. IMPLĒRE ›anfüllen; erfüllen‹ mit Wechsel von der II. zur IV. Konjugation > *inplire* > sp. *henchir* ›anfüllen‹ (ibid.). – Die Futurform *tardar se han* zeigt die im Aop., Aokz. und noch im Port. mögliche Trennung von Verb und Futurendung durch unbetonte Pronomina, cf. pg. *dar-te-ei* ›ich werde dir geben‹ (Bourciez 1967, § 388; Lausberg 1972, § 846).
- alicotiens [= *aliquotiēns* ›mehrmals‹] : *alquandas beces* (73) < ALIQUANTAS VICES (Menéndez Pidal 1929, 309) ›ziemlich viele Male‹.
- adiubante domino nuestro Ihesu Christo, cui est honor et imperium cum patre et spiritu sancto in secula seculorum : *cono aiutorio de nuestro dueno, dueno Christo, dueno salbatore, qual dueno get ena honore, e qual duenno tienet ela mandatione cono patre, cono spiritu sancto, enos sieculos delos sieculos. Facanos Deus omnipotes tal serbitio fere ke denante ela sua face gaudioso segamus. Amem.* (89)
  ›mit der Hilfe unseres Herrn, unseres Herrn Christus, des Erlösers, dessen die Ehre ist und die Macht, mit dem Vater (und) mit dem Heiligen Geist, für immerdar. Möge Gott, der Allmächtige, uns den (diesen) Dienst erweisen, zu machen, daß wir vor seinem Angesicht in Freude leben (seien). Amen.‹

  – *duen(n)o* = *dueño* ›Herr‹ < DŎM(Ĭ)NU(S).
  – *qual duenno* = *el dueño que* (Menéndez Pidal 1929, 365 übersetzt: ›el señor que está en honor, el señor que tiene el poderío‹).
  – *get* ›er ist‹ = *yet* < ĔST (Menéndez Pidal 1929, 375, die diphthongierten Formen sind dialektal).
  – *ena honore* < IN ILLA HONORE ›in der Ehre‹.
  – *tienet* ›er hat‹ < TĔNET.
  – *ela mandatione* ›die Macht‹ < ILLA MANDATIONE (*mandatio* ← *mandāre* ›befehlen‹ mit *-tio*: Väänänen 1985, § 183).
  – *cono patre* ›mit dem Vater‹ < CON ILLO PATRE (Väänänen 1985, 362).
  – lat. *spīritū sanctō* = Abl. ›mit dem Heiligen Geist‹.
  – *enos sieculos* ›in den Jahrhunderten‹ < IN ILLOS SAECULŌS (Akk.).
  – *enos sieculos delos sieculos*: übersetzt lat. *in saecula saeculorum* »auf die Ewigkeiten der Ewigkeiten«, d.h. ›immerdar‹, das auf hebräischen Gebrauch zurückgeht (cf. Rheinfelder 1933, 153). – Dieser »hebräische Superlativ« findet sich dann auch umgangssprachlich, z.B. dt. *nicht die Spur einer Spur* ›überhaupt nicht‹, pg. *nada de*

---

[2] Cf. »uulgus cattum a captura uocant; alii dicunt quod cattat, id est uidet« (Isidor von Sevilla [um 570–637]: Iliescu/Slusanski 1991, 219–220) ›in der Volkssprache wird (die Katze) Katze vom Fang (= captūra) genannt, andere sagen, weil sie jagt (= captat), d.h. sieht‹.

nada ›id.‹, sp. *es el colmo de los colmos* ›das ist ja die Höhe‹ u.ä. (cf. Kiesler 1989, 212 Anm., 249).

– *facanos*: *FACAT statt FACIAT, sp. *haga*; Imp. + klit. Pron. + Subjekt: das klitische Pronomen steht nach dem finiten Verb – hier allerdings Imperativ –, welches den Satz eröffnet (Menéndez Pidal 1929, 398; cf. oben S. 54).

– *serbitio* = *servĭtĭum* > sp. *servicio* ›Dienst usw.‹ (Latinismus).

– *fere* < *FAIRE < FACERE ›tun‹, sp. *hacer* (Väänänen 1985, 362).

– *ke* = sp. *que* ›daß‹ < QUID; asp. Var. *qued, ket, ke* (Menéndez Pidal 1929, 395).

– *denante* ›vor‹ < *de* + *inante* (Väänänen 1985, 362), *inante* < ĬN ĂNTE »in vor« (> rum. *înainte* ›vorwärts, voran‹ Väänänen 1985, § 203), *denante* > sp. *delante* ›vorn‹ (also eigentlich DĒ ĬN ĂNTE »von in vor«).

– *ela sua face* ›sein Angesicht‹ < ILLA SUA FACIE zeigt die noch im Asp. übliche Verwendung des Artikels bei Possessivum + Substantiv (Cid: *los sos ojos* ›seine Augen‹ Bourciez 1967, § 377), wie sie sich heute noch im Port., Kat., Ital. und Okz. findet, während sie im Neuspan. aufgegeben ist: hochsprachlich *su haz* ›sein Gesicht‹, umgangssprachlich *su cara* ›id.‹.

– *segamus*: s. oben *solliciti simus*: ansiosusegamus; das Partizip steht vor dem Verb *gaudioso' segamus* wie *ansiosu' segamus* (Menéndez Pidal 1929, 399).

Aus den *Glosas silenses*

● abluantur [Konj. Präs. Passiv] : *labatu siegat* (11) ›er werde gewaschen‹ < LAVĀTUM SĔDEAT, sp. *sea lavado* (Väänänen 1985, § 24).

● ceteris : *conosaltros* (65) = *con los altros* ›mit den anderen‹.

● pudoris : *de la uergoina* (171) ›des Schamgefühls‹, sp. *de la vergüenza*; *uergoina* hat ‹in› = [ɲ], sp. *vergüenza* < VERĒCŪNDIA(M), cf. it. *vergógna* usw.

● fuerit lapsus : *kadutu fuere* (192) ›er wäre gefallen‹: das Partizip *cadutu* ›gefallen‹ (»Los participios en -ūtu de verbos en -ĕre aparecen alguna vez« Menéndez Pidal 1929, 373) wird zu -*ito* regularisiert, sp. *caído fuere* = Konj. Futur.

● ad rectum : *alazierta* (207) = *a la zierta* ›gewiß‹, sp. *cierta*.

● usque in finem : *ata que mueran* (210) ›bis sie sterben‹, *ata* = *hasta* ›bis‹ < arab. *ḥattā*.

● hii : *estos* (213) ›diese (da)‹.

● habeat : *ajat* (218) = Konj. Präsens, sp. *haya*.

● esse : *sedere* (238) ›sein‹, sp. *ser* < SĔDĒRE; cf. oben.

● eos : *akelos* (300) = sp. *aquellos* ›jene‹ < *ACCU-ILLOS.

Literatur

1. Quellen

App. Pr. = Appendix Probi, abgedruckt bei Väänänen (1985, Anh. X); s. Kap. 4.

Caes. BG = C. Iulius Caesar, Der Gallische Krieg: Lateinisch-deutsch. Hg. von Otto Schönberger. München, Artemis 1990.

Cic. Att. = Kasten, Helmut (^{3}1980, ^{1}1959): Marcus Tullius Cicero: Atticus-Briefe. Lateinisch-deutsch. München, Heimeran.

Luther = Luthers Übersetzung des Neuen Testaments, zit. nach Theile/Stier (1981), s. Vulg.

Peregr. = Itinerarium Egeriae, früher Peregrinatio Aetheriae; s. Kap. 4.

Petr. = Müller, Konrad/Wilhelm Ehlers (^{3}1983): Petronius, Satyrica – Schelmenszenen. Lateinisch-Deutsch. München, Artemis.

Quint. = Marcus Fabius Quintilianus, Ausbildung des Redners: zwölf Bücher = Institutionis Oratoriae libri XII. Hg. und übers. von Helmut Rahn. 2 Bde. Darmstadt, Wissenschaftliche Buchgesellschaft ^{2}1988.

Vulg. = Weber, Robert (1969, Hg.): Biblia sacra iuxta vugatam versionem. 2 Bde. Stuttgart, Württembergische Bibelanstalt.

 = Theile, C.G.G./R. Stier (1981): Novum Testamentum Tetraglotton: Archetypum Græcum cum versionibus Vulgata Latina, Germanica Lutheri et Anglica Authentica. Zürich, Diogenes. Nachdruck der Ausgabe 1858.

 Die Bibel ist nach den gängigen Abkürzungen zitiert. Bei Zitaten aus der Sekundärliteratur ist – wo dies möglich war – die jeweilige Fassung durch die Angabe *Afra*, *Itala* oder *Vulg.* markiert.

2. Sekundärliteratur

Abel, Fritz (1971a): L'adjectif démonstratif dans la langue de la Bible latine: Etude sur la formation des systèmes déictiques et de l'article défini des langues romanes. Tübingen, Niemeyer (ZRPh, Beih. 125).
–   (1971b): »Übersetzungsvergleich und diachronische Linguistik: Vom Nutzen der lateinischen Bibelübersetzungen für die romanische Sprachwissenschaft.« In: Karl-Richard Bausch/Hans-Martin Gauger (Hgg.). Interlinguistica: Sprachvergleich und Übersetzung. Festschrift zum 60. Geburtstag von Mario Wandruszka. Tübingen, Niemeyer, pp. 3–12.
Adamik, Tamás (1990): »›Sermo inliberalis‹ in cena Trimalchionis.« In: Calboli (Hg.) 1990, pp. 1–7.
–   (1992): »Vulgarismen und sprachliche Norm im Satyricon (Ein soziolinguistischer Essay).« In: Iliescu/Marxgut (Hgg.) 1992, pp. 1–9.
Alföldy, Géza (^{3}1984, ^{1}1975): Römische Sozialgeschichte. Wiesbaden, Steiner.
André, Jacques (1974, ^{1}1965): Apicius: L'art culinaire [De re coquinaria]. Texte établi, traduit et commenté par J.A. Edition nouvelle. Paris, Les Belles Lettres.

ANRW = Aufstieg und Niedergang der römischen Welt: Geschichte und Kultur Roms im Spiegel der neueren Forschung. Berlin, De Gruyter. [S. Haase 1983].

Baldinger, Kurt (1958, Rez.): »Zu Weinrichs Phonologischen Studien [= Rez. Weinrich 1958].« Zeitschrift für Romanische Philologie 74, pp. 440–480.

– (²1972, ¹1963): La formación de los dominios lingüísticos en la Península Ibérica. Madrid, Gredos. Span. Übers. von Emilio Lledó und Montserrat Macau. – Dt. Orig. Die Herausbildung der Sprachräume auf der Pyrenäenhalbinsel. Berlin, Akademie-Verlag 1958.

Banniard, Michel (2003): »Délimitation temporelle entre le latin et les langues romanes.« In: Ernst et al. (Hgg.) 2003, pp. 544–555.

Battisti, Carlo (1949): Avviamento allo studio del latino volgare. Bari, »Leonardo da Vinci« Editrice. [»Moderner [sc. als Grandgent 1907], aber für Anfänger nicht leicht« Tagliavini 1998, 445].

Beckmann, Gustav Adolf (1963): »Aus den letzten Jahrzehnten des Vulgärlateins in Frankreich: Ein parodistischer Zusatz zur Lex Salica und eine Schreiberklage.« Zeitschrift für Romanische Philologie 79, pp. 305–334.

Berschin, Helmut/Josef Felixberger/Hans Goebl (1978): Französische Sprachgeschichte. München, Hueber. [55–86 »Die lateinische Basis«].

Berschin, Helmut/Julio Fernández-Sevilla/Josef Felixberger (1987): Die spanische Sprache: Verbreitung – Geschichte – Struktur. München, Hueber.

Blasco Ferrer, Eduardo (1992, Rez.): »G. Calboli (Hg.), Latin vulgaire – latin tardif II [...], Tübingen 1990.« Romanistisches Jahrbuch 43, pp. 147–150.

– (1994): Handbuch der italienischen Sprachwissenschaft. Berlin, Schmidt. [121–131 »Vulgärlatein«].

Bonfante, Giuliano (1983): »La lingua latina parlata nell'età imperiale.« In: ANRW 29, 1, pp. 413–452.

Bork, Hans Dieter (1982): »Zu den Gräzismen im Vulgärlatein.« In: Peter Wunderli/Wulf Müller (Hgg.). Romania historica et Romania hodierna: Festschrift für Olaf Deutschmann zum 70. Geburtstag. Frankfurt/M., Lang, pp. 125–140.

Bossong, Georg (1998): »Typologie der romanischen Sprachen.« In: LRL VII, pp. 1003–1019.

Bouet, Pierre/Danielle Conso/François Kerlouegan (1975 [1991]): Initiation au système de la langue latine: Du latin classique aux langues romanes. Avec des travaux pratiques et leurs corrigés. Paris, Nathan.

Bourciez, Edouard (⁵1967, ¹1910): Eléments de linguistique romane. Cinquième éd. révisée par l'auteur et par les soins de Jean Bourciez. Paris, Klincksieck. Nachdr. 1992.

Brodersen, Kai/Bernhard Zimmermann (2000, Hgg.): Metzler-Lexikon Antike. Stuttgart, Metzler.

Büchmann, Georg (³¹1964, ¹1864): Geflügelte Worte: Der Zitatenschatz des deutschen Volkes. Berlin, Haude & Spener.

Bußmann, Hadumod (³2002, ¹1983): Lexikon der Sprachwissenschaft. Stuttgart, Kröner.

Calboli, Gualtiero (1987): »Aspects du latin mérovingien.« In: Herman (Hg.) 1987, pp. 19–35.

– (1990, Hg.): Latin vulgaire – latin tardif II: Actes du IIème Colloque international sur le latin vulgaire et tardif (Bologne 1988). Tübingen, Niemeyer. [S. Blasco Ferrer 1992; Kramer 1991; Lüdtke 1991].

Callebat, Louis (1995, Hg.): Latin vulgaire – latin tardif IV: Actes du 4e Colloque international sur le latin vulgaire et tardif (Caen 1994). Hildesheim, Olms. [S. Löfstedt 1997].

Calzolari, Monica (1995, Rez.): »M. Iliescu/W. Marxgut (Hgg.), Latin vulgaire – latin tardif III [...], Tübingen 1992.« Romanistisches Jahrbuch 46, pp. 170–174.

Cano Aguilar, Rafael (1988): El español a través de los tiempos. Madrid, Arco/Libro.

Chantraine, Pierre (1968): Dictionnaire étymologique de la langue grecque: Histoire des mots. Paris, Klincksieck.

Coseriu, Eugenio (1954): El llamado »latín vulgar« y las primeras diferenciaciones romances: Breve introducción a la lingüística románica. Montevideo, Universidad de la República. – Dt. Teilübers.

von W. Oesterreicher: »Das sogenannte ›Vulgärlatein‹ und die ersten Differenzierungen in der Romania.« In: Kontzi (Hg.) 1978, pp. 257–291.

– (1971): »Das Problem des griechischen Einflusses auf das Vulgärlatein.« In: Id./Wolf-Dieter Stempel (Hgg.). Sprache und Geschichte: Festschrift für Harri Meier zum 65. Geburtstag. München, Fink, pp. 135–147. [Auch in Narr (Hg.) 1971, pp. 1–15].

– (1988): »Der romanische Sprachtypus: Versuch einer neuen Typologisierung der romanischen Sprachen.« In: Jörn Albrecht (Hg.). Energeia und Ergon. Sprachliche Variation – Sprachgeschichte – Sprachtypologie: Studia in honorem Eugenio Coseriu. Bd. I: Schriften von Eugenio Coseriu (1965-1987). Tübingen, Narr, pp. 207–224.

Curtius, Ernst Robert (¹¹1993): Europäische Literatur und lateinisches Mittelalter. Tübingen, Francke.

Dahmen, Wolfgang, et al. (1987, Hgg.): Latein und Romanisch. Romanistisches Kolloquium I. Tübingen, Narr.

Dardel, Robert de (1996): »Roman commun – protoroman.« In: LRL II, 1, pp. 90–100.

Dauses, A. (1974, Rez.): »W. Dietrich, Der periphrastische Verbalaspekt [...], Tübingen 1973.« Zeitschrift für französische Sprache und Literatur 84, pp. 347–348.

DCEC = Corominas, Joan, und José A. Pascual (1980–1991): Diccionario crítico etimológico castellano e hispánico. 6 Bde. Madrid, Gredos.

Debrunner, Albert (1916): »Griechische Bedeutungslehnwörter im Latein.« In: Festschrift Friedrich C. Andreas. Leipzig, pp. 16–32.

DELI = Cortelazzo, Manlio/Paolo Zolli (1979–1988): Dizionario etimologico della lingua italiana. 5 Bde. Bologna, Zanichelli. Nachdruck 1988.

Devoto, Giacomo (1968): Geschichte der Sprache Roms. Dt. Übers. von Ilona Opelt. Heidelberg, Winter. Ital. Orig. Bologna 1944.

Diehl, Ernst (1910): Pompeianische Wandinschriften und Verwandtes. Bonn, Marcus und Weber.

Dietrich, Wolf (1973): Der periphrastische Verbalaspekt in den romanischen Sprachen: Untersuchungen zum heutigen romanischen Verbalsystem und zum Problem der Herkunft des periphrastischen Verbalaspekts. Tübingen, Niemeyer (ZRPh, Beih. 140). [Rez.: Dauses 1974; Kahane/Kahane 1978; Kravar 1975; Nehls 1977; Pötters 1974; Rohrer 1976].

– (1985): »Die Entwicklung der aspektuellen Verbalperiphrasen im Italienischen und Spanischen.« Romanische Forschungen 97, pp. 197–225.

– (1995): Griechisch und Romanisch: Parallelen und Divergenzen in Entwicklung, Variation und Strukturen. Münster, Nodus.

– (1996): »Gemeinromanische Tendenzen III. Verbalperiphrasen.« In: LRL II, 1, pp. 223–235.

– (1998): »Griechisch und Romanisch.« In: LRL VII, pp. 121–134.

Diez, Friedrich (⁴1876, ¹1836–1843): Grammatik der Romanischen Sprachen. 2 Bde. Bonn, Weber.

Di Giovine, Paolo (2003): »Sostrati, adstrati e superstrati e i loro effetti sulle lingue romanze: Italoromania e Alpi orientali.« In: Ernst et al. (Hgg.) 2003, pp. 578–593.

DNP = Hubert Cancik/Helmuth Schneider (1996–2003, Hgg.): Der Neue Pauly: Enzyklopädie der Antike. 16 Bde. Stuttgart, Metzler.

Dressler, Wolfgang (1975): »Methodisches zu Allegro-Regeln.« In: Id./F.V. Mareš (Hgg.). Phonologica 1972: Akten der zweiten Internationalen Phonologie-Tagung (Wien 1972). München, Fink, pp. 219–234.

Du Cange (1883–1887, ¹1678): Glossarium mediae et infimae latinitatis, conditum a Carolo Du Fresne, domino Du Cange. 10 Bde. Niort. Nachdr. Graz, Akademische Druck- und Verlagsanstalt 1954.

Durante, Marcello (1981): Dal latino all'italiano moderno: Saggio di storia linguistica e culturale. Bologna, Zanichelli. [1–72 »Latino classico e volgare«]. – Dt. Übers. von A. Walter: Geschichte der italienischen Sprache: vom Latein bis heute. Mit einem Vor- und einem Nachwort von E. Radtke. Stuttgart, Steiner 1993. [Rez.: A. Blank, Romanische Forschungen 197 (1995/96) 442–445].

Echenique Elizondo, María Teresa (2003): »Substrato, adstrato y superestrato y sus efectos en las lenguas románicas: Iberorromania.« In: Ernst et al. (Hgg.) 2003, pp. 607–621.

Ellena, Sandra (2004): »»Opera naturale è ch'uom favella‹: Dantes Sprachtheorie.« Italienisch 51, pp. 70–94.

Ernout, Alfred/François Thomas (^{2}1964): Syntaxe latine. Paris, Klincksieck.

Ernst, Gerhard/Martin-Dietrich Gleßgen/Christian Schmitt/Wolfgang Schweickard (2003, Hgg.): Romanische Sprachgeschichte: Ein internationales Handbuch zur Geschichte der romanischen Sprachen. 1. Teilbd. Berlin, De Gruyter (HSK 23.1). [S. Pfister 2004].

Ettmayer, Karl R. v. (1916): »Vulgärlatein.« In: Wilhelm Streitberg (Hg.). Die Erforschung der indogermanischen Sprachen. I: Griechisch, Italisch, Vulgärlatein, Keltisch. Straßburg, Trübner, pp. 231–280.

Famerie, Etienne/Arthur Bodson/Michel Dubuisson (1989): Méthode de langue latine: Pour grands commençants et étudiants. Paris, Nathan.

Felixberger, Josef (2003): »Sub-, Ad- und Superstrate und ihre Wirkung auf die romanischen Sprachen: Galloromania.« In: Ernst et al. (Hgg.) 2003, pp. 594–607.

FEW = Wartburg, Walther von (1922–): Französisches etymologisches Wörterbuch: Eine Darstellung des galloromanischen Sprachschatzes. 25 Bde. Bonn, Klopp, dann Basel, Zbinden.

Gauger, Hans-Martin/Wulf Oesterreicher/Rudolf Windisch (1981): Einführung in die romanische Sprachwissenschaft. Darmstadt, Wissenschaftliche Buchgesellschaft.

Geckeler, Horst/Wolf Dietrich (^{3}2003, ^{1}1995): Einführung in die französische Sprachwissenschaft: Ein Lehr- und Arbeitsbuch. Berlin, Schmidt. [155–170 »Die vulgärlateinische Grundlage«].

Gemoll, Wilhelm (^{9}1954): Griechisch-Deutsches Schul- und Handwörterbuch. Neunte Aufl., durchgesehen und erweitert von Karl Vretska. München, Freytag. Nachdr. 1979.

Georges, Karl Ernst (^{8}1913): Ausführliches lateinisch-deutsches Handwörterbuch. 2 Bde. Hannover, Hahn. Nachdr. Tübingen, Wissenschaftliche Buchgesellschaft 1951.

Glück, Helmut (^{2}2000, ^{1}1993, Hg.): Metzler Lexikon Sprache. Stuttgart, Metzler.

Goldberger, Walter (1930): »Kraftausdrücke im Vulgärlatein.« Glotta 18, pp. 8–65.

Grandgent, Charles H. (1907): An Introduction to Vulgar Latin. Boston, Heath. Nachdr. New York, Hafner 1962. [»Bequem und nützlich, doch z.T. überholt« Tagliavini 1998, 445]. – Span. Übers. von Francisco de B. Moll: Introducción al latín vulgar. Madrid, Hernando 1928, 1952. Ital. Übers. von N. Maccarrone: Introduzione allo studio del latino volgare. Milano 1914.

Greenberg, Joseph H. (1963): »Some Universals of Grammar with Particular Reference to the Order of Meaningful Elements.« In: Id. (Hg.). Universals of Language. Cambridge, Mass., MIT ^{2}1966, pp. 73–113.

Grevander, Sigfrid (1926): Untersuchungen zur Sprache der Mulomedicina Chironis. Lund, Gleerup.

Haase, Wolfgang (1983, Hg.): Aufstieg und Niedergang der Römischen Welt (= ANRW). II. Teil. Bd. 29, 1–2: Principat: Sprache und Literatur. Berlin, De Gruyter.

Habel, E. (1931): Mittellateinisches Glossar. Paderborn, Schöningh.

Häussler, Reinhard (1968, Hg.): Nachträge zu A. Otto, Sprichwörter und sprichwörtliche Redensarten der Römer. Eingeleitet und mit einem Register hg. von R.Häussler. Hildesheim, Olms/Darmstadt, Wissenschaftliche Buchgesellschaft. [Enthält neben Vorwort und Register Nachdrucke von Rezensionen zu Otto 1890 und anderen daran anknüpfenden Arbeiten aus den Jahren 1891 bis 1929].

Hakamies, Reino (1951): Etude sur l'origine et l'évolution du diminutif latin et sa survie dans les langues romanes. Helsinki, Suomalainen Tiedeakatemia. [Rez.: K. Reichenberger, Romanische Forschungen 66 (1954–1955) 444–446; R. Pfister, Indogermanische Forschungen 62 (1956) 213–215].

Happ, Heinz (1967): »Die lateinische Umgangssprache und die Kunstsprache des Plautus.« Glotta 45, pp. 60–104.

– (1976): Grundfragen einer Dependenz-Grammatik des Lateinischen. Göttingen, Vandenhoeck & Ruprecht.

Haspelmath, Martin, et al. (2001, Hgg.): Language Typology and Language Universals: An International Handbook. Vol. 2. Berlin, De Gruyter (HSK 20.2).

Haubrichs, Wolfgang (2003): »Die verlorene Romanität im deutschen Sprachraum.« In: Ernst et al. (Hgg.) 2003, pp. 695–709.

Havers, Wilhelm (1931): Handbuch der erklärenden Syntax. Heidelberg, Winter.

– (1958): »Über den Einfluß der christlichen Kultsprache auf die Profansprache mit besonderer Berücksichtigung des Romanischen und Germanischen.« Archiv für das Studium der Neueren Sprachen und Literaturen 194, pp. 24–35.

Heichelheim, Fritz M. 1938. Wirtschaftsgeschichte des Altertums. 3 Bde. Leiden: Sijthoff. Nachdr. 1969.

Heraeus, Wilhelm (1937a, [1]1899): »Die Sprache des Petronius und die Glossen.« In: Kleine Schriften von Wilhelm Heraeus zum 75. Geburtstag am 4. Dezember 1937. Ausgewählt und hg. von J.B. Hofmann. Heidelberg, Winter 1937, pp. 52–150. [52 Anm. »Berichtigt und vermehrt«].

– (1937b): »Zur römischen Soldatensprache.« In: Kleine Schriften von Wilhelm Heraeus zum 75. Geburtstag am 4. Dezember 1937. Ausgewählt und hg. von J.B. Hofmann. Heidelberg, Winter 1937, pp. 151–157.

– ([4]1939a, [1]1908, Hg.): Silviae vel potius Aetheriae peregrinatio ad loca sancta. Heidelberg, Winter (Slg. vulgärlateinischer Texte, 1).

– ([3]1939b, [1]1909, Hg.): Petronii Cena Trimalchionis nebst ausgewählten pompejanischen Wandinschriften. Heidelberg, Winter (Slg. vulgärlateinischer Texte, 2).

Herman, József (1963): La formation du système roman des conjonctions de subordination. Berlin, Akademie-Verlag. [Rez.: G.A. Beckmann, Zeitschrift für romanische Philologie 82 (1966) 205–209].

– (1983): »La langue latine dans la Gaule romaine.« In: Id. 1990, pp. 147–163. [Zuerst in Haase (Hg.) 1983. Bd. 29, 2, pp. 1045–1060].

– (1987, Hg.): Latin vulgaire – latin tardif: Actes du Ier Colloque international sur le latin vulgaire et tardif (Pécs 1985). Tübingen, Niemeyer. [S. Selig 1988].

– (1988): »La situation linguistique en Italie au VIe siècle.« Revue de Linguistique Romane 52, pp. 55–67.

– (1990): Du latin aux langues romanes: Etudes de linguistique historique, réunies par Sándor Kiss, avec une préface de Jacques Monfrin. Tübingen, Niemeyer. [Rez.: J. Kramer, Zeitschrift für Romanische Philologie 107 (1991) 604–611].

– (1995): »L'état actuel des recherches sur le latin vulgaire et tardif.« Studia Romanica (Societas Japonica Studiorum Romanicorum) 28, pp. 1–18. [Nicht zugänglich].

– (1996): »Les variétés du latin.« In: LRL II, 1, pp. 44–61.

– (1997): El latín vulgar. Edición española reelaborada y ampliada con la colaboración de Carmen Arias Abellán. Barcelona, Ariel. [Mit umfassender Bibliographie 149–164]. – Franz. Orig. Le latin vulgaire. Paris: PUF [3]1975, [2]1970, [1]1967 (Que sais-je? 1247).

– (1998, Hg.): La transizione dal latino alle lingue romanze. Atti della Tavola Rotonda di Linguistica Storica (Università Ca' Foscari di Venezia, 1996). Tübingen, Niemeyer.

– (1998a): »La situation linguistique dans la Gallia Narbonensis et les origines de la séparation du domaine français et du domaine provençal.« In: Giovanni Ruffino (Hg.). Atti del XXI Congresso Internazionale di Linguistica e Filologia Romanza. Bd. IV. Tübingen, Niemeyer, pp. 455–466.

– (2003): »En souvenir de Veikko Väänänen: l'état présent des études sur le latin tardif et vulgaire.« In: Solin et al. (Hgg.) 2003, pp. 3–20.

Herman, József/Anna Marinetti (2000, Hgg.): La preistoria dell'italiano. Atti della Tavola Rotonda di Linguistica Storica (Università Ca' Foscari di Venezia, 1998). Tübingen, Niemeyer.

128

Herzig, Heinz E. (1974): »Probleme des römischen Straßenwesens: Untersuchungen zu Geschichte und Recht.« In: Hildegard Temporini (Hg.). ANRW II, 1: Principat. Berlin, De Gruyter, pp. 593–648.

Hettrich, H. (1974, Rez.): »W. Dietrich, Der periphrastische Verbalaspekt [...], Tübingen 1973.« Kratylos 19, pp. 101–108.

Hofmann, Johann Baptist (1926): »Wege und Ziele der umgangssprachlichen Forschung.« Bayerische Blätter für das Gymnasial-Schulwesen 62, pp. 317–326.

– (1965): Lateinische Syntax und Stilistik. Neubearb. von Anton Szantyr. München, Beck.

– ([4]1978, [3]1951, [1]1926): Lateinische Umgangssprache. Heidelberg, Winter. [Rez.: A. Meillet, Litteris 3 (1926) 163–168; Ch. Bally, Die Neueren Sprachen 35 (1927) 122–126; F. Slotty, Indoger-manische Forschungen 47 (1929) 191–193]. – Span. Übers. von J. Corominas, El latín familiar. Madrid: CSIC 1958. Ital. Übers. von L. Ricottilli, La lingua d'uso latina. Bologna, Patron [2]1985, [1]1980.

Holtus, Günter (1989): »Natura e funzione dei prestiti lessicali nella storia dell'italiano.« In: F. Foresti et al. (Hgg.). L'italiano tra le lingue romanze: Atti del XX Congresso Internazionale di Studi (Società di Linguistica Italiana). Roma, Bulzoni, pp. 279–304.

– (2003, Hg.): Romanische Bibliographie 2001. 2 Bde. Tübingen, Niemeyer.

Iliescu, Maria (2000): »Allgemeine Tendenzen des vulgärlateinischen Wortschatzes (als Vorstufe der romanischen Sprachen).« Linguistica 40, 2, pp. 263–272.

Iliescu, Maria/Dan Slusanski (1991, Hgg.): Du latin aux langues romanes: Choix de textes traduits et commentés (du IIe siècle avant J.C. jusqu'au Xe siècle après J.C.). Wilhelmsfeld, Egert. [Rez.: W. Theodor Elwert, Archiv für das Studium der Neueren Sprachen und Literaturen 230 (1993) 440–441; V. Väänänen, Zeitschrift für Romanische Philologie 109 (1993) 604–607].

Iliescu, Maria/Werner Marxgut (1992, Hgg.): Latin vulgaire – latin tardif III: Actes du IIIème Colloque international sur le latin vulgaire et tardif (Innsbruck 1991). Tübingen, Niemeyer. [S. Calzolari 1995; Liver 1994; Lüdtke 1996a].

Immisch, O. (1912): »Sprach- und stilgeschichtliche Parallelen zwischen Griechisch und Lateinisch.« In: Narr (Hg.) 1971, pp. 127–149. [Zuerst in: Neue Jahrbücher für das klassische Altertum, Geschichte und deutsche Literatur 15 (1912) 27–49].

Ineichen, Gustav (1980): »Zur Beurteilung der lateinischen habeo-Periphrasen.« In: Gunter Brettschneider/Christian Lehmann (Hgg.). Wege zur Universalienforschung: Festschrift für Hansjakob Seiler. Tübingen, Narr, pp. 218–221.

– (1987): »Zwischen Latein und frühem Romanisch (Die Schwelle um 800 n. Chr.)« In: Arnold Arens (Hg.). Text-Etymologie: Untersuchungen zu Textkörper und Textinhalt. Festschrift für Heinrich Lausberg zum 75. Geburtstag. Stuttgart, Steiner, pp. 14–18. [Auch in Ineichen 1999, 1–8].

– ([2]1991): Allgemeine Sprachtypologie: Ansätze und Methoden. Darmstadt, Wissenschaftliche Buch-gesellschaft.

– (1999): Typologie und Sprachvergleich im Romanischen: Aufsätze 1973-1998. Hg. von Volker Noll. Heidelberg, Winter.

Jacob, Daniel (2003): »Prinzipien der Typologie und der sprachinternen Klassifikation der romanischen Sprachen.« In: Ernst et al. (Hgg.) 2003, pp. 137–155.

Jensen, H. (1929): »Pleonastisches satzverbindendes ›und‹ in romanischen und germanischen Sprachen.« Archiv für das Studium der Neueren Sprachen und Literaturen 155, pp. 59–66.

Kahane, Henry/Renée Kahane (1978, Rez.): »W. Dietrich, Der periphrastische Verbalaspekt [...], Tübingen 1973.« Romance Philology 31, pp. 644–648.

– (1980): »Paideia, a linguistic subcode.« In: Gunter Brettschneider/Christian Lehmann (Hgg.). Wege zur Universalienforschung: Festschrift für Hansjakob Seiler. Tübingen, Narr, pp. 509–520.

Keller, Rudolf E. ([2]1995): Die deutsche Sprache und ihre historische Entwicklung. Bearb. und übertragen aus dem Engl. [...] von Karl-Heinz Mulagk. Hamburg, Buske.

Kiesler, Reinhard (1989): Sprachliche Mittel der Hervorhebung in der modernen portugiesischen Umgangssprache. Heidelberg, Winter.

- (1993): »La tipología de los préstamos lingüísticos: no sólo un problema de terminología.« Zeitschrift für Romanische Philologie 109, pp. 505–525.

- (1995): »Français parlé = französische Umgangssprache?« Zeitschrift für Romanische Philologie 111, pp. 375–406.

- (1998): »A proposito degli arabismi nella lingua italiana.« In: Giovanni Ruffino (Hg.). Atti del XXI Congresso Internazionale di Linguistica e Filologia Romanza. Bd. IV. Tübingen, Niemeyer, pp. 467–475.

- (1999): Zur Syntax der Umgangssprache: Vergleichende Untersuchungen zum Französischen, Italienischen und Spanischen. Unveröff. Habil.-Schrift Würzburg.

- (1999a): »Ein vernachlässigtes Gebiet der Romanistik: der Vergleich romanischer Umgangssprachen.« In: J. Brumme/A. Wesch (Hgg.). Normen und Subnormen in Geschichte und Gegenwart: Methoden ihrer Rekonstruktion und Beschreibung. Wien, Praesens (Schriften zur diachronen Sprachwissenschaft, 7), pp. 23–34.

Kinder, Hermann/Werner Hilgemann (²¹1986, ¹1964): Dtv-Atlas zur Weltgeschichte: Karten und chronologischer Abriß. Bd. I: Von den Anfängen bis zur Französischen Revolution. München, Deutscher Taschenbuch-Verlag.

Kindermann, Udo (1997): »Latein.« In: Lexikon für Theologie und Kirche. Bd. 6. Freiburg: Herder ³1997, pp. 660–661.

Klein, Hans Wilhelm (1937): Die volkstümlichen sprichwörtlichen Vergleiche im Lateinischen und in den romanischen Sprachen. Würzburg, Triltsch.

- (1965): »Der romanische Anteil an den Reichenauer Glossen.« Zeitschrift für Romanische Philologie 81, pp. 217–249.

Klein, Hans-Wilhelm/Manfred Raupach (1968–1972): Die Reichenauer Glossen. Teil I: Einleitung, Text, vollständiger Index und Konkordanzen. Hg. von H.-W. Klein unter Mitarbeit von André Labhardt. München, Hueber 1968. Teil II: M. Raupach. Entstehung und Aufbau. München, Fink 1972.

Klingner, Friedrich (1941a): »Italien: Name, Begriff und Idee im Altertum.« In: Id. Römische Geisteswelt: Essays zur lateinischen Literatur. Mit einem Nachwort hg. von Karl Büchner. Stuttgart, Reclam 1979 [= ⁵1965], pp. 11–33.

- (1941b): »Vom Geistesleben im Rom des ausgehenden Altertums.« In: Id. Römische Geisteswelt: Essays zur lateinischen Literatur. Mit einem Nachwort hg. von Karl Büchner. Stuttgart, Reclam 1979 [= ⁵1965], pp. 528–578.

Knobloch, Johann (1996a): »Substrate des Lateins.« In: LRL II, 1, pp. 19–31.

- (1996b): »Adstrate des Lateins.« In: LRL II, 1, pp. 31–44.

Kontzi, Reinhold (1978, Hg.): Zur Entstehung der romanischen Sprachen. Darmstadt, Wissenschaftliche Buchgesellschaft.

- (1978a): »Einleitung.« In: Id. (Hg.) 1978, pp. 1–22.

Kramer, Johannes (1976): Literarische Quellen zur Aussprache des Vulgärlateins. Meisenheim am Glan, Hain.

- (1983): »Der kaiserzeitliche griechisch-lateinische Sprachbund.« In: Norbert Reiter (Hg.). Ziele und Wege der Balkanlinguistik. Wiesbaden, Harrassowitz, pp. 115–131.

- (1991, Rez.): »G. Calboli (Hg.), Latin vulgaire – latin tardif II [...], Tübingen 1990.« Zeitschrift für Romanische Philologie 107, pp. 662–674.

- (1998): »Warum die Alltagssprache des 6. Jh. nicht zur Literatursprache wurde.« In: Herman (Hg.) 1998, pp. 27–40.

Kravar, M. (1975, Rez.): »W. Dietrich, Der periphrastische Verbalaspekt [...], Tübingen 1973.« Indogermanische Forschungen 80, pp. 248–254.

130

Kuen, Heinrich (1958): »Versuch einer vergleichenden Charakteristik der romanischen Schriftsprachen.« In: Id. Romanistische Aufsätze. Nürnberg, Carl 1970, pp. 419–437.

Lausberg, Heinrich (1967–1972): Romanische Sprachwissenschaft. 3 Bde. Berlin, De Gruyter (Slg. Göschen, 128/128a, 250, 7199). I. Einleitung und Vokalismus ³1969. II. Konsonantismus ²1967. III. Formenlehre ²1972.

– (⁷1982, ¹1963): Elemente der literarischen Rhetorik: Eine Einführung für Studierende der klassischen, romanischen, englischen und deutschen Philologie. München, Hueber.

– (³1990, ¹1960): Handbuch der literarischen Rhetorik: Eine Grundlegung der Literaturwissenschaft. Stuttgart, Steiner.

LEI = Pfister, Max (1984–): Lessico Etimologico Italiano (LEI). Wiesbaden, Reichert.

Lerch, Eugen (1922): »Typen der Wortstellung.« In: Helmut Hatzfeld (Hg.). Romanistische Stilforschung. Darmstadt, Wissenschaftliche Buchgesellschaft 1975, pp. 36–60.

LexMA = Lexikon des Mittelalters (1980–1999): 8 Bde. + Registerband. München, Artemis.

Liddell, Henry George/Robert Scott (1940): A Greek-English Lexicon. 2 Bde. New Edition. Oxford, Clarendon Press.

Liver, Ricarda (1994, Rez.): »M. Iliescu/W. Marxgut (Hgg.), Latin vulgaire – latin tardif III [...], Tübingen 1992.« Vox Romanica 53, pp. 276–280.

Lloyd, Paul M. (1979): »On the definition of ›Vulgar Latin‹.« Neuphilologische Mitteilungen 80, pp. 110–122.

Löfstedt, Bengt (1961): Studien über die Sprache der langobardischen Gesetze: Beiträge zur frühmittelalterlichen Latinität. Uppsala, Almqvist & Wiksell.

– (1963): »Zum lateinischen possessiven Dativ.« In: Zeitschrift für vergleichende Sprachforschung auf dem Gebiete der indogermanischen Sprachen 78, pp. 64–83.

– (1964, Rez.): »A. Stefenelli, Die Volkssprache im Werk des Petron im Hinblick auf die romanischen Sprachen, Wien 1962.« Zeitschrift für Romanische Philologie 80, pp. 127–131.

– (1970): »Spätes Vulgärlatein – ein abgegrastes Feld?« Indogermanische Forschungen 75, pp. 107–130.

– (1983): »Rückschau und Ausblick auf die vulgärlateinische Forschung: Quellen und Methoden.« In: ANRW II, 29, 1, pp. 453–479.

– (1990, Rez.): »V. Väänänen, Le journal-épître d'Egérie [...], Helsinki 1987.« Romance Philology 43, pp. 448–452.

– (1997, Rez.): »L. Callebat (Hg.), Latin vulgaire – latin tardif IV [...], Hildesheim 1995.« Romance Philology 51, pp. 79–83.

Löfstedt, Einar (1911): Philologischer Kommentar zur Peregrinatio Aetheriae: Untersuchungen zur Geschichte der lateinischen Sprache. Uppsala, Almqvist & Wiksell.

– (1936): Vermischte Studien zur lateinischen Sprachkunde und Syntax. Lund, Gleerup.

– (1959): Late Latin. Oslo, Aschehoug.

– (²1956): Syntactica: Studien und Beiträge zur historischen Syntax des Lateins. 2 Bde. Lund, Gleerup. I. Über einige Grundfragen der lateinischen Nominalsyntax ¹1928, ²1942. Nachdr. 1956. II. Syntaktisch-stilistische Gesichtspunkte und Probleme ¹1933.

Lot, Ferdinand (1931): »A quelle époque a-t-on cessé de parler latin?« Archivum Latinitatis Medii Aevi (= Bulletin Du Cange) 6, pp. 97–159.

LRL = Holtus, Günter/Michael Metzeltin/Christian Schmitt (1988–2004, Hgg.): Lexikon der Romanistischen Linguistik. 8 Bde. Tübingen, Niemeyer.

Lüdtke, Helmut (1965): »Die Verkehrswege des römischen Reiches und die Herausbildung der romanischen Dialekte.« In: Kontzi (Hg.) 1978, pp. 438–447.

– (1968): Geschichte des romanischen Wortschatzes. 2 Bde. Freiburg, Rombach. – Span. Übers. von Marcos Martínez Hernández: Historia del léxico románico. Madrid, Gredos 1974.

– (1991, Rez.): »G. Calboli (Hg.), Latin vulgaire – latin tardif II [...], Tübingen 1990.« Romanische Forschungen 103, pp. 76–78.

– (1996): »Changement linguistique.« In: Hans Goebl et al. (Hgg.). Kontaktlinguistik: Ein internationales Handbuch zeitgenössischer Forschung. 1. Halbbd. Berlin, De Gruyter (HSK 12.1), pp. 526–540.

– (1996a, Rez.): »M. Iliescu/W. Marxgut (Hgg.), Latin vulgaire – latin tardif III [...], Tübingen 1992.« Romanische Forschungen 108, pp. 210–212.

Mańczak, Witold (1987): »Origine des langues romanes: Dogme et faits.« In: Herman (Hg.) 1987, pp. 181–188.

Martín Puente, Cristina/Patricia Santos Guzmán (2003): »El marco predicativo de verto y el complemento direccional.« Revista española de lingüística 33, pp. 409–427.

Marx, Friedrich (1909): »Die Beziehungen des Altlateins zum Spätlatein.« Neue Jahrbücher für das klassische Altertum, Geschichte und deutsche Literatur [und für Pädagogik] 23, pp. 434–448. [Immer noch »grundlegend« Devoto 1968, 319].

Maurer, Theodoro Henrique Jr. (1959): Gramática do latim vulgar. Rio de Janeiro, Livraria Acadêmica.

– (1962): O problema do latim vulgar. Rio de Janeiro, Livraria Acadêmica.

Meier, Harri (1996): »Lateinisch vs. Romanisch.« In: LRL II, 1, pp. 62–72.

Meiser, Gerhard (1998): Historische Laut- und Formenlehre der lateinischen Sprache. Darmstadt, Wissenschaftliche Buchgesellschaft.

Menéndez Pidal, Ramón (^{2}1929): Orígenes del español: Estado lingüístico de la Península Ibérica hasta el siglo XI. Segunda edición corregida y adicionada. Madrid, Hernando.

Metzeltin, Michael (1998): »Die romanischen Sprachen: eine Gesamtschau.« In: LRL VII, pp. 1040–1085.

Meyer-Lübke, Wilhelm (1890–1902): Grammatik der Romanischen Sprachen. 4 Bde. Leipzig, Reisland.

– (1899): Grammatik der Romanischen Sprachen. Bd. III: Romanische Syntax. Leipzig, Reisland. Nachdr. Darmstadt, Wissenschaftliche Buchgesellschaft 1972.

Mohrmann, Christine (1958–1977): Etudes sur le latin des chrétiens. 4 Bde. Rom, Edizioni di Storia e Letteratura 1958, 1961, 1965, 1977.

Morf, H. (1922, Hg.): Auswahl aus den Werken des Gregor von Tours. Heidelberg, Winter (Slg. vulgärlateinischer Texte, 6).

Müller, Konrad, und Wilhelm Ehlers (^{3}1983): Petronius, Satyrica – Schelmenszenen. Lateinisch-Deutsch. München, Artemis. [= Petr.].

Muller, Henri F. (1929): A Chronology of Vulgar Latin. Halle a.S., Niemeyer (ZRPh, Beih. 78). Nachdr. Hildesheim 1970.

Narr, Gunter (1971, Hg.): Griechisch und Romanisch. Tübingen, Narr.

Nehls, Dietrich (1977, Rez.): »W. Dietrich, Der periphrastische Verbalaspekt [...], Tübingen 1973.« International Review of Applied Linguistics in Language Teaching 15, pp. 251–257.

Neumann, Günter/Jürgen Untermann (1980, Hgg.): Die Sprachen im Römischen Reich der Kaiserzeit. Köln, Rheinland-Verlag.

Neumann-Holzschuh, Ingrid (2002): »Das Französische in Nordamerika.« In: Ingo Kolboom/Thomas Kotschi/Edward Reichel (Hgg.). Handbuch Französisch: Sprache – Literatur – Kultur – Gesellschaft. Für Studium, Lehre, Praxis. Berlin, Schmidt, pp. 105–114.

Niedermann, Max (1910, Hg.): Proben aus der sogenannten Mulomedicina Chironis (Buch II und III). Heidelberg, Winter (Slg. vulgärlateinischer Texte, 3).

Noll, Volker (1998): »Spanisch und Romanisch im 9. Jh.« Zeitschrift für Romanische Philologie 114, pp. 662–665.

– (1999): Das brasilianische Portugiesisch: Herausbildung und Kontraste. Heidelberg, Winter.

– (2001): Das amerikanische Spanisch: Ein regionaler und historischer Überblick. Tübingen, Niemeyer.

Norden, Eduard ([6]1971, [1]1898): Die antike Kunstprosa vom VI. Jahrhundert v. Chr. bis in die Zeit der Renaissance. 2 Bde. Darmstadt, Wissenschaftliche Buchgesellschaft. Nachdruck der 2. Aufl. 1909 und der Nachträge der 3. Aufl. 1915.

Otto, August (1890): Die Sprichwörter und sprichwörtlichen Redensarten der Römer. Leipzig. Nachdr. Hildesheim, Olms 1971 [und zuerst 1962. S. Häussler 1968].

Palmer, Leonard R. ([2]2000): Die lateinische Sprache: Grundzüge der Sprachgeschichte und der historisch-vergleichenden Grammatik. Aus dem Engl. von Johannes Kramer. Hamburg, Buske. [170–204 »Das Vulgärlatein«]. – Engl. Original The Latin Language. London, Faber and Faber 1954.

Pasquali, Giorgio (1929): »Le origini greche della para-ipotassi romanza.« Atene e Roma, Nuova Serie 10, pp. 116–119.

Paul, Hermann ([5]1920, [1]1880): Prinzipien der Sprachgeschichte. Halle a.S., Niemeyer. Unveränderter Abdruck 1937.

– ([9]1992, [1]1897): Deutsches Wörterbuch. 9., vollständig neu bearb. Aufl. von Helmut Henne [...]. Tübingen, Niemeyer.

Pei, Mario A. (1932): The Language of the Eight-Century [sic] Texts in Northern France: A Study of the Original Documents in the Collection of Tardif and Other Sources. New York, Carranza & Co.

Peruzzi, E. (1957): »La coda dell'occhio.« La Parola del Passato 12, pp. 109–121.

Petersmann, Hubert (1977): Petrons urbane Prosa: Untersuchungen zu Sprache und Text (Syntax). Wien, Verlag der Österreichischen Akademie der Wissenschaften.

– (1985): »Umwelt, Sprachsituation und Stilschichten in Petrons ›Satyrica‹.« In: ANRW 32.3, pp. 1687–1705.

Petersmann, Hubert/Rudolf Kettemann (1999, Hgg.): Latin vulgaire – latin tardif V: Actes du Ve Colloque international sur le latin vulgaire et tardif (Heidelberg 1997). Heidelberg, Winter.

Pfister, Friedrich (1912): »Vulgärlatein und Vulgärgriechisch.« In: Narr (Hg.) 1971, pp. 151–164. [Zuerst in: Rheinisches Museum für Philologie, Neue Folge 67 (1912) 195–208].

Pfister, Max (2004, Rez.): »G. Ernst et al. (Hgg.), Romanische Sprachgeschichte [...] Bd. 1, Berlin 2003.« Revue de Linguistique Romane 69, pp. 544–552.

Pinkster, Harm (1971, Rez.): »R.T. Lakoff, Abstract Syntax and Latin complementation, Cambridge, Mass. 1968.« Lingua 26, pp. 383–421.

– (1988): Lateinische Syntax und Semantik. Aus dem Niederländischen von F. Heberlein und Th. Lambertz. Tübingen, Francke.

Pirson, J. (1913, Hg.): Merowingische und Karolingische Formulare. Heidelberg, Winter (Slg. vulgärlateinischer Texte, 5).

Pötters, W. (1974, Rez.): »W. Dietrich, Der periphrastische Verbalaspekt [...], Tübingen 1973.« Romanische Forschungen 86, pp. 168–174.

Politzer, Robert L. (1949): A Study of the Language of Eighth Century Lombardic Documents: A Statistical Analysis of the Codice Paleografico Lombardo. New York (= Diss. Columbia University).

Pott, Friedrich (1852): »Plattlateinisch und romanisch [sic].« Zeitschrift für vergleichende Sprachforschung auf dem Gebiete des Deutschen, Griechischen und Lateinischen 1, pp. 309–350, 385–412.

Putzger (2001) = Bruckmüller, Ernst, und Peter Claus Hartmann (Hgg.). Putzger: Historischer Weltatlas. Berlin, Cornelsen [103]2001 [[1]1877 Leipzig].

Quint. = Marcus Fabius Quintilianus, Ausbildung des Redners: zwölf Bücher = Institutionis Oratoriae libri XII. Hg. und übers. von Helmut Rahn. 2 Bde. Darmstadt, Wissenschaftliche Buchgesellschaft [2]1988.

Ramat, Paolo (1980): »Zur Typologie des pompejanischen Lateins.« In: Gunter Brettschneider/Christian Lehmann (Hgg.). Wege zur Universalienforschung: Festschrift für Hansjakob Seiler. Tübingen, Narr, pp. 187–191.

Raupach, Manfred (1996): »Expansion und Rückzug des Lateins.« In: LRL II, 1, pp. 5–19.

Rebling, O. (1873): Versuch einer Charakteristik der römischen Umgangssprache. Kiel, Schmidt & Klaunig. [= Jahresbericht über die Kieler Gelehrtenschule von Ostern 1872 bis Ostern 1873].

Reichenkron, Günter (1965): Historische Latein-Altromanische Grammatik. I. [und einziger] Teil: Einleitung. Das sogenannte Vulgärlatein und das Wesen der Romanisierung. Wiesbaden, Harrassowitz.

REW = Meyer-Lübke, Wilhelm (³1935): Romanisches etymologisches Wörterbuch. Heidelberg, Winter.

Rheinfelder, Hans (1933): Kultsprache und Profansprache in den romanischen Ländern: Sprachgeschichtliche Studien, besonders zum Wortschatz des Französischen und des Italienischen. Genf, Olschki. Nachdr. mit einem Vorwort und einer Kurzbibliographie von Heinrich Bihler. Hildesheim, Olms 1982.

Rix, Helmut (1999): »Latein.« In: DNP 6, pp. 1160–1163.

Röhrich, Lutz (1994): Lexikon der sprichwörtlichen Redensarten. 5 Bde. Freiburg, Herder.

Rohlfs, Gerhard (1951, ³1969): Sermo vulgaris latinus: Vulgärlateinisches Lesebuch. Halle/S., Niemeyer. [Rez.: M. Niedermann, Vox Romanica 12 (1951/1952) 375–383].

– (³1968, ¹1959): Vom Vulgärlatein zum Altfranzösischen: Einführung in das Studium der altfranzösischen Sprache. Tübingen, Niemeyer.

– (1969): Grammatica storica della lingua italiana e dei suoi dialetti. Bd. 3: Sintassi e formazione delle parole. Ital. Übers. von Temistocle Franceschi und Maria Cacciagli Fancelli. Torino, Einaudi.

– (1971): Romanische Sprachgeographie: Geschichte und Grundlagen, Aspekte und Probleme – mit dem Versuch eines Sprachatlas der romanischen Sprachen. München, Beck.

Rohrer, C. (1976, Rez.): »W. Dietrich, Der periphrastische Verbalaspekt [...], Tübingen 1973.« Zeitschrift für Romanische Philologie 92, pp. 165–172.

Rubenbauer, Hans/J.B. Hofmann (¹²1995): Lateinische Grammatik. Neubearb. von R. Heine. München, Oldenbourg.

Schafroth, Elmar (1993): Zur Entstehung und vergleichenden Typologie der Relativpronomina in den romanischen Sprachen: Mit besonderer Berücksichtigung des Substandards. Tübingen, Niemeyer (ZRPh, Beih. 246).

Scherer, Anton (1975): Handbuch der lateinischen Syntax. Heidelberg, Winter.

Schmidt, Karl Horst (1980): »Gallien und Britannien.« In: Neumann/Untermann (Hgg.) 1980, pp. 19–44.

– (1996): »Latein als indogermanische Sprache.« In: LRL II, 1, pp. 1–5.

Schmitt, Christian (1987): »Die Ausbildung des Artikels in der Romania.« In: Dahmen et al. (Hgg.) 1987, pp. 94–125.

Schramm, Franz (1911): Sprachliches zur Lex Salica: Eine vulgärlateinisch-romanische Studie. Marburg a.L., Ebel.

Schrijnen, Jos. (1939): »Die lateinische Umgangssprache.« In: Christine Mohrmann et al. (Hgg.). Collectanea Schrijnen: Verspreide Opstellen. Nijmegen, Dekker & Van de Vegt, pp. 180–191.

Schuchardt, Hugo (1866–1868): Der Vokalismus des Vulgärlateins. 3 Bde. Leipzig, Teubner. [»Immer noch grundlegendes Werk« Tagliavini 1998, 446].

Schürr, Friedrich (1970): La diphtongaison romane. Tübingen, Narr.

Schumacher, Leonhard (1988): Römische Inschriften Lateinisch/Deutsch. Mit 10 Abbildungen. Ausgewählt, übersetzt, kommentiert und mit einer Einführung in die lat. Epigraphik hg. von L.S. Stuttgart, Reclam.

Seidl, Christian (2003): »Les variétés du latin.« In: Ernst et al. (Hgg.) 2003, pp. 515–530.

Selig, Maria (1988, Rez.): »J. Herman (Hg.), Latin vulgaire – latin tardif I [...], Tübingen 1987.« Romanistisches Jahrbuch 39, pp. 141–146.

– (1992): Die Entwicklung der Nominaldeterminanten im Spätlatein: Romanischer Sprachwandel und lateinische Schriftlichkeit. Tübingen, Narr.

134

Simone, Carlo de (1980): »Italien.« In: Neumann/Untermann (Hgg.) 1980, pp. 65–81.

Skutsch, Franz (^{2}1907): »Die lateinische Sprache.« In: Paul Hinneberg (Hg.). Die Kultur der Gegenwart. Teil I, Abt. VIII: Die griechische und lateinische Literatur und Sprache. Leipzig, Teubner, pp. 439–479.

Smith, Martin S. (1985): »A Bibliography of Petronius (1945-1982).« In: ANRW 32.3, pp. 1624–1665.

Sofer, Johann (1963): Zur Problematik des Vulgärlateins. Wien, Gerold.

Solin, Heikki/Martti Leiwo/Hilla Halla-aho (2003, Hgg.): Latin vulgaire – latin tardif VI: Actes du VIe Colloque international sur le latin vulgaire et tardif (Helsinki 2000). Hildesheim, Olms.

Sorrento, Luigi (^{2}1950): Sintassi romanza: Ricerche e prospettive. Milano, Cisalpino.

Soverini, Paolo (1985): »Il problema delle teorie retoriche e poetiche di Petronio.« In: ANRW 32.3, pp. 1706–1779.

Stefenelli, Arnulf (1962): Die Volkssprache im Werk des Petron im Hinblick auf die romanischen Sprachen. Wien, Braumüller. [S. B. Löfstedt 1964; weitere Rez.: O. Szemerényi, Romance Philology 20 (1966–1967) 530–542; G. Hilty, Vox Romanica 26 (1967) 292–302; G. Reichenkron, Archiv für das Studium der Neueren Sprachen und Literaturen 203 (1967) 228–232].

– (1981): Geschichte des französischen Kernwortschatzes. Berlin, Schmidt.

– (1992a): Das Schicksal des lateinischen Wortschatzes in den romanischen Sprachen. Passau: Rothe. [Rez.: W. Schweickard, Archiv für das Studium der Neueren Sprachen und Literaturen 230 (1993) 442–443; R. de Dardel, Vox Romanica 53 (1994) 280–286].

– (1992b): »Sprechsprachliche Universalien im protoromanischen Vulgärlatein, Lexikon und Seman-tik.« In: Iliescu/Marxgut (Hgg.) 1992, pp. 347–357.

– (1996): »Thesen zur Entstehung und Ausgliederung der romanischen Sprachen.« In: LRL II, 1, pp. 73–90.

– (2002): »Vulgärlatein.« In: DNP 12/2, pp. 347–350.

– (2003): »Die lateinische Basis der romanischen Sprachen.« In: Ernst et al. (Hgg.) 2003, pp. 530–544.

Steinbauer, Dieter (2003): »Lateinische Sprachgeschichte.« In: Ernst et al. (Hgg.) 2003, pp. 504–515.

Stolz, Friedrich/Albert Debrunner (^{4}1966): Geschichte der lateinischen Sprache. Vierte stark umgearbeitete Aufl. von Wolfgang P. Schmid. Berlin, De Gruyter (Slg. Göschen 492/492a).

Stotz, Peter (1996–2004): Handbuch zur lateinischen Sprache des Mittelalters. 5 Bde. München, Beck. I. Einleitung – Lexikographische Praxis – Wörter und Sachen – Lehnwortgut 2002. II. Bedeutungswandel und Wortbildung 2000. III. Lautlehre 1996. IV. Formenlehre, Syntax und Stilistik 1998. V. Bibliographie, Quellenübersicht und Register 2004.

Stowasser, J.M. (1980): Der kleine Stowasser: Lateinisch-deutsches Schulwörterbuch. Bearb. und erweitert von R. Pichl u.a. München, Freytag.

Strunk, Klaus (1982): »Phänomene syn- und diasystematischer Selektion im Latein.« In: Sieglinde Heinz/Ulrich Wandruszka (Hgg.). Fakten und Theorien: Beiträge zur romanischen und allgemeinen Sprachwissenschaft. Festschrift für Helmut Stimm [...]. Tübingen, Narr, pp. 311–326.

Süß, Wilhelm (1932): Studien zur lateinischen Bibel: Augustins Locutiones und das Problem der lateinischen Bibelsprache. Tartu, Mattiesen.

Sullivan, J.P. (1985): »Petronius' ›Satyricon‹ and its Neronian Context.« In: ANRW 32.3, pp. 1666–1686.

Svennung, Josef (1935): Untersuchungen zu Palladius und zur lateinischen Fach- und Volkssprache. Uppsala, Almqvist & Wiksell.

Tagliavini, Carlo (^{2}1998, ^{1}1973): Einführung in die romanische Philologie. Dt. Übers. von Reinhard Meisterfeld und Uwe Petersen. Tübingen, Francke. [158–207 »Der Kern: Das Lateinische«]. – Ital. Orig. Le origini delle lingue neolatine: Introduzione alla filologia romanza. Bologna: Pàtron ^{6}1972, ^{1}1949.

Tallgren-Tuulio, O.J. (1932): »Locutions figurées calquées et non calquées: Essai de classification pour une série de langues littéraires.« Mémoires de la Société Néo-Philologique de Helsingfors 9, pp. 279–324.

Thiele, Johannes (1996): »Gemeinromanische Tendenzen X: Phraseologie.« In: LRL II, 1, pp. 422–435.

ThLL = Thesaurus Linguae Latinae (1900–). Editus auctoritate et consilio Academiarum quinque Germanicarum Berolinensis, Gottingensis, Lipsiensis, Monacensis, Vindobonensis. Leipzig, Teubner. [Bis zum Buchstaben P].

TlF = Trésor de la langue française. Dictionnaire de la langue du XIXe et du XXe siècle (1789-1960). 16 Bde. Paris, CNRS 1971-1994.

Tovar, Antonio (1964): »A Research Report on Vulgar Latin and its Local Variations.« In: Kontzi (Hg.) 1978, pp. 410–437. [Zuerst in: Kratylos 9 (1964) 113–134].

Untermann, Jürgen (1980): »Hispania.« In: Neumann/Untermann (Hgg.) 1980, pp. 1–17.

Väänänen, Veikko ([3]1966, [1]1937): Le latin vulgaire des inscriptions pompéiennes. Troisième édition augmentée. Berlin, Akademie-Verlag.

– (1974): »TER BIBERE: Reflets d'une ancienne formule bachique.« Neuphilologische Mitteilungen 75, pp. 353–356.

– (1983): »Le problème de la diversification du latin.« In : ANRW II, 29, 1, pp. 480–506.

– ([2]1985, [1]1968): Introducción al latín vulgar. Span. Übers. der 3. franz. Aufl. von Manuel Carrión. Segunda edición revisada y aumentada. Madrid, Gredos. – Franz. Orig. Introduction au latin vulgaire. Troisième éd. revue et augmentée. Paris, Klincksieck [3]1981, [1]1963. – Ital. Übers. von A.G. Silvestri, Introduzione al latino volgare. Bologna, Pàtron 1971, [3]1982. – [Rez. der 1. Aufl. 1963: H. Happ, Indogermanische Forschungen 70 (1965) 353–357; G. Reichenkron, Romanische Forschungen 77 (1965) 386–399; Rez. der 2. Aufl. 1967: B. Löfstedt, Indogermanische Forschungen 77 (1972) 319–324; Rez. der ital. Übers. 1971: C. Schmitt, Zeitschrift für Romanische Philologie 89 (1973) 517–520].

– (1987a): Le journal-épître d'Egérie (Itinerarium Egeriae): Etude linguistique. Helsinki, Suomalainen Tiedeakatemia. [S. B. Löfstedt 1990].

– (1987b): »Aspects littéraires/code scriptural vs aspects populaires/code oral: Diasystème éclairé par l'Itinerarium Egeriae.« In: Herman (Hg.) 1987, pp. 207–214.

Varchi, Benedetto (1570): L'Ercolano: Dialogo di Messer Benedetto Varchi nel quale si ragiona delle lingue, ed in particolare della Toscana e della Fiorentina. 2 Bde. Milano, Società Tipografica de' Classici Italiani 1804. Nachdr. mit einer Einführung von Maurizio Vitale. Milano, Cisalpino 1979.

Vasconcelos, Carolina Michaëlis de: Lições de filologia portuguesa segundo as prelecções feitas aos cursos de 1911/12 e de 1912/13. Lisboa, Dinalivro o.J. [231–242 »Latim falado e latim escrito«, 243–249 »Latim vulgar«].

Vincent, Nigel (1988): »Latin.« In: M. Harris/N. Vincent (Hgg.). The Romance Languages. New York, Oxford University Press, pp. 26–78.

Voßler, Karl (1922): »Neue Denkformen im Vulgärlatein.« In: Hauptfragen der Romanistik: Festschrift für Philipp August Becker zum 1. Juni 1922. Heidelberg, Winter, pp. 170–191.

– (1953): Einführung ins Vulgärlatein. Hg. und bearb. von H. Schmeck. München, Hueber.

Wackernagel, Jacob (1892): »Über ein Gesetz der indogermanischen Wortstellung.« Indogermanische Forschungen 1, pp. 333–436.

– (1913): »Lateinisch-Griechisches.« Indogermanische Forschungen 31, pp. 251–271. [Auch in Narr (Hg.) 1971, pp. 165–185].

Wagner, Max Leopold (1933): »Über die Unterlagen der romanischen Phraseologie (im Anschluß an des Petronius' ›Satyricon‹).« Volkstum und Kultur der Romanen 6, pp. 1–26.

Walde, A./J.B. Hofmann ([3]1938–1954): Lateinisches etymologisches Wörterbuch. 2 Bde. Heidelberg, Winter.

136

Wandruszka, Mario (1979): Die Mehrsprachigkeit des Menschen. München, Piper.

Wanner, Dieter (1987): »Le latin vulgaire comme documentation du proto-roman.« In: Herman (Hg.) 1987, pp. 215–234.

– (2001): »From Latin to the Romance Languages.« In: Martin Haspelmath et al. (Hgg.). Language Typology and Language Universals: An International Handbook. Vol. 2. Berlin, De Gruyter (HSK 20.2), pp. 1691–1706.

Wartburg, Walther von (1950): Die Ausgliederung der romanischen Sprachräume. Bern, Francke.

Wehr, Barbara (1984): Diskurs-Strategien im Romanischen: Ein Beitrag zur romanischen Syntax. Tübingen, Narr.

Weinrich, Harald (1958): Phonologische Studien zur romanischen Sprachgeschichte. Münster, Aschendorff. [S. Baldinger 1958].

Weise, Oskar (1891): Charakteristik der lateinischen Sprache: Ein Versuch. Leipzig, Teubner.

Winkelmann, Ferdinand (1833a): »Über die Umgangssprache der Römer.« Neue Jahrbücher für Philologie und Pädagogik 2, pp. 493–509. [Im Inhaltsverzeichnis »Winckelmann«].

– (1833b): »Gebrauch der griechischen Sprache zu Rom während der Republik.« Neue Jahrbücher für Philologie und Pädagogik 2, pp. 555–558.

Wright, Roger (1982): Late Latin and Early Romance in Spain and Carolingian France. Liverpool, Cairns.

Wüest, Jakob (1979): La dialectalisation de la Gallo-Romania: Problèmes phonologiques. Bern, Francke.

Zgusta, Ladislav (1980): »Die Rolle des Griechischen im römischen Kaiserreich.« In: Neumann/Untermann (Hgg.) 1980, pp. 121–145.

www.ingramcontent.com/pod-product-compliance
Lightning Source LLC
Chambersburg PA
CBHW080544110426
42813CB00006B/1207